古典文獻研究輯刊

三七編

潘美月・杜潔祥 主編

第38冊

《安徽大學藏戰國竹簡(二)》集釋

孫永波 著

國家圖書館出版品預行編目資料

《安徽大學藏戰國竹簡（二）》集釋／孫永波 著 -- 初版 -- 新
北市：花木蘭文化事業有限公司，2023〔民112〕
序 4+ 目 4+246 面；19×26 公分
（古典文獻研究輯刊 三七編；第 38 冊）
ISBN 978-626-344-501-7（精裝）
1.CST：簡牘文字 2.CST：戰國時代 3.CST：研究考訂
011.08   112010535

ISBN-978-626-344-501-7

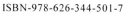

9 786263 445017

古典文獻研究輯刊
三七編　第三八冊　　　　　ISBN：978-626-344-501-7

《安徽大學藏戰國竹簡（二）》集釋

作　　者　孫永波
主　　編　潘美月、杜潔祥
總 編 輯　杜潔祥
副總編輯　楊嘉樂
編輯主任　許郁翎
編　　輯　張雅淋、潘玟靜　美術編輯　陳逸婷
出　　版　花木蘭文化事業有限公司
發 行 人　高小娟
聯絡地址　235 新北市中和區中安街七二號十三樓
　　　　　電話：02-2923-1455 ／傳真：02-2923-1452
網　　址　http://www.huamulan.tw 信箱 service@huamulans.com
印　　刷　普羅文化出版廣告事業
初　　版　2023 年 9 月
定　　價　三七編 58 冊（精裝）新台幣 150,000 元　　版權所有・請勿翻印

《安徽大學藏戰國竹簡(二)》集釋

孫永波　著

作者簡介

孫永波，男，1993 年，漢族，山東臨沂人。本科就讀於曲阜師範大學文學院漢語言文學專業，碩士就讀於北京師範大學文學院中國古典文獻學專業，現為山東大學文學院出土文獻與古文字學專業在讀博士生。碩士畢業後，曾在孔子研究院工作三年，期間曾借調到尼山世界儒學中心工作。主要研究方向為出土文獻與古文字學（偏戰國楚簡）、先秦傳世文獻（偏儒家文獻）等。曾在《濟寧日報》、《走進孔子》等期刊發表多篇文章，主持或參與市廳級課題兩項。

提　　要

　　本書主要是搜集整理不同學者對《安徽大學藏戰國竹簡（二）》（以下簡稱《安大簡二》）一書所公佈內容的討論。《安大簡二》一書，包含《仲尼曰》和《曹沫之陣》兩篇簡文。《仲尼曰》一篇是記錄孔子語錄的，共計 25 條簡文；《曹沫之陣》則是記錄魯莊公和魯國將軍曹沫之間的對話，對話內容主要是曹沫向魯莊公陳述治兵強國之道。兩篇簡文公佈後，引起了相關領域的學者廣泛關注，相關學術網站或論壇等產生了大量的相關觀點，這些觀點繁雜且眾多，水平也參差不齊，對於一般的、非專業的讀者來說，想要利用網站上各家不同的眾多觀點，是非常麻煩的事情。本書的主語內容就是搜集並整理各家對於這兩篇簡文的不同意見，以觀點發表的時間先後為順序，羅列在一起，並對某些觀點進行討論。對於書中某些疑難簡文或者各家意見分歧比較大者，如果我們有新的看法，往往以較長按語的形式進行討論；而對於較為簡單的簡文或我們暫時無法解決的問題，我們也以按語形式點出，而按語較為簡略。為了兼顧本書的資料彙編性質和可讀性，我們在搜集並整理完各家觀點按照一定順序排列並下完按語後，還進行了語譯的工作，即將簡文釋文翻譯為現代漢語，使得一般讀者即使不看原文，只看譯文，也能知道簡文講的是什麼事情。

序　言

安徽大學於 2015 年初入藏了一批戰國竹簡，經過科學檢測和專家學者論斷，這應該是一批戰國早中期的楚簡，學界一般簡稱為「安大簡」。根據安大簡整理者的介紹，安大簡保存狀況良好，全部竹簡均為書籍類文獻，其內容豐富而重要，目前已經公佈了兩輯，第一輯〔註 1〕是目前已經公佈的最早的《詩經》文本，對於「詩學」的研究價值巨大。第二輯〔註 2〕收錄兩篇內容，即記載孔子語錄的《仲尼曰》和記載魯莊公和曹沫之間對話的《曹沫之陣》。

《仲尼曰》一篇，共有十三支竹簡，內容保存相對完整，只有簡 2 末字缺一字，據傳世本《論語》可補為「直」字。簡長 43 釐米，寬 0.6 釐米，兩道編繩，頂格書寫，不留空白，簡一至七背有編號，簡九背疑存編號，簡十三背存「二」字，簡七、八、十二背有抄寫者練習寫的字，與正文內容無關，原簡無篇題〔註 3〕。此篇簡文記載了孔子語錄 25 條，其中大概一半左右能與今天的傳世文獻相對應，另外一些為孔子語錄佚文，但其中多數也與傳世文獻在思想內涵上具有相關性。《仲尼曰》的公佈，為我們瞭解孔子語錄早期文本的存在狀態和傳播形式提供了最為真實的版本，對於孔子思想和《論語》成書的研究具有一定的價值意義。

〔註 1〕安徽大學漢字發展與應用中心編，黃德寬、徐在國主編：《安徽大學藏戰國竹簡（一）》，上海：中西書局，2019 年 8 月第 1 版。

〔註 2〕安徽大學漢字發展與應用中心編，黃德寬、徐在國主編：《安徽大學藏戰國竹簡（二）》，上海：中西書局，2022 年 4 月第 1 版。

〔註 3〕以上見《安徽大學藏戰國竹簡（二）》，第 43 頁。

　　《曹沫之陣》一篇，原有四十六支竹簡，現存四十四支，缺二支。整簡長
48.5 釐米，寬 0.7 釐米，三道編繩，簡首尾留白，簡 15 頂格書寫，每支簡字
數一般在三十八字左右，簡背有劃痕，簡二二背有數十字，漫漶不清，從可辨
識的字看，應該與正文內容有關，原簡無篇題〔註4〕。此篇又見於《上海博物
館藏戰國楚竹書（四）》，二者內容一致，僅有個別語詞使用不同。不過上博簡
此篇簡文由於沒有可資參考的信息，整理者及各家研究者對竹簡的編聯大都
有問題，導致各家解讀歧義較多。由於安大簡此篇不存在編聯問題，一經公佈，
上博簡《曹沫之陣》的編聯問題也就迎刃而解了。兩篇不同批次的簡文相互參
照，使得《曹沫之陣》一篇的內容基本完整。

　　安大簡第二輯公佈後，由於其內容的重要性及其資料的新鮮度，引起了學
界廣泛的探討。安大簡第二輯新書發佈會在八月份，各家討論的高潮集中在新
書發佈會之後的一兩個月內。這一時期，眾多學者從不同角度對此輯簡文進
行了全方位的解讀，其觀點主要集中在武漢大學簡帛網「簡帛文庫」、「簡帛
論壇」以及復旦大學出土文獻與古文字研究中心網站「學者文庫」等。其中，
尤以「簡帛論壇」中的學者觀點最為集中，各家觀點集中在「《仲尼曰》初讀」
和「《曹沫之陣》初讀」兩篇論壇主題帖下的各樓跟帖之中。除此之外，還有
一些學者的相關觀點散見於各種電子媒介中。由於安大簡第二輯發佈時間距
今較短，各家觀點主要見於各種專業網站、電子媒介和部分會議論文，很少見
於紙質期刊。又由於網站等電子媒介上各家觀點繁多且蕪雜，質量參差不齊，
且對於非專業人員來說，搜集和使用極為不便。此輯內容較為重要，尤其是《仲
尼曰》一篇，是前所未見的戰國時期的孔子語錄，其內容的正確解讀對於研究
孔子學說和孔子思想的學者來說，至為重要。因此，對於非出土文獻專業人員
來說，如何快速暸解各家專業人員的意見並選擇一種較為合理的觀點作為自
己立論的基礎，顯得極為迫切。本書正是為解決這樣一個問題而著手編著的。
當然，本書盡可能地搜集齊全所能見到的各家觀點，有些觀點甚至參考意義不
大，本書也酌情收錄，目的就是盡量收齊所有相關觀點，為將來想要進行深入
研究的同仁提供相對完備的資料性的彙編。

　　本輯簡文的集釋工作，尤其是《曹沫之陣》一篇的集釋，由於此篇有上博
簡同名一篇公佈在前且各家討論頗多，時間跨度相對較長，各家觀點散見於各
處，搜集起來頗為不易。俞紹宏、張青松先生於 2019 年完成了《上海博物

〔註 4〕以上見《安徽大學藏戰國竹簡（二）》，第 53 頁。

藏戰國楚竹書集釋》一書，皇皇十冊之眾，其中第四冊收錄上博簡《曹沫之陣》集釋一篇，搜集了 2019 年之前上博簡各家對於《曹沫之陣》的釋讀意見，為此書收集各家觀點提供了極大的便利。由於此篇的集釋重點在於安大簡《曹沫之陣》各家觀點的收集，上博簡各家觀點僅僅作為參考，酌情收錄，基本上引用自俞、張二位先生的《集釋》一書，這點是需要提前說明的。古籍或出土文獻等的集釋工作是一項耗時耗力的體力活，是凝聚了集釋者大量心血和精力的，我在《曹沫之陣》集釋部分，關於上博簡的各家觀點，多採用俞、張二位先生的集釋成果，在此表示感謝；這也是本書能夠如此之快便能完成集釋工作的一個重要原因。同時，也希望書中引用各家觀點和下按語有不當之處，敬請讀者批評指正和包涵理解。

由於我個人的精力和學識有限，本書在收集學界研究成果時或未能周全，有所缺漏，對簡文的訓釋理解也可能存在失誤，懇請方家批評指正。

孫永波

2023 年 1 月 8 日

目

次

凡　例

　　一、本書簡文摹本根據安大簡第二輯原書後附字形表中的摹本字形剪切而成。其中《曹沫之陣》部分缺失的簡文摹本，根據原書後附上博簡摹本剪切補足，並用「〔　〕」擴起。有些摹本文字，安大簡整理者在後附字形表中漏掉了，尤其是《曹沫之陣》第八支簡。這種情況，我們直接剪切竹簡原簡圖片，並通過技術手段去除底色、調整亮度等，盡量使之與整理者摹本一致。隸定文字根據摹本字形，一般嚴格隸定。有些摹本文字，原書後附字形表中未能體現合文重文等，我們剪切字形和隸定文字時未作改動。

　　二、本書釋文與原整理者釋文有所不同，是以原書釋文為基礎，參考各家觀點修改而成，部分釋文是我們自己的意見。

　　三、摹本及釋文中的簡號仍採用原書的編號，摹本中的簡號用外加「【　】」的阿拉伯數字附於每簡釋文末尾；釋文中的簡號則從原書。釋文需作注釋處，以阿拉伯數字上標的形式標於相關釋文之後。凡原簡文有注釋或我們有不同理解者，均採用加注釋的方式注明。

　　四、「集釋」部分引用各家觀點依稱引論著或論壇等網絡觀點發表的時間先後為序，同一天發表的無法區分具體時間的，根據實際情況，或依照姓名拼音首字母排序、或按跟帖先後順序排序，酌情處理。若同一作者的多篇文獻被引用，則按照發表時間先後排列。

　　五、「集釋」對各家說法盡量直接引述，不作過多更改；敘述較長、論證複雜者，在不影響其主要觀點的情況下，或僅概括其主要論據和結論，或有所刪節並用省略號標出。為行文簡潔，引用的各家觀點在作者後擴注引用出處或時間，並在每篇結束後列出「參考文獻」，不再一一出腳注。

六、「集釋」部分各家觀點，《曹沫之陣》一篇，凡是針對安大簡此篇立論的觀點，我們不避繁複，引用較多，力求全備；凡是採用上博簡此篇各家觀點作參考者，我們基本採用俞紹宏、張青松先生所著《上海博物館藏戰國楚竹書集釋（四）》一書中所收集的各家觀點，並酌情取捨、刪減。最終呈現的面貌是《曹沫之陣》一篇，安大簡各家說法的集釋較為詳細繁雜，上博簡各家說法的集釋簡潔省略。

七、「集釋」部分各家觀點，《曹沫之陣》一篇，引用上博簡各家觀點出自俞紹宏、張青松先生所著《上海博物館藏戰國楚竹書集釋（四）》者，簡稱《集釋》；出自季旭昇先生主編的《〈上海博物館藏戰國楚竹書集釋（四）〉讀本》者，簡稱《讀本》。

八、「今譯」部分，用現代漢語翻譯簡文。在翻譯過程中，儘量照顧原簡文內容，個別文句難以做到直譯，則採用意譯的方式。

九、本書集釋，依照原書的分篇，分為《仲尼曰》和《曹沫之陣》兩篇，分別集釋。其中，《仲尼曰》一篇十三支簡，我們不再分章；《曹沫之陣》四十餘支簡，原書不分章節和段落，我們根據簡文篇幅和內容，分為十五章進行集釋。

十、本書中的字體，為求統一，各家說法在不影響其觀點的情況下統一處理，比如「従」「从」均改為「從」、「裡」「裏」均改為「裡」等等。有些可能有誤的字，謹慎起見，我們不作更改，以擴注按語的方式提醒讀者。

十一、本書集釋所收各家觀點截至 2023 年 1 月 8 日。

《仲尼曰》集釋

摹本及隸定

中　尼　曰　芋　蘥　而　實　至　天　言

多　而　行　不　足　人　中　尼　曰　今

人　不　訏　其　所　貴　而　訏　亓　所　【1】

戔　寺　曰　皮　求　我　若　不　我　尼

旻　墊　我　甌　亦　不　我　力　中　尼

曰　孚=　溺　於　言　少　人　溺　於　水

中　尼　曰　去　身　亞　虐　成　名　造

逆　遺　遇　必　於　此　中　尼　曰　【2】

〔□〕
〔□〕　才　貞　魚　邦　又　道　女　矢　邦

亡　道　女　矢　中　尼　曰　伽　謂＝　而

壐　訟＝　已　絢　天　下　未　審　多　言

而　息　者　中　尼　曰　君　子　所　斲

必　才　【3】　人　斎＝　不　審　與　人　斎＝

不　見　中　尼　曰　君　子　之　臭　人

褮　丌　甬　之　瘂　尖＝　之　臭　人　瘂

丌　甬　之　褮　中　尼　曰　韋　女　猷

女　有　慫　【4】　人　不　堇　女　能　自

改　賜　女　不　猷　女　又　慫　人　弗

疾　也　中　尼　曰　弟　子　女　出　也

十　指＝　女　十　臭＝　女　於　敢　為　不

【5】　善　辥　害　君　子　斬　刀　蜀　也

中　尼　曰　悬　而　不　惠　於　我　虐

不　堇　其　悬　不　息　不　惠　於　我

虐　不　堇　其　不　息　中　尼　【6】　曰

晏　坪　中　善　交　才　舊　虐　而　長

敬　中　尼　曰　古　之　學　者　自　為

含　之　學　為　人　中　尼　曰　古　者

亞　佻　而　弗　殺　含　者　【7】　弗　亞

而　殺　之　中　尼　曰　君　子　見　善

吕	思	見	不	善	吕	戒	中	尼	曰
憙	惹	不	寺	恆	炅	中	尼	曰	笑
中	善	才	【8】	老	訖	中	尼	曰	吕
同	異	戁	吕	異	易	康	子	貞	人
竆	政	於	中	尼	曰	丘	未	之	晤
也	貞	者	退	中	尼	曰	見	之	孕=
元	【9】	言	尖=	也	竺	正	而	可	貞
人	晤	中	尼	曰	一	𥃩	飲	一	勻
酒	人	不	劵	刀	惌	只	不	劵	其
樂	虖	不	女	韋	也	中	尼	曰	見
善	【10】	女	弗	及	見	不	善	曰	遷

董　已　卑　䜌　寈　尸　已　成　元　志

白　屈　弔　即　死　於　首　易　手　足

不　弇　必　夫　人　之　胃　嚳　中　尼

曰　尖＝　【11】　嚳　可　已　壽　為　曰

不　能　善　中　尼　曰　遠　於　鉤　曰

虗　所　不　果　爱　者　遊　心　弗　產　智

而　色　為　智　之　者　唯　中　鉤　曰

炎　言　而　遊　行　唯　裝　言　不　聖

炎　征　變　工　唯　惡　炎　昏　不　尼

曰　敎　不　敎　惡　炎　人　中　中　之

尚　諓　也　僕　快　周　互　【12】　【13】

釋　文

中（仲）尼曰：「芌（華）蘩（繁）而實垕（厚），天；言多而行不足，人。」(1)

中（仲）尼曰：「今人不信亓（其）所貴，而信其所戔（賤），寺（詩）曰：『皮（彼）求我，若不我【一】旻（得）。埶（執）我厵＝（仇仇），亦不我力。』」(2)

中（仲）尼曰：「孞＝（君子）溺於言，少（小）人溺於水。」(3)

中（仲）尼曰：「去身（仁），亞（惡）唇（乎）成名？造趏（次）、遉（顛）遷（沛）必於此。」(4)

中（仲）尼曰：「〔直〕【二】才（哉），叓（史）魚！邦又（有）道，女（如）矢；邦亡（無）道，女（如）矢。」(5)

中（仲）尼曰：「伇（堯）諰＝（諰諰）而埀（禹）滋＝（滋滋），已（以）絧（治）天下，未宷（聞）多言而悬（仁）者。」(6)

中（仲）尼曰：「君子所斩（慎），必才（在）【三】人爾＝（之所）不宷（聞）與人爾＝（之所）不見。」(7)

中（仲）尼曰：「君子之臭（擇）人裝（勞），丌（其）甬（用）之痯（逸）；尖＝（小人）之臭（擇）人痯（逸），丌（其）甬（用）之裝（勞）。」(8)

中（仲）尼曰：「韋（回），女（汝）幸，女（汝）有怣（過），【四】人不堇（隱）女＝（汝，汝）能自改。賜，女（汝）不幸，女（汝）又（有）怣（過），人弗疾也。」(9)

中（仲）尼曰：「弟子，女（如）出也，十指＝（手指）女（汝），十炗＝（目視）女＝（汝，汝）於（烏）敢為不【五】善唇（乎）！害（蓋）君子斩（慎）其蜀（獨）也。」(10)

中（仲）尼曰：「悬（仁）而不惠於我，虗（吾）不堇（隱）丌（其）悬（仁）；不悬（仁）不〈而〉惠於我，虗（吾）不堇（隱）其不悬（仁）。」(11)

中（仲）尼【六】曰：「晏坪（平）中（仲）善交才（哉）！舊（久）廛（狎）而長敬。」(12)

中（仲）尼曰：「古之學者自為，含（今）之學〔者〕為人。」(13)

中（仲）尼曰：「古者亞（惡）佻（盜）而弗殺，含（今）者【七】弗亞（惡）而殺之。」(14)

中（仲）尼曰：「君子見善呂（以）思，見不善呂（以）戒。」(15)

中（仲）尼曰：「憙（喜）惹（怒）不寺（時），恆夌（侮）。」(16)

中（仲）尼曰：「笑（管）中（仲）善=（善言）才（哉）？【八】老訖（吃）。」(17)

中（仲）尼曰：「己（以）同異，戁（難）；己（以）異，易。」(18)

康子夏（使）人審（問）政於中〔=〕尼〔=〕（仲尼，仲尼）曰：「丘未之聎（聞）也。」夏（使）者退。中（仲）尼曰：「見〈𠂇（視）〉之孚=（君子），亓（其）【九】言尖=（小人）也。竺（孰）正（政）而可夏（使）人聎（問）？」(19)

中（仲）尼曰：「一簹（簞）飤（食）、一勺酒（漿），人不奊（勝）丌（其）悬（憂），只（己）不奊（勝）其樂，虗（吾）不女（如）韋（回）也。」(20)

中（仲）尼曰：「見善【十】女（如）弗及，見不善女（如）遝（及）。董（隱）己（以）卑（避）戁（難），青（靜）尻（處）己（以）成丌（其）志。白（伯）尼（夷）、弔（叔）即（齊）死於首昜（陽），手足不弆，必夫人之胃（謂）啻（乎）！」(21)

中（仲）尼曰：「尖=（小人）【十一】啻（乎），可（何）己（以）壽為？戈（一）日不能善。」(22)

中（仲）尼曰：「遺（顛）於鈎（溝）𡐩（岸），虗（吾）所不果爰（援）者，唯心弗智（知）而色為智（知）之者啻（乎）？」(23)

中（仲）尼曰：「夌（務）言而遬（惰）行，唯（雖）【十二】言不聖（聽）；夌（務）㣚（行）㲋（伐）工（功），唯（雖）𡭔（勞）不昏（聞）。」(24)

中（仲）尼曰：「敓（悅）不敓（悅）互=（恆，恆）夌（侮）。」(25)

人（仁），中（仲）尼之耑（端）謼（語）也 26。僕（樸）快（慧）周恆（極）(27)【十三】

簡 背

一【一背】二【二背】三【三背】四【四背】五【五背】六【六背】七　人人人人人(28)【七背】餘(29)（豫）【八背】九（？）【九背】募=（寡人）眠〈聎（聞）〉聎（聞）聎（聞）命大。聎（聞）命大矣，未敢陛之，聎（聞）玉帛(30)。【十二背】二【十三背】

集　釋

（1）中（仲）尼曰：「芋（華）蘩（繁）而實塦（厚），天；言多而行不足，
　　人。」

　　整理者：「中尼」，古文字「仲」作「中」，「中尼」即「仲尼」，孔子的字。
此條簡文見於《大戴禮記·曾子疾病》，曾子曰：「夫華繁而實寡者，天也；言
多而行寡者，人也。」《說苑·敬慎》記「曾子曰」作：「夫華多實少者，天也；
言多行少者，人也。」「芋」，此字古文字多用為「華」；「蘩」，從「繁」聲，
所從「每」省形。簡文「芋蘩」當讀為「華繁」。「實」，果實。「塦」，從「土」
從「厚」，其「厚」旁與《清華二·繫年》簡九一、《清華五·厚父》簡一三背
「厚」寫法相同。《說文》「厚」字古文作「垕」，從「土」。此簡「塦」贅加「土」，
與「厚」字古文「垕」同例，當是「厚」之繁體。「厚」，多。《周禮·考工記·
弓人》：「厚其液，而節其帛。」鄭玄注：「厚，猶多也。」「實厚」即「實多」，
與曾子語「實寡」或「實少」意思相反。「行」，行動。「行不足」與「行寡」
或「行少」意思相同。此條簡文意謂：花開繁盛而果實多，是天變化的規律；
話說得多而做得少，是人為造成的。曾子是孔子學生，據簡文，上引曾子語當
本孔子。

　　潘燈（1樓）：從字形來看，簡1中有字釋「蘩」（如圖🔣），讀「繁」，辭
曰「花繁而實厚」，字形釋讀可信。但我們總覺得此字與楚文字當中的「襄」
有相通之處。楚文字「襄」多見，一般左下從「土」，右下從攴或又；楚文字
「繁」左下一般從女，右下從「糸」，在可識的字形中，右下很少從「攴」，這
是首見。不過，其字形不難理解，其中間部分即「每」的截除，現在終於可以
在楚文字中看到「繁」從「敏」的痕跡了。看到《仲尼》篇中的「蘩」，我們
還想起清華簡《五紀》篇中的「讓、纕」，還有編後所附上為一橫，左下從糸
的不識之字（我們之前認為此字即「纕」的省變），同樣從糸，且字中均有長
橫，細審楚簡中「襄」的上部和「蘩」中間「每」的字頭寫法很是相似，這不
得不讓我們產生二字或許在字形上有某些聯繫，或書手在抄錄時可能有混淆
之嫌。由「蘩（繁）」字，我們聯想到清十一《五紀》簡117中學界多次討論
的「🔣」字，是否即簡中「🔣」的省變，讀「繁」或與「繁」有關的通假之
字。簡1中的「厚」字也是一個新見字，上從石，下從生。之前所見「厚」字，
下部或從毛，或從干、戈、主等，或下部從「句」為聲。從「生」當是由清華
五《厚父》簡13中的「厚」形字而來。《大戴禮記·曾子疾病》：「夫花繁而實

寡者，天也；言多而行寡者，人也。」簡中的「厚」正與「寡」辭義相反，這是個有趣的現象。

激流震川2.0（6樓）：整理者似乎是將這裡的「天」與「人」理解為相反的關係；但是從《大戴禮記》與《說苑》的相關句子來看，「天」的開花多而結果少，與「人」的誇誇其談而少有實際行動，實際上是一種類比的關係。即從自然現象中的「華而不實」類比引申到人事上的「華而不實」，二者是一致的而非相反的。如果安大簡的「厚」字確實可信（此字值得存疑），那麼安大簡的書手很可能在抄寫中漏抄了一個「不」字，原文很可能本作「芌（華）繫（繁）而實〔不〕厚，天；言多而行不足，人」。

藤本思源（7、9樓）：安大簡《仲尼曰》簡1「厚」字應是「厚生」的合文，類似寫法可參看信陽簡2-8「厚奉」合文。這樣處理，上下句字數相同，「華繁而實厚生，天；言多而行不足，人」。簡1「繫」中間所從「弁」的寫法保留古意，與頭戴冠飾的人形相似，字形可參看董珊：《釋蘇埠屯墓地的族氏銘文「亞醜」》，《古文字與古代史》第四輯，第342頁。

質量復位（11樓）：安大簡《仲尼》簡1「芌（華）繫（繁）而實𡨄」中的「𡨄」應分析為從石、生聲，讀為「省」。上古音「生」屬心母耕部，「省」屬心母耕部。二字聲母、韻部均相同。………「省」有減少、簡約的意思。傳世文獻中可見「繁」「省」對舉。如《荀子‧禮論》：「文理繁，情用省，是禮之隆也。」又「文理省，情用繁，是禮之殺也。」《論衡‧自紀》：「今所作新書，出萬言，繁不省，則讀者不能盡。」簡文「華繁而實省」意為花開繁盛而果實少。安大簡《仲尼》「華繁而實省」可與《大戴禮記‧曾子疾病》「華繁而實寡」合觀，「省」與「寡」是義近的異文。傳世古書中可見「省」「寡」對文。如《商君書‧靳令》：「國以功授官予爵，則治省言寡；此謂以法去法，以言去言。」《管子‧八觀》：「是故明君在上位，刑省罰寡，非可刑而不刑，非可罪而不罪也。」

楊蒙生（0819）：字形中間近似「來」的形體宜理解為「每」的濃縮簡化。

汗天山（21樓）：這句話有韻，屬於交韻現象。「厚」，侯部；「足」，屋部；「天」「人」，真部。先秦兩漢文獻中類似格言諺語式的文句大都有韻，且傳世文獻兩種改編本也都沒有改變文句的交韻現象，故可知簡本釋字應該沒問題。至於「厚」前是否脫漏「不」字，目前似乎無法單純根據文義來論定。古人觀察自然現象，由此體察社會規律，所謂「人法地，地法天，天法道，道法自

然」。「芌（華）緐（繁）而實厚，天」一句，僅從文義上說，開花多了結果一般也能多些，當然也能講通，但自然界「華而不實」的現象顯然更為常見，今已成為成語。因此，前後文意的「天」「人」究竟是相反類比，還是基本一致，雖然目前無法論定，但釋讀為「芌（華）緐（繁）而實〔不〕厚，天」，更加符合自然現象，且可以與傳世本所引統一起來，確實要好些。

但夢逍遙（37樓）：徐在國、顧王樂二位先生認為安大簡《仲尼》簡1的「厇」字，從土從厚，是厚的繁體，這個觀點應是正確的。清華簡《五紀》簡54有「垕」字，整理者分析為從土、後，讀為「厚」。現在根據安大簡《仲尼》簡1的「厇」字來看，二者應為一字。《五紀》的「垕」字似可分析為從土，從厚省，也應看作「厚」字繁體。頗疑《說文》「厚」字古文也可能是從安大簡《仲尼》篇簡1的「厇」字這類字形減省而來。如果《說文》「厚」字古文再進一步減省，就成了清華簡《五紀》篇簡54的「垕」字。三者應是逐漸減省所致，演變脈絡比較清晰。

王寧（67樓）：其中的「厚」整理者所釋無誤，只是將此字形隸定為上后下土，並不很準確。從字形上看此「厚」字是上石下生的寫法，楚簡文字的「厚」本是上石下主，即從石主聲，其所從之「主」訛變極多，或如「芓」、或如「毛」、或如「丰」等不一，清華簡五《厚父》簡13背所寫的「厚」字寫法比本簡的「厚」字只少了最下面的一橫筆，故本簡中「厚」下所從的「生」應該是「主」、「土」的合體，從土的寫法大概受了燕系文字從土寫法的影響。對於「華繁而實厚」句，整理者已經指出相當於傳世文獻中的「華繁而實寡」或「華多實少」，因此激流震川2.0先生認為書手很可能在抄寫中漏抄了一個「不」字，當作「芌（華）緐（繁）而實〔不〕厚，天」，此說最為允當。「厚」有「多」、「稠密」的含義，「不厚」即「寡」、「少」也。本篇的抄手比較粗率，抄錯的地方不止這一處。果樹都是開花多結果少，古人觀察到這一現象，故此二句意思就是：開花繁多而結果不多，是自然現象；說話很多而行動不夠，是人為現象。

子居（0907）：在先秦時期，孔門弟子皆是稱孔子為「子」、「夫子」、「孔子」，實際上並沒有稱「仲尼」的情況……安大簡《仲尼曰》每節文字都首稱「仲尼」，恰恰說明這些文句並非孔門弟子所記錄，而更可能是戰國後期、末期儒家或傾向於儒家的人從各處抄錄來的片言隻語。……先秦文獻未見果實眾多以「厚」來形容的辭例，因此「實厚」也嫌不辭。「寡」為見母魚部，「厚」

為匣母侯部，見母、匣母密近，魚部、侯部亦密近，因此相對於整理所言，更值得考慮的是《仲尼曰》的「厚」很可能是《大戴禮記‧曾子疾病》「寡」字的音訛……是傳播過程中某環節中抄手未忠實於原文而有所改寫的結果，甚至不排除這個改寫者即《仲尼曰》編撰者的可能性。

王永昌（0911）：**壐**字當分析為從生、石聲。此處講草木的「華而不實」，「生」作為意符非常切合，「石」，禪母鐸部，「寡」，見母魚部，從古音來看，二者很近，魚部與鐸部相通，比較常見，見母與禪母相通的例子，如上博簡《緇衣》簡 10：「彼求我則，如不我得，執我敊=（仇仇），亦不我力。」但從出土文獻的用字習慣來看，這種解釋顯得很突兀。

井鳴（75 樓）：整理者謂「花開繁盛而果實多」並不算錯，因為就生活實際而言，花開得多的情況下，果實多是實情；然果實雖多，但大多微小、不豐滿肥厚，或者品相不好。故而此「厚」字可能不是指果實多少，而是側重其豐厚與否。但是，豐厚與「多」意相關，因此文獻中的類比亦多用作「多」講，與「寡」「少」相對。此句意謂：花開得多而果結得小或少（不厚），是自然界的常態；話說得多而行動不夠，是人之通病。

my9028（76 樓）：**堲**，可能「石」是聲符，讀為「碩」。

顧王樂、徐在國（1211）：「厚」，從「石」從「土」，乃《說文》「厚」字古文「垕」所本，會「厚」之意。據安大簡《仲尼曰》「厚」字的寫法，可知《說文》「厚」字古文「垕」所從的「后」乃「石」之訛。《說文》古文的主要來源是孔子壁中書，學術界大多認為屬於齊魯系文字。孔子作為魯國人，記載孔子語錄的《仲尼曰》「厚」字與《說文》古文形體密合，這非常符合邏輯。通過簡本「厚」字的寫法，我們也可以推測，安大簡《仲尼曰》是從魯國傳到楚國的。「厚」，多。《周禮‧冬官‧弓人》：「厚其液而節其帤。」鄭玄注：「厚，猶多也。」「華繁而實厚」的意思是花開的繁盛果實多。「行」，行動。「行不足」與「行寡」或「行少」意思相同。「天」「人」相對。此條簡文意謂：花開繁盛而果實多，是天變化的規律；話說的多而做的少，是人為造成的。簡文的這句話也非常具有現實意義，孔子是告誡人們，不要只說不做，就像是言語上的巨人、行動上的矮子一樣。應該「言少而行多」，即踏踏實實做事情。

波按：此句各家爭議在「**壐**」字的隸定及釋讀上，此字整理者隸定為「垔」。僅從字形上看，此字顯然是上「石」下「生」之字。但根據文意和辭

例來看，特別是「汗天山」先生所說此句有交韻現象，則此字當從整理者釋為「厚」字，只是其構形我們暫時不清楚，還需要進一步討論。王寧先生認為此字下所從的「生」是「主」、「土」的合體，恐怕也存疑。

我們知道，戰國楚文字中的「厚」字構形繁多而奇特，但大多有一個特點，即從「石」。或作從「石」從「毛」，或作從「石」從「戈」，或作從「石」從「句」（聲符）等等，具體可參看黃德寬、徐在國等主編的《戰國文字字形表》720頁「厚」字頭下楚系文字各字形。戰國楚系文字「厚」字所從的「石」，我們一般不將其認為是聲符，二者古音地位差別很遠，達不到作聲符偏旁的條件，「石」形應該不是「厚」字在戰國文字中的變形音化。至於「石」形在戰國文字「厚」中是否作為意符來看待，也還是有爭議的。總之，我們認為，此處「𥐨」字字形從「石」從「生」，應當隸定為「䂡」。此字是「厚」字異體應該是沒有問題的。從「石」從「生」，大概為本就繁多奇特的戰國楚文字「厚」字構形又增加了新的字形。

此外，簡文此句作「厚」，與傳世本作「寡」文意上相反，因而有學者認為此句「厚」字前脫漏「不」字，其觀點可備一說。我們譯文仍然按照簡文原文翻譯，句意謂花開得繁盛果實就會厚多，這是自然的規律；話說得多行動就跟不上，這是人性的特點。

（2）中（仲）尼曰：「今人不信亓（其）所貴，而信其所戔（賤），寺（詩）曰：『皮（彼）求我，若不我旻（得）。埶（執）我𠪽=（仇仇），亦不我力。』」

整理者：此條簡文見於《禮記・緇衣》：「子曰：大人不親其所賢，而信其所賤。民是以親失，而教是以煩。《詩》云：『彼求我則，如不我得。執我仇仇，亦不我力。』」《郭店・緇衣》簡一七至一九作：「子曰：大人不新（親）亓（其）所𣪠（賢），而信亓（其）所戔（賤），𡥉（教）此㠯（以）遊（失），民此㠯（以）絠（煩）。《寺（詩）》員（云）：『皮（彼）求我則，女（如）不我旻（得）。執我𢧵=（仇仇），亦不我力。』」《上博一・紒衣》簡十作：「子曰：大人不𦘔（親）丌（其）所賢，而信丌（其）所賤，𡥉（教）此㠯（以）遊（失），民此㠯（以）絠（煩）。《𦧶（詩）》員（云）：『皮（彼）求我則，女（如）不我旻（得）。執我𢦏=（仇仇），亦不我力。』」簡文「於人不信其所貴」，三種《緇衣》皆作「大人不親其所賢」。在「而信其所戔（賤）」與「寺（詩）曰」之間，三種《緇衣》皆多出兩句。「《寺（詩）》曰：皮（彼）求我，若不我旻（得）。

墊（執）我亃=（仇仇），亦不我力」，見《毛詩・小雅・正月》，原文作「彼求我則，如不我得。執我仇仇，亦不我力」，鄭玄箋：「彼，彼王也。王之始徵求我，如恐不得我。言其禮命之繁多。」三種《緇衣》和《毛詩》「我」後皆有「則」字。「若」，三種《緇衣》和「毛詩」皆作「如」。「若」「如」義同。「墊」，從「執」聲，故「墊」可讀為「執」。「亃」，見於《璽彙》五五九〇和包山簡一五四等，即「廏」字異體（參李家浩《戰國官印考釋兩篇》，《于省吾教授百年誕辰紀念文集》第一六六至一六九頁，吉林大學出版社一九九六年）。《說文・广部》「廏」古文從「九」聲作「𠁁」。簡本「亃」當從《毛詩》讀為「仇」。與本簡「亃（廏）」相當的字，郭店簡作「𢦏」，從「戈」，「棘」省聲，「仇」之異體；上博簡作「𢦦」，從「戈」，「咎」省聲，讀為「仇」（參徐在國、黃德寬《〈上海博物館藏戰國楚竹書（一）緇衣・性情論〉釋文補正》，《古籍整理研究學刊》二〇〇二年第二期，第一至六頁。）

蜻枯（30 樓）：為「仇」的字似從「飲」，實則應為「殴」之變，類似寫法如《華章重現：曾世家文物》第 252 頁篹的自名寫法，篹、仇音近可通。

汗天山（45 樓）：原釋文將「今」字形釋為「於」，如果不是偶然疏忽，則有可能認為此字是「於」的訛寫，「於人不信其所貴，而信其所戔（賤）當然也可以講通。「今人」，傳世本《禮記・緇衣》及出土兩種簡本皆作「大人」。形成此處異文似有兩種可能：一是，字形訛誤。戰國文字的「今」如果不寫作「含（吟）」形，則和「大」字在筆勢上還是有一定的相似性的，具備字形訛誤的可能。二是，傳抄者以意改之。如果原本是「今人」，後世傳抄者覺得這個詞語不大符合自己當時所處的社會環境，便有可能據後文的語境改成「大人」，因為孔子這句話所論述的對象應該是在上位之人，即「大人」。

潘燈（46 樓）：單從字形上來看，原簡文為「今人」無疑。戰國楚簡中，「今」一般如原文作右上包左下之形，或在其左下增飾「口」，隸定作「含」或「吟」。而類似「於」，本為烏鴉之「烏」，後由鳥身和翅膀形衍化而為「於」，一般作左右結構。雖說在辭中，今、於都可講通，但顯然仲尼所述針對時人，逕言「今人」似更顯妥當。

徐在國（202208）：安大簡作「於人」。「於」，介詞，對、對於。……安大簡「不信」與「信」相對，「貴」與「賤」相對，文意似乎更順暢一些。……三篇《緇衣》「我」後均有「則」。「則」字疑後加，湊足四字，又與「得」押韻。「若」，如、像。「仇仇」，傲慢的樣子。

子居（0907）：此段內容，《仲尼曰》編撰者明顯漏抄「則」字，雖然「則」不是韻腳字的，但首句不是四言仍然打破了全詩的協調，可證其並非原始版本。……雖然《仲尼曰》在字句上較《禮記‧緇衣》更為整齊，但這種整齊很可能是《仲尼曰》編撰者或傳播環節中其他抄者以己意而人為修改所致，應非該段內容的原始形態。

沈培（1025）：根據《仲尼曰》所引《詩》的讀法，驗證過去各家對毛詩「彼求我則，如不我得」的理解，認為「則」不可能是實詞，只能是虛詞。經過檢討，確認「則」不可能是句末語氣詞，因此毛詩只能讀為「彼求我，則如不我得」。《禮記‧緇衣》、兩種簡本《緇衣》皆當如此讀。由此可順便討論于鬯「讀別於義」之說，以及皇侃有關韻文句讀理論的相關說法，以期對如何誦讀《詩經》有所幫助。

波按：此句整理者隸作「於」之字，從字形來看，當是「今」字，這點「汗天山」先生和潘燈先生均已指出。我們認為，此處當從二位先生觀點，作「今人」，而不是「於人」。理由如下：一是字形支持，這點毋庸置疑，就字形看，此字就是「今」而非「於」；二是潘燈先生說「顯然仲尼所述針對時人」，我們雖然不同意其「顯然」這種絕對的肯定態度，但我們認為「仲尼所述針對時人」這種說法還是很有道理的，這句話的背景大概是孔子針對某個具體的事件或人物發出的一點感慨，應該具有特定的具體針對性，而不是一般抽象的道理概括，這點與三種版本的《緇衣》不同；三是確如「汗天山」先生所說，「原本是『今人』，後世傳抄者覺得這個詞語不大符合自己當時所處的社會環境，便有可能據後文的語境改成『大人』」。其實，後世傳抄者的這種改寫是具有特定的針對性的，即將個別概括為一般，將具體上升為抽象。當是孔氏後學對孔子語錄進行的哲學上的適應性改造。

總之，這條簡文「於人」我們認為當從字形出發，改為「今人」。此句意謂現在的人不相信他們所認為的高貴的，卻相信他們所認為的低賤的，《詩經》中有這麼一句話：「他們有求於我的時候，就好像不能得到我的幫助一樣；一旦他們牢牢地把握住了我，就又不能合理地安排我。」

（3）中（仲）尼曰：「莙=（君子）溺於言，少（小）人溺於水。」

整理者：此條簡文見於《禮記‧緇衣》：「子曰：小人溺於水，君子溺於口。」其後尚有如下一段文字：「大人溺於民，皆在其所褻也。夫水近於人而溺人，德易狎而難親也，易以溺人。口費而煩，易出難悔，易以溺人。夫民閉於人，

而有鄙心，可敬不可慢，易以溺人。」《玉篇·水部》「休」注：「孔子曰：『君子休於曰（引者按，應為「口」），小人休於水。』今作溺。」其所引「孔子曰」兩句順序與簡文合。《禮記·緇衣》鄭玄注：「言人不溺於所敬者。溺，謂覆沒不能自理出也。」

子居（0907）：推測《仲尼曰》此句更可能是出自戰國後期的造說，而基本沒什麼可能出自孔子之口。

波按：此句簡文子居花費大量篇幅論證《仲尼曰》出自戰國後期，但其論證及結論多不可信，我們不再詳細介紹。此句與《禮記·緇衣》的不同，除了少了後面一大段文字以及兩句順序不一樣外，還有個別用詞也有差別，即《禮記·緇衣》「口」字簡本作「言」。「言」和「口」在此表達的意思是一致的，「言」本身就是從「口」的。不過，「水」是具體可見的物質，相比之下，「口」與之對應似乎比「言」好一些。由此可見，孔子在講這句話的時候，應該是即興而發、針對具體事件或人物有感而言的，而不是經過深思熟慮、修改打磨後的言論，因此孔子說「君子溺於言，小人溺於水」。而孔子的繼承者們，在傳承孔子思想的時候，將孔子具體而有所指的言論進行概括升華，由一般針對性的話語改造成具有普適價值觀的高度抽象的哲理，顯著的例子見上文「今人」傳世本作「大人」。在孔氏後學那裡，「大人」是儒家哲學中具有濃厚哲學意味的專有名詞，這與普通的沒有哲學色彩的「今人」一詞不同。這裡的改「言」為「口」更可以看出，孔氏後學對孔子言論的改造，不僅僅限於思想的升華，在用字方面也很考究，改造思想的同時注重鍛煉語句。

此句句意謂君子沉溺於所說，小人沉溺於水中。

（4）中（仲）尼曰：「去身（仁），亞（惡）啻（乎）成名？造迟（次）、遺（顛）遷（沛）必於此。」

整理者：此條簡文見於《論語·里仁》：「君子去仁，惡乎成名？君子無終食之間違仁，造次必於是，顛沛必於是。」其前尚有一段文字：「富與貴，是人之所欲也；不以其道得之，不處也。貧與賤，是人之所惡也；不以其道得之，不去也。」文字出入較大。《穀梁傳·僖公二十三年》范甯注所錄「何休曰」引《里仁》作：「孔子曰：『君子去仁，惡乎成名？造次必於是，顛沛必於是。』」無「君子無終食之間違仁」一句（參程樹德撰，程俊英、蔣見元點校《論語集釋》第三〇四頁，中華書局二〇一四年），與簡文合。據錢大昕、段玉裁等人說，「造次」之「次」當作「越」，「顛沛」當作「蹎跋」（參段玉裁《說文解字

注》第六四、八三頁，上海古籍出版社一九八一年）。簡文「迊」從「辵」，「即」聲；「遉」從「辵」，「貞」聲；「遙」從「辵」，「番」聲。古文字「辵」與「走」「足」作為偏旁可以通用，「即」與「次」或「朿」，「貞」與「真」，「番」與「犮」或「沛」，音近古通，疑「迊」「遉」「**遙**」三字分別是「趍」「蹎」「跋」的異體。「造迊（趍）」「遉（蹎）遙（跋）」即「造次」「顛沛」的異文。「造次、顛沛必於此」，是「造次必於此，顛沛必於此」的省略說法。《里仁》「是」與簡文「此」同義。《論語・學而》「夫子至於是邦也」，皇侃疏：「是，此也。」《論語・里仁》「君子去仁……」，何晏《集解》引馬融曰：「造次，急遽。顛沛，偃仆。雖急遽、偃仆不違仁。」邢昺疏：「此章廣明仁行也……『君子去仁，惡乎成名』者，惡乎，猶於何也。言人欲為君子，唯行仁道乃得君子之名。若違去仁道，則於何得成名為君子乎？言去仁則不得成名為君子也……『造次必於是，顛沛必於是』者，造次，急遽也；顛沛，偃仆也。言君子之人，雖身有急遽、偃仆之時，而必守於是仁道而不違去也。」

    徐在國（0817）：《論語・里仁》「造次」，應從簡文作「造迊」，即「造趍」，「造」「趍」同義連用，意為倉猝。「次」，乃「趍」之通假。「顛沛」，應從簡文作「遉遙」，即「蹎跋」，「蹎」「跋」同義連用，意為跌倒。「顛沛」，乃「蹎跋」之假借字。「造」「迊」「遉」「遙」，四字均從「辵」，意味著四字的字義均與足部的行動有關，所以分別訓為倉猝、跌倒。朱起鳳《辭通》將「造次」「顛沛」視為聯綿詞，實際上它們是並列式的合成詞。前人所謂的「聯綿詞」並非不可拆分的，同義連用的合成詞居多，只是因為文字形式的演變，導致人們無法探究其詞義和用字之間關係，只能將其看作不可拆分的特殊詞彙。譬如之前我們討論的聯綿詞「窈窕」，安大簡《詩經》異文作「要（腰）翟（嬥）」，是主謂結構的合成詞。安大簡「造次」「顛沛」異文再一次豐富了我們對聯綿詞的認識，再次印證了某些學者認為聯綿詞不全是單純詞的觀點。

    王寧（59樓）：簡2和簡12兩個「遉（顛）」字，所從的「貞」寫法是上卜下田，它可能本是「真」的或體，故從「田」聲（同真部），它與上卜下目寫法的「貞」可能本是不同的，只是因為音形並近被混用了。比如郭店《老子》乙簡11「〔質〕貞（真）女（如）愉」的「貞（真）」是上卜下目的寫法，而簡16「其德乃貞（真）」的「貞（真）」則是上卜下田的寫法。上博簡《容成氏》簡5「四海之外賓，四海之內貞（真→臻）」，這個「貞」也是上卜下田的寫法，從用韻上來看釋為「真」讀「臻」（與「賓」同真部）顯然更合適。

所以，本篇的兩個「遬」的字疑應釋作「遉」，即《說文》中「趱」字的異體，云：「趱，走頓也。從走真聲。讀若顛。」段注：「《足部》曰：『蹎，跋也。』此與音義同。」是「趱」、「蹎」、「顛」都是音同的字，前二者或即異體字關係。

不求甚解（70樓）：《仲尼曰》「顛沛」之「沛」，簡文作**遙**，對瞭解「顛沛」一詞的語源很有作用。「遙」就是「奔波」的「波」、「播遷」之「播」的本字，指四處奔逃。「顛沛」又作「顛跋」，「沛」、「跋」都是**遙**的假借字。……「造次」是何義，也是個老話題。《史記》「被服造次，必於儒者」，《漢書》作「被服儒術，造次必於儒者」，小顏注：「造次，謂所向所行皆法於儒者。」造，往也；次，止也。「造次」就是行止。……其實前人早就指出：「造次」和「顛沛」是互文關係，「造次」云云指生活安定之時如何，「顛沛」指生活困頓流離之時如何如何。《仲尼曰》「造次」、「顛沛」四個字都是形聲字，形旁是表示行動的「辵（行）」，把意思表達得更清楚。「造次」確實就是所造所次，指行止；「顛沛」就是「所顛所播」，指困頓不順。

子居（0907）：《仲尼曰》後文的「仁」全部書為「悬」，因此值得考慮此處書為「身」或是讀為原字而非讀為「仁」，……「顛沛」、「顛越」當皆是「顛蹶」的通假，……「造次、顛沛必於此」所指的「此」當是「名」而非「仁」。

沈培（1111）：「造次」是兩個意義相關的語素組成的雙音節詞，可以理解為「往」和「止」，也可以理解為「所往」和「所止」。《論語》的「顛沛」當讀為「顛播」。《論語》加上「君子無終食之間違仁」這句話，很可能是在誤解了「造次」、「顛沛」兩句話的含義之後。因為誤解之後，「造次」和「顛沛」都指非正常的時候，傳抄《論語》的人領會到不能只講特殊時候不違仁，也要講正常時候不違仁，而「食」正是正常時候最有代表性的事情，因此就加上了這一句話。

顧王樂、徐在國（1211）：《論語·里仁》「造次」，應從簡文作「遚」，即「造趱」，「造」「趱」同義連用，意為倉猝。「次」，乃「趱」之通假。「顛沛」，應從簡文作「遉遙」，即「蹎跋」，「蹎」「跋」同義連用，意為跌倒。「顛沛」，乃「蹎跋」之假借字。「造」「遚」「遉」「遙」，四字均從「辵」，意味著四字的字義均與足部的行動有關，所以分別訓為倉猝、跌倒。朱起鳳《辭通》將「造次」「顛沛」視為聯綿詞，實際上它們是並列式的合成詞。前人所謂的「聯綿詞」並非不可拆分的，同義連用的合成詞居多，只是因為文字形式的演變，導

致人們無法探究其詞義和用字之間的關係，只能將其看作不可拆分的特殊詞語。安大簡「造次」「顛沛」的異文印證了聯綿詞不全是單純詞的觀點。

風流天下聞（1212）：從出土文獻來看，「造」和「就」往往通用，「即」和「次」往往通用，在詞義上也非常相近。……在古漢語中，表示「緊挨」「副次」意思的詞，往往有「急遽」的意思，這也不奇怪，緊挨的東西，肯定是密切接觸的東西，密切就是急促。「即」有「立即」義，就是這種情況的反映。……在古書上，「造次」還可以寫成「草次」。……因此，馬融說「造次」有「急遽」的意思，鄭玄說「造次」有「倉猝」的意思，都不是信口開河，從詞源義上可以得到充分證明。

風流天下聞（1219）：我認為「造次」是兩個同義詞組成的合成詞，就是指「倉猝」；「顛沛」也是兩個同義詞組成的合成詞，就是指「顛僕」。……實際上「造次必於是」的意思是通順的，就是說在倉猝急難之時，也不違背「仁」的準則；「顛沛必於是」，就是說在徹底栽倒時，也不違背「仁」的準則。兩詞的古訓都能從詞源義分析得到證明，沒有必要改訓。

波按：此句「造遒（次）」、「遄（顛）遝（沛）」二詞的釋讀是個難點。對比此句傳世文獻中的「不以其道得之，不處也」與「不以其道得之，不去也」，一個「不處」，一個「不去」，相對成文，則網友「不求甚解」先生引前人之說認為「『造次』和『顛沛』是互文關係，『造次』云云指生活安定之時如何，『顛沛』指生活困頓流離之時如何如何」，這是很有道理的。不過，對於這種長期聚訟不已的問題，這點證據稍顯單薄，只能可備一說。此外，整理者的說法也可備一說。我們此處對二詞的解讀暫時存疑。

此句句意謂離開了仁道，哪裡還能得到名聲呢？造次、顛沛也必定在仁道。

（5）中（仲）尼曰：「〔直〕才（哉），叓（史）魚！邦又（有）道，女（如）矢；邦亡（無）道，女（如）矢。」

整理者：此條簡文見於《論語·衛靈公》：「子曰：『直哉，史魚！邦有道，如矢；邦無道，如矢。』」其後尚有「君子哉，蘧伯玉！邦有道，則仕。邦無道，則可卷而懷之」一段，為簡文所無。簡二末字缺，當為「直」字。「才」，讀為「哉」。「史魚」，何晏《集解》引孔安國曰：「衛大夫史鰌。」「邦有道，如矢；邦無道，如矢」，何晏《集解》引孔安國曰：「有道無道，行直如矢，言不曲。」邢昺疏：「『直哉，史魚』者，美史魚之行正直也。『邦有道，如矢；

邦無道，如矢」者，此其直之行也。矢，箭也。史鰌之德，其性惟直；國之有道無道，行直如箭，言不隨世變曲也。」

子居（0907）：此段內容明顯是化用了《詩經·小雅·大東》：「周道如砥，其直如矢。」而「有道」、「無道」這樣對比句式是戰國時期道家學說廣泛流行之後才出現的，因此很容易判斷此段內容的出現蓋不早於戰國後期，自然不會是孔子之言。整理者注所引《論語》之後的內容未見於《仲尼曰》則可說明《仲尼曰》的成編早於《論語》，《論語》多有增益補入的內容。

波按：此句簡文除「直」字殘缺外，剩餘文句均與傳世本《論語》可對照，沒有理解難點。句意謂正直啊，史魚！國家政治清明的時候，您就像弓箭一樣挺直；國家昏暗的時候，您依然如弓箭那般挺直。

（6）中（仲）尼曰：「㐲（堯）誾=（誾誾）而埀（禹）𧨌=（𧨌𧨌），㠯（以）
絽（治）天下，未审（聞）多言而㤅（仁）者。」

整理者：此條簡文在傳世文獻裡尚未找到相應的文字。「死」，讀為「伊」，指堯。據《成陽靈臺碑》（見洪适《隸釋》卷一），堯姓「伊」，所以又稱「伊堯」（見《潛夫論·五德志》）。「死」「伊」二字音近可通。《說文》「伊」字古文從「死」聲，即其例證。「誾=」「𧨌=」分別是「言畐」「言丝（絲）」合文。「絲」作「𢇁」，與《上博一·紂衣》簡二七、《清華二·繫年》簡七〇「絲」字寫法相似。「言畐」「言絲」是「言如畐」「言如絲」的省略說法。「畐」的本義是附在耳旁說悄悄話。《說文·口部》：「畐，聶語也。」又《耳部》：「聶，附耳私小語也。」「言如畐」「言如絲」都是形容說話的聲音細小，出言緩慢謹慎。或說「畐」讀作「緝」，與下文「絲」互文見義，謂古聖王出言之微，謹慎之至（袁金平）。《史記·仲尼弟子列傳》：「牛多言而躁。問仁於孔子，孔子曰：『仁者其言也訒。』曰：『其言也訒，斯可謂之仁乎？』子曰：『為之難，言之得無訒乎！』」「訒」，即出言緩慢謹慎。「多言」，或讀為「侈言」，誇大不實之言，猶下引《禮記·緇衣》的「游言」。「㤅」，戰國文字多用為「仁」，如簡六的「㤅」。此處亦用為「仁」。或認為此「㤅」字讀為「信」，戰國文字「信」或寫作從「言」，「身」聲。孔子強調「言而有信」（《論語·學而》）、「言必信」（《論語·子路》）（李家浩）《禮記·緇衣》：「子曰：王言如絲，其出如綸；王言如綸，其出如綍。故大人不倡游言。可言也，不可行，君子弗言也；可行也，不可言，君子弗行也。則民言不危行，而行不危言矣。《詩》云：『淑慎爾止，不愆于儀。』」孫希旦《禮記集解》：「綸，綬也。綍，

引柩索也。綸大於絲，綍大於綸。游言，浮游無實之言也。王者之言，宜之為政教，成之為風俗，其末甚大……」（孫希旦撰，沈嘯寰、王星賢點校《禮記集解》第一三二四頁，中華書局一九八九年）《緇衣》所引孔子語，可為理解此條簡文作參考。

侯乃峰（0818）：這句話後半部分沒有疑問，關鍵是前半部分的理解。既然此章涉及「多言」，原整理者將「詯」「諮」分部看作「言聑」「言絲」的合文，還是有一定道理的。然原整理者將這句簡文前半部分與《禮記·緇衣》「王言如絲」聯繫起來，可能並不確切。《禮記·緇衣》「王言如絲，其出如綸」云云，是強調聖王出言應謹慎，即「慎言」之義，和本條簡文「多言」與否的旨意還是有差別的。結合先秦儒學文獻中論述「多言」的文句，很容易想到「言」和「行」可以聯繫起來。此條簡文中，孔子之意或許是強調聖王「不言」或「少言」而要去「行」。若如此理解，則簡文有可能應當釋讀作：死（伊）詯=（詯詯），而壴（禹）諮=（孳孳／孜孜），㠯（以）絧（治）天下，未竆（聞）多言而㥁（仁）者。詯詯，即「聑聑」「緝緝」。據《說文》「聑，聑語也」「聑，附耳私小語也」，「聑聑」「緝緝」即說話聲音細小之義。「緝緝」又見於《詩·小雅·巷伯》，傳統訓解或曰有條理貌。「孳孳」「孜孜」即勤勉、不懈怠之貌。如此，簡文之義大概是說：堯說話聲音細小，禹孳孳不倦，勤勉不懈，努力作事（根本不多說話），他們以此方式來治理天下，沒聽說前代的聖王是通過多說話而成為仁者的。換句話說，孔子言外之意當是：前代的聖王仁者，沒聽說過有哪一位是整天光靠著嘴巴花言巧語不做什麼事就達到仁人的境界的。這和孔子儒家重視實幹，反對花言巧語的思想主張恰好吻合。如《論語·學而》：「子曰：『巧言令色，鮮矣仁。』」

激流震川2.0（17樓）：《仲尼曰》簡3的「死」字讀為「伊」，可信。《說文》：「古文伊從古文死」，又上博簡《容成氏》簡26「伊洛」之「伊」即寫作從水、死聲之字。《說文》：「伊，殷聖人阿衡，尹治天下者。」頗疑《仲尼曰》的「伊」就是指「伊尹」。侯乃峰先生認為簡3從言從絲之字為重文，讀作「孳孳／孜孜」，指禹的「勤勉不懈，努力作事」。循此思路，前句「死（伊）詯=」可能也是對伊尹勤勉從事的形容。「詯詯」似可讀為「捷捷」，《說文》：「緁，緁衣也。從糸、疌聲。」段玉裁注云：「《喪服傳》：『斬者何，不緝也。齊者何，緝也。』齊即齋，緝即緁，叚借字也。」《詩經·大雅·烝民》：「征夫捷捷」，孔穎達疏云：「舉動敏疾之貌」。《莊子·讓王》中曾提到「湯曰：

伊尹何如？曰：強力忍垢」，又《漢書・谷永傳》：「宜夙夜孳孳，執伊尹之彊德」，所謂「強力」、「彊德」，似乎傳說中的伊尹本就以勤勉力行聞名。《左傳・襄公二十一年》：「伊尹放大甲而相之」（《竹書紀年》說伊尹「乃自立也」），《說文》稱他是「尹治天下者」，所以簡文說「伊捷捷而禹孳孳，以治天下」，也是符合伊尹身份的。

汗天山（23樓）：原整理者在注釋時，應該也考慮過「伊」指「伊尹」的可能性，因為這樣理解顯然較為直接。但是，這種思路存在兩個障礙：一是，伊尹是商朝人，往早了說也不過是夏朝末年人；而大禹是夏朝的創始人，生活時代上要早於伊尹很多年。古人引述歷史人物，一般是按照時間順序從古至今敘述的。既然簡文先提及「死（伊）」，後說「禹」，就可以表明「死（伊）」其人生活時代應早於「禹」。伊尹後於禹，故此「死（伊）」當非伊尹。二是，伊尹的身份是商湯的輔弼之臣，主要功業是輔佐商湯伐滅夏桀，這就和下文「以治天下」有矛盾。在先秦文獻中，能夠「治天下」的自然當是帝王，伊尹作為臣子似乎沒有「治天下」之責。綜上，原整理者對「死（伊）」的釋讀意見應當是可信的。

予一古人（25樓）：「死（伊）謂＝」，中的「死（伊）」有否可能指堯。《帝王世紀》：「帝堯陶唐氏，祁姓也。……或從母姓伊氏。」「死」字也可能就直接是「堯」字的訛寫。

蜻枯（30樓）：簡3所謂「死」字，其左從人，右旁應該是及，並非「死」字。「謂＝」、「謚＝」可能是三字合文，讀為「言謂謂」、「言孳孳」。

史傑鵬（0827）：簡文的內容很好懂，意思是，仲尼說：「盈和禹都是不大說話的人，他們治理天下（很好），我沒聽說過話很多卻仁厚的。」其中的「盈」，整理者釋為「死」，但和普通的「死」寫法不同，卻和上博簡《周易》的「盈」寫法相似，此人到底指誰，還有待研究。一般來說和禹並提的只有堯舜，……簡文原文從「言」從「聑」，應當訓為「無聲」。前面我們說過，從「聑」的這類閉口韻字，很多有「隱藏」的意思，而「隱藏」與「無聲」義相因。《說文・鼓部》：「聾（從鼓從聑聲），鼓無聲也。」就是例子。至於原文從雙「幺」的那個字，李家浩先生曾指出，上博簡《緇衣》的「於緝熙敬止」的「緝熙」合文，其中的「絲（雙幺）」，應該視為「濕」字右上部分的別體。因此，這支簡文從「言」從「絲（雙幺）」的字，也應該視為與「濕」音近，也就是閉口韻字。在古書中，常常有用同樣音義的詞換個字形就一起

使用的情況，在漢賦中非常常見。在《詩經》也有例子，……我認為《仲尼曰》簡文的「緝緝」和「溼溼」就是一個詞，都可以讀為「瞽（從鼓從耳）」，表示「無聲」之義。

王寧（53樓）：稱堯為陶唐氏、伊耆（祁）氏是漢代才有的說法，先秦無之，所以認為這個「死」是堯很可疑。此「死」疑當讀為「契（楔）」，同心母一聲之轉。古書裡每禹、契並舉，此亦是矣。《淮南子・齊俗》言「故堯之治天下也，舜為司徒，契為司馬，禹為司空」，也是先言契而後言禹。

潘燈（56樓）：「死」讀「伊」是可疑，還有沒有可能讀「啟」。死、啟同為脂部，夏啟即夏禹之子。

陳民鎮（0905）：本文認為「伊」指伊尹的可能性更大。先秦古書中伊尹多稱「伊尹」「尹」「摯」「小臣」等，而從甲骨卜辭看，亦可稱「伊」。《說文・人部》云：「伊，殷聖人阿衡，尹治天下者。」將「伊」解作伊尹，並認為其係「尹治天下者」。《左傳》襄公二十一年「鯀殛而禹興；伊尹放大甲而相之，卒無怨色；管、蔡為戮，周公右王」，將禹與伊尹並提。伊尹放太甲而攝政，其地位有如後世之周公，甚至有伊尹自立之說，言其「治天下」亦不難理解……至於追述古人，由遠及近自然更合乎情理，但古書中亦不乏由近及遠之例……伊尹出現於夏禹之前，非無可能。「諿=」「譀=」如整理者所說，當理解作「言畐」與「言諡」的合文。「畐」或可讀作「戢」，「戢」有收斂、約束義。……「絲」聲字與「才」聲字互通，此處「譀」或可讀作從「才」聲的「裁」。「裁」有減省、節制之義。《爾雅・釋言》「裁，節也」，郝懿行疏：「裁者，制也，有減損之義。」「伊言戢」「禹言裁」，謂伊尹、夏禹出言節制，是下文「多言」的對立面。

子居（0907）：「死」蓋讀為同音的「璽」……《仲尼曰》此處的「死」蓋即讀為帝舜的單名「璽」。

周秦漢（79樓）：整理者認為「死」讀為「伊」，指堯，引《成陽靈臺碑》和《潛夫論・五德志》為證。其所舉史料晚至東漢，年代較晚，似有待討論。拙文曾指出「『堯為唐氏』說不晚於春秋晚期」，但「『堯為祁姓伊氏』說是漢晉後起附會之說，不可信」。西漢末之前文獻皆不以「堯」與「伊」關聯，戰國時安大簡突然出現的可能性極小。上博簡《子羔》載子羔曰：「堯之得舜也，舜之德則誠善歟？伊（抑）堯之德則甚明歟？」已有學者指出，此「伊」讀為「抑」，表轉折。

波按：此句難點在「✦」字的隸定、釋讀以及「諨=」、「譶=」的釋讀上。我們先來說說「✦」字，僅從字形看，左側從「人」沒有什麼問題；至於右側，是否是「死」字所從偏旁「歺」，實際上還是值得再討論的。網友「蜨枯」先生已經率先指出，「✦」字右旁所從為「及」；史傑鵬先生也認為此字和「死」字寫法不同。我們認為，單就字形來看，此字釋為「死」字確實可疑，有以下兩點理由：一是此字右旁確如「蜨枯」所言，一般釋為「及」，字形與楚簡中常見的「死」字所從之「歺」旁有區別。當然，這種寫法的「歺」旁也是存在的，即清華簡《繫年》中的幾個「死」字，所從「歺」旁就有作此形的，只是相比較而言，這種情況比較少。二是「死」字的「人」「歺」二旁相組合的關係，一般是「人」在「歺」右或右下，少數在下，罕見在左者，除此之外，僅上博簡一見。綜合以上兩點，此字寫法與「死」字的正常寫法還是存在一定的差距的。此外，以「死」這種字形作為人名符號記錄下來，恐怕也不符合古人畏死的普遍心理習慣。基於上述考慮，我們在此提出一種新的看法：此字當隸定為從人及聲之字，依舊讀為「堯」。及，見母魚部字；堯，疑母宵部字。見母、疑母均屬牙喉音一系，魚部字和宵部字也有密切關係，如「呶」字一般歸宵部，其所從的「奴」則一般歸入魚部，此外，二部字也有一些通假的例子，可參看《古字通假會典》第798、888頁。

以上是我們對此字做出的一點考慮，當然這種說法相比整理者之說顯然更加迂曲，還是存在一些問題的，我們在此提出來僅供參考；不過，整理者以漢代碑文為文獻依據，說服力也不強，這點已經有幾位學者指出。實際上，就目前的情況來看，各家說法都還只是猜測，並無公認的結論。總之，從傳世文獻中的搭配習慣以及我們上述分析來看，我們認為，此字釋讀為「堯」，大概還是比較可信的，只是「堯」字在先秦文獻中經常出現，在此為何要用這樣一個字形來表示，實在讓人難以理解，姑且存疑。

關於「諨=」、「譶=」二字，其詞義的分析，我們大體認同史傑鵬先生的意見。史傑鵬先生從詞源學的角度分析，認為「諨」「譶」都是閉口韻的字，閉口韻字的初始詞源義與「閉合」「隱藏」有關，對應其發音時嘴唇閉口的狀態。我們發現，此處的「諨」「譶」二字恰好均從「言」旁，代表此字與語言有關，而「畐」「絲」作為聲符，又都是閉口韻的字，從詞源學的角度來說，二字當有共同的詞義來源，在此可共同訓讀為「少言」或「不言」義的閉口韻詞源義。下句「未聞多言而仁者」，就是對此句「少言」或「不言」的最佳證明。史傑

鵬先生最終將其破讀為「聾」，實際上，如果我們瞭解了此二字的詞義來源、構形及其前後文的限制，可以直接將其視為從言聑聲和從言絲（即史傑鵬先生根據李家浩先生研究成果所認為的「『淫』字右上部分的別體」）聲之字，而不必非要對應今天的某個字，將其視為現在漢語中不再使用的死字就可以了。

此句意謂堯和禹都閉口不言，卻能夠治理天下，還從沒聽說過話多的人是仁者啊。此篇簡文，孔子討論「言」的內容不少，其態度一般是不讚同「多言」，對「多言」採取保守態度，如簡1「言多而行不足，人」、簡2「君子溺於言」等等。

（7）中（仲）尼曰：「君子所斳（慎），必才（在）人斋=（之所）不審（聞）與人斋=（之所）不見。」

整理者：此條簡文與《禮記・中庸》「道也者，不可須臾離也，可離非道也。是故君子戒慎乎其所不睹，恐懼乎其所不聞。莫見乎隱，莫顯乎微，故君子慎其獨也」中的「君子戒慎乎其所不睹，恐懼乎其所不聞」相近。《中庸》這段文字在朱熹分章的第一章，是對其中「道」的概念闡述。鄭玄《禮記目錄》說《中庸》是孔子之孫子思所作，「以昭明聖祖之德」。顯然，《中庸》的「君子戒慎乎其所不睹，恐懼乎其所不聞」，是襲用此條簡文的意思立論的。戰國晚期儒家荀況在他的著作裡，也多次申述了這類思想。《荀子・樂論》：「故君子耳不聽淫聲，目不視女色，口不出惡言。此三者，君子慎之。」又《正名》：「無稽之言，不見之行，不聞之謀，君子慎之。」《王霸》：「各謹其所聞，不務聽其所不聞；各謹其所見，不務視其所不見。」

子居（0907）：整理者大概誤信注疏或一些現代今譯，以至於認為「《中庸》的『君子戒慎乎其所不睹，恐懼乎其所不聞』，是襲用此條簡文的意思立論的。」實際上，《中庸》的「君子戒慎乎其所不睹，恐懼乎其所不聞」所言內容與《仲尼曰》此條迥異。

波按：這條語錄沒有疑難字詞，理解起來相對簡單。簡文記載了孔子討論「慎獨」思想，這一思想在下文語錄中有更為直接的體現，但在傳世文獻中，「慎獨」這一概念明確地提出，似乎不見於孔子言論。

句意謂君子所慎重的，一定在於別人所聽不到和看不見的地方。

（8）中（仲）尼曰：「君子之臭（擇）人裝（勞），丌（其）甬（用）之疢（逸）；尖=（小人）之臭（擇）人疢（逸），丌（其）甬（用）之裝（勞）。」

整理者：此條簡文在傳世文獻中尚未找到相應的文字。「臭」，《說文・

亓》：「大白，澤也。從大，從白。古文以為澤字。」其實「臭」即古文「罜」的訛形，簡文讀為「擇」。「疕」，從「疒」從「兔」。楚國文字「疒」「爿」二旁形近，往往混用（參湖北省文物考古研究所、北京大學中文系《望山楚簡》第八九頁考釋〔一九〕，中華書局一九九五年）。「疕」即楚國文字的「脁」字（如《上博五・三》簡四、《清華一・耆夜》簡二、《清華二・繫年》簡五八、《清華三・琴舞》簡七等），讀為「逸」。《大戴禮記・主言》：「曾子曰：『敢問不費不勞，可以為明乎？』孔子愀然揚麋曰：『參！女以明主為勞乎？昔者舜左禹而右皋陶，不下席而天下治。夫政之不中，君之過也。政之既中，令之不行，職事者之罪也。明主奚為其勞也！』」《鹽鐵論・刺復》：「故君子勞於求賢，逸於用之，豈云殆哉？」可以參考。

楊蒙生（0819）：小、少同源分化，楚文字多用「少」為「小」，簡文此字合文中的「少」顯然是借「人」形成字。這是戰國文字簡化中典型的「合文借用形體」現象。

子居（0907）：先秦傳世文獻最早倡擇人說者即《墨子》，這與墨家尚賢觀念是直接相關的，儒家則推崇親親尊尊，無論其口頭上如何宣稱，在親親尊尊的裙帶關係和主奴關係之下，無疑必然會逐漸陷入無人可擇的局面，因此不難判斷，此說非出自孔子之口。

劉信芳（0927）：其實遺貌取神之轉述多不勝數，《大戴禮記・子張問入官》：「夫工女必自擇絲麻，良工必自擇齋材，賢君良上必自擇左右。是故佚于取人，勞于治事；勞于取人，佚于治事。」《孔子家語・入官》：「夫女子必自擇絲麻，良工必自擇完材，賢君必自擇左右。勞於取人，佚於治事。」《呂氏春秋・士節》：「賢主勞於求人而佚於治事。」比較可知：1. 本例君子、小人對比，小人「擇人」「用之」，小人亦有在位者。曾子提升為「明王」，不及「小人」。子張言「賢君良上」，所謂「工女必自擇絲麻，良工必自擇齋材」乃命題導入之取譬，如《詩》之有「興」。社會層面的普通道理已由後學演繹為政治哲學。2. 本例為用人原理的最初表述，《子張問入官》「佚于取人，勞于治事；勞于取人，佚于治事」措辭精煉，言簡意賅，後世引用者無以數計，可謂史不絕書。3. 曾子「明王奚為其勞也」是由本例引申的話題，措辭過於絕對，準確度大打折扣。……「明王奚為其勞也」以反問句表達全稱否定判斷，主項不周延，明顯有邏輯漏洞。

波按：此句雖在傳世文獻中暫未找到對應的語句，但類似的語句卻有很多，這點劉信芳先生已經指出。此句亦無疑難點值得討論，故各家討論不多。

句意謂君子選擇人才的時候用力煩勞，但其使用人才的時候卻能省力安逸；小人選擇人才的時候省力安逸，但其使用人才的時候卻更加煩勞。

（9）中（仲）尼曰：「韋（回），女（汝）幸，女（汝）有伝（過），人不堇（隱）女=（汝，汝）能自改。賜，女（汝）不幸，女（汝）又（有）伝（過），人弗疾也。」

整理者：此條簡文在傳世文獻裡尚未找到相應的文字。「韋」，讀為「回」，顏回。顏回字子淵，魯國人，孔子學生。上博楚簡《君子為禮》《弟子問》顏回之「回」作「韋」，與本簡同。「伝」，讀為「過」，過錯。《論語·衛靈公》：「子曰：過而不改，是過矣。」「堇」，讀為「謹」，謹救。《左傳·昭公二十年》「毋從詭隨，以謹無良」，杜預注：「謹，勅慎也。」孔穎達疏：「毋得從此詭隨之人，以謹勅彼無善之人。」《論語·雍也》孔子曰：「有顏回者……不貳過。」所以人們對待顏回之「過」雖不加謹救，他也會改正。「賜」，端木賜。端木賜字子貢，衛人，孔子學生。「疾」，憎恨。《大戴禮記·曾子立事》：「君子好人之為善，而弗趣也；惡人之為不善，而弗疾也。疾其過而不補也，飾其美而不伐也。伐則不益，補則不改矣。」此二「疾」都是憎恨的意思（參方向東《大戴禮記彙校集解》上冊第四三二頁注〔二〕，中華書局二〇〇八年）。孔子認為子貢如有過為「不幸」，是因為人們對待其過不加憎恨。參考《論語·述而》：「子曰：『丘也幸，苟有過，人必知之。』」《逸周書·王佩解》：「不幸在不聞其過，福在受諫。」

單育辰（0819）：簡5的「堇」，整理者讀為「謹」，認為是謹救的意思。簡6的「堇」，整理者也讀為「謹」，認為是恭敬的意思。這樣理解在文義上不是很合適。按，簡5的「疾」，整理者認為是憎恨的意思，很正確，而「疾」與「堇」文義應有關聯，簡5「堇」及簡6兩處的「堇」都應讀為「慳」，「堇」見紐文部，「慳」匣紐侵部，二者聲紐屬牙喉音，韻部旁轉，古音很近。「慳」是怨望的意思，正與「疾」相應。「慳」在《論語》中即有用例，如《公冶長》「願車馬衣輕裘與朋友共，敝之而無慳。」「慳」後世多寫作「恨」，「恨」古音匣紐文部，與「慳」語音也非常密切。

楊蒙生（0819）：「有過」之「有」，簡4作 ，此處作 ，整理報告釋為「又」讀為「有」。案，簡文之中多見為平衡字形或受類化因素影響、綴加筆

畫的情形，……可理解為與「肘」字初文混形。此類寫法也作為偏旁使用，如簡13「敓」字形中所從「攴」中的「又」旁。

cbnd（31樓）：單育辰的分析是很有道理的，只是「堇」與「憾」的讀音關係並不近，倒不如直接將「堇」讀作「恨」。「堇」與「恨」的讀音關係很近，古書與出土文獻中「堇」及從「堇」聲之字與從「艮」聲之字相通的辭例非常多見。

激流震川2.0（32樓）：句中的「疾」和「堇」文義確實有關聯，但是應該是相反的含義。子貢的不幸在於自己有了過錯而別人不指出來，「人弗疾也」；與之相反，顏回的幸運應該是自己有了過錯，而別人會指出來。所以「人不堇汝」的「堇」是一個積極正面的詞，整理者認為「堇」是恭敬一類意義的思路應該是正確的。

tuonan（34、35樓）：堇，可能讀「靳」，《大詞典》「嘲弄；恥笑」。強調其自我覺悟性很高，不待外界反應而能自察自改。不過，「人不堇汝」的「堇」更有可能讀「欣」（與表示憎恨的「疾」詞義正相反），謂你有過錯而人不喜悅你，於是你就糾正過錯了。堇，或許也讀「欣／訢／忻」，悅也。《孟子》有「悅於仁義」

史傑鵬（0824）：可以讀為「廑」或者「隱」。「廑」以「堇」為聲符，讀為「廑」顯然沒問題。……「廑」的意思是覆蓋、遮蔽、隱藏……不過「廑」在古書中不常用，所以我想，如果讀為「隱」可能也行，「隱」是影母文部字，「堇」是群母文部字，影母和群母都是喉牙音，韻部又相同。估計有同源關係，「隱」在古書上有「堵塞」的意思，「廑」「墐」也有「堵塞」的意思。

白羽城（47樓）：將簡4+5的「人不堇汝」的「堇」讀作「靳」，此處的「靳」或當理解為厭惡、詬病、以之為恥之類的意思。……如此，我們將「人不堇汝」理解為「人們不去厭惡詬病你」。代入簡文後，意思就變成了：孔子說：「顏回，你是幸運的，你如果有過錯，人們不去厭惡詬病你，你自己能去改正過錯。子貢，你是不幸的，你如果有過錯，人們不去憎恨你。（你就無法自查而改正）」此處，顏回和子貢是作為對比出現的。「幸」與「不幸」的差別，就在於人們是否在發現他們兩人有錯後做出厭惡憎恨的行為。也就是說「人不堇汝」與「人弗疾也」是完全相反的意思。故我們頗疑此處簡文在抄寫時，抄手在此衍出了一個「不」字。「人不堇汝」若想表達與「人弗疾也」相反的意思，只能是「人堇汝」。若將「不」字刪去，此段簡文即作：仲尼曰：回，汝

幸，如有過，人董（靳）汝，汝能自改。賜，汝不幸，如有過，人弗疾也。**翻**譯成白話就是孔子說：「顏回，你是幸運的，你如果有過錯，人們厭惡詬病你，（因此）你自己能去改正過錯。子貢，你是不幸的，你如果有過錯，人們不去憎恨你。（因此你無法自查而改正）」

　　孟躍龍（0825）：「董」可以理解為「非議」，大意是說：顏回，你很幸運，如有過錯，別人也不會非議你，（因為）你能夠自己加以改正。

　　吳銘（0826）：審簡文，「人不董汝」與「人弗疾也」相對，乃言「人不董汝之過」與「人弗疾汝之過也」。「不董」即「疾」，「董」即「弗疾」。《大戴禮記・曾子立事》：「惡人之為不善，而弗疾也。疾其過而不補也。」當與簡文之「疾」用同，指「非議」。……「矜（撞）」有「飾（拭）」義，向兩個方向抽象引伸——消極的「掩飾」，與積極的「修飭」。安大簡《仲尼曰》四「董」字皆可讀為「矜（撞）」，「人不董（矜）汝」、「吾不董（矜）其仁」、「吾不董（矜）其不仁」屬前者，「見不善，如淫董（拭撞／飾矜）以卑（辟）戁（難）」屬後者。

　　謝亦章（48 樓）：我們先來看看簡 4-5，很明顯這一則是顏回與端木賜（子貢）對比，實際上傳世《論語》當中，顏回與端木賜（子貢）是比較重要的孔子的兩個弟子，初讀這一則後半部分「人弗疾也」指「人不痛恨那個過錯」，也就是說後半部分在講「端木賜，你的不幸是有過錯，別人不去追究那個過錯」，與之相對的是「人不董汝，汝能自改」。筆者認為，此處的「董」當釋為「莫」，訓為「責難」的「難」，與孟躍龍（2022）觀點中「非議」意義相近，即「顏回，你是好樣的，如果有過錯，別人不責難你，你自己可以改正它」。

　　予一古人（49 樓）：愚意以為「董」字讀為「隱」。「回，汝幸，如有過，人不董（隱）汝，汝能自改。」別人不會隱瞞／掩蓋你的過錯（會直接指出你的過錯）。參考《論語・子路》：「孔子曰：『吾黨之直者異於是。父為子隱，子為父隱，直在其中矣。』」《史記・司馬遷列傳》贊：「其文直，其事核，不虛美，不隱惡，故謂之實錄。」

　　潘燈（66 樓）：「董」或可讀「懂」，煩惱。「汝幸，汝有過，人不董汝，汝能自改。」蓋謂「你希望你有過失，別人不煩你，你能自己悔改。」後辭「汝不幸，汝有過，人弗疾也。」似多寫一「不」字，大意或為：你希望你有過失，別人不憎恨你。

尚賢（0905）：我們認為，目前各家對「堇」字的釋讀意見中，以史傑鵬和網友「予一古人」的意見最為可靠。……「堇」讀為「隱」，還是有比較堅強的證據的。最直接的證據就是馬王堆帛書《繫辭》用「根」表示「隱」。「槿」就是「根」字的異體字，二字所用的聲旁「堇」、「艮」，關係至為密切。很多字的異體都是由這兩個聲旁變換造成的，不煩舉例。而且，大家都知道，「艱」本身就是一個雙聲字，「堇」、「艮」皆為聲旁。出土文獻中還有用「艮」記錄「根本」的「根」這個詞的。「艮」之於「根」，猶「堇」之於「槿」。「艮」可以記錄「根」，「堇」也可以記錄「根」，「根」可以記錄「隱」，「堇」當然就可以記錄「隱」。這是沒必要懷疑的。至於辭例，《仲尼曰》幾個「隱」字後面所帶的賓語，有的指人，有的指事。網友「予一古人」已舉傳世古書中相似的例子加以對比。其中「父為子隱」的「隱」，今人有新說，此「隱」或非「隱藏」義。即便如此，我們也可以找到更多的例子從辭例上支持讀「隱」說。

陳民鎮（0905）：以讀作「隱」的說法最合乎文義，理由如下：其一，「堇」與「隱」古音相近。「堇」「隱」相通雖在文獻中尚無實例，但「堇」屬群母文部，「隱」屬影母文部，韻部相同，聲紐均為牙喉音。群母與影母關係密切，如「遏」「謁」為影母月部字，「竭」為群母月部字；「倚」「椅」為影母歌部字，「奇」「琦」為群母歌部字。其二，「人不堇汝」與「人弗疾也」當是對立的關係。《仲尼曰》中的許多語句，都包含前後對立的兩個層次，這或是摘編者有意為之。「人弗疾也」說的是他人不關注子貢所犯的錯誤，如此一來，子貢可能不會意識到自己的錯誤；而對於顏回，旁人「不隱」其錯誤，不包庇、不容忍，這樣顏回自然有過必改。《論語·述而》載孔子語：「丘也幸，苟有過，人必知之。」有過而人必知之，沒有隱瞞，則是「幸」，這與《仲尼曰》取義相合。如果將「堇」讀作「謹」、訓作謹敕，或者讀作「憾」「恨」「間」等，則不能體現「人不堇汝」與「人弗疾也」的前後對立關係。《論語·雍也》載孔子語：「有顏回者好學，不遷怒，不貳過。」顏回確是孔子眼中有過能改且不貳過的典範。《論語·子張》載子貢語：「君子之過也，如日月之食焉：過也，人皆見之；更也，人皆仰之。」可見，子貢雖是孔子眼中的「不幸」者，但也與孔子有相近的追求。

子居（0907）：「自改」一詞約即出現於戰國後期末段至戰國末期初段而在漢代得以流行，故自可推知《仲尼曰》此段的成文時間蓋也在戰國後期末段至戰國末期初段，因此這段內容當也不是孔子所言。

劉信芳（0927）：讀女為「汝」，下文「女（汝）又（有）（過）」同例。……《詩·大雅·民勞》「以謹無良，式遏寇虐」，毛傳：「以謹無良，慎小以懲大也。」是為正解。《說文》：「謹，慎也。」《書·盤庚》：「恪謹天命。」《玉篇》：「謹，敬也。」但凡人有過錯，周邊之人或直接指出汝之過汝之疾汝之病，乃簡文所謂「疾」也；或謹慎對待，敬而遠之，本例所謂「謹」也。顏回之「幸」，以其有過，師友知其為人，待以平常心（不謹汝），顏回「能自改」，善莫大焉，是乃簡文所謂「人不謹汝」；但凡不知自我糾錯者，聽不進批評意見，甚者諱疾忌醫，導致「人弗疾」，是乃賜之「不幸」也。

劉嘉文（1012）：筆者則認同整理者之意見，把「菫」字讀作「謹」，訓作「告誡」義。「菫」字與「誡」、「敕」等字同義，皆帶有「勸戒、告誡」之意，放在釋讀亦文從字順，意謂「顏回，你是幸運的，如果你有過錯，人們不勸戒你，你亦可以自己改正；子貢，你是不幸運的，如果你有過錯，人們亦不會討厭你。」

波按：此句難點在「菫」字的釋讀。此字簡文作「」，隸定為「菫」字沒問題，關鍵在於當釋讀為哪個字。我們綜述各家觀點，主要有以下釋讀：讀「謹」訓為「謹敕」、「謹慎」或「告誡」，讀「憾」訓「恨」或直接讀「恨」，讀「靳」訓「嘲笑」、「欣悅」、「厭惡」，讀「矜」訓「摧」，讀「艱」訓「責難」，讀「懂」訓「煩惱」，讀「隱」訓「隱藏」、「隱瞞」等等。其中，讀「隱」訓「隱藏」、「隱瞞」這種說法能很好地解釋本篇簡文四處都存在的「菫」字的釋讀問題，得到不少學者認同。不過，「隱」字在楚簡中是個常見字，一般不用「菫」字字形來表示，文獻中也沒有二者直接通假的例子，讀「菫」為「隱」似乎並不符合楚文字的用字習慣。這個問題的解決，恐怕還需要更深入的研究。我們認為，相比各家說法，僅從文意上來說，這種破讀確實更好一些，我們暫從。《論語·子張》「君子之過也，如日月之食焉：過也，人皆見之；更也，人皆仰之。」君子有了過錯，別人都會「見」，意思就是這種過錯不會隱瞞在別人那裡。結合《論語·雍也》「有顏回者好學，不遷怒，不貳過」，顏回同樣的錯誤不會犯第二次，可知，顏回有了過錯，別人都能「見」，即別人不會幫顏回「隱瞞」，顏回不會犯第二次同樣的錯誤，是為「改」，即改正了之前所犯的錯誤，下次不再犯同樣的錯誤。從《論語》中的這兩條，我們也能推出簡文的文意，簡文「隱」字正對應《論語》的「見」。

　　此外，「女有過」之「女」，當從劉信芳先生意見改讀為「汝」。這句話不當是假設句，而應該是實實在在發生過的事情，否則孔子不會肯定性地說「幸」與「不幸」。

　　句意謂顏回，你很幸運啊，你有了過錯，別人不會幫你隱瞞，你就能自己改正過來；端木賜啊，你就不幸了，你有了過錯，別人也不會痛恨你。

（10）中（仲）尼曰：「弟子，女（如）出也，十指=（手指）女（汝），十見=（目視）女=（汝，汝）於（烏）敢為不善𧧽（乎）！害（蓋）君子𣤶（慎）其蜀（獨）也。」

　　整理者：此條簡文與《禮記·大學》有關：「所謂誠其意者，毋自欺也。如惡惡臭，如好好色，此之謂自謙。故君子必慎其獨也。小人閒居為不善，無所不至，見君子而後厭然，揜其不善，而著其善。人之視己，如見其肺肝，然則何益矣。此謂誠於中形於外，故君子必慎其獨也。曾子曰：『十目所視，十手所指，其嚴乎？』富潤屋，德潤身，心廣體胖，故君子必誠其意。」朱熹把《大學》分為十一章，認為第一章是經，「蓋孔子之言，而曾子述之」；其後十章是傳，是「曾子之意而門人記之」。上錄文字見傳第六章「釋誠意」。此條簡文與此章意近，甚至用語也十分相似，如「十手指汝，十目視汝」與「十目所視，十手所指」，「君子慎其獨也」與「君子必慎其獨也」等。《大學》這段文字顯然是襲用這條簡文立意的。「指=」，「指」包含「手」，「=」是合文符號，表示「指」是作為「手指」來用的。「見=」，「見」包含「目」，「=」表示「見」是作為「目見」來用的。「見」是「視」字的象形初文。「𣤶」，戰國文字常見，多用為「慎」，大概是「慎」字的異體。

　　子居（0907）：「視」、「指」並稱，疑問詞「烏」的使用，虛詞「乎」的使用，都決定了安大簡《仲尼曰》此條的成文時間蓋也不早於戰國後期末段。

　　波按：此條簡文沒有疑難字詞，除子居外，各家均無說。但我們認為，此句句意的理解存在一些歧義，容易令人誤讀，我們在此特別說明一下。問題的癥結在「女出也」的理解上，劉信芳先生把「女」破讀為「汝」（詳見上條簡文集釋中劉信芳先生的觀點）。按照劉信芳先生的觀點，則此句話當理解為「弟子們，你們出去的時候，有十雙手在指著你們，有十雙眼睛在看著你們，你們哪還敢做不善的事呢！大概君子在獨處的時候也要謹慎吧」。這樣理解有一個問題，即弟子們出去的時候有人盯著、指著，不敢做不善的事，這是面對眾人時的事情，和獨處的時候謹慎沒有什麼關係，最後「蓋君子慎其獨也」和前文

邏輯上不銜接，句意上無所著落。我們認為，劉信芳先生之所以這樣破讀，一方面是受到上條簡文的類化影響，另一方可能是把整理者破讀為「如」理解為「假如」之義了。確實，整理者破讀為「如」之字，在此處若訓為「假如」，表示假設義，在文意上同樣不好理解，邏輯上不融洽。我們認為，整理者此處破讀為「如」，應當訓為「好像」義，「如出也」，意思是好像出去了一樣。如此，則此句話意思是「弟子們，（你們獨處的時候）要像外出一樣，有十雙手指著你們，有十雙眼睛盯著你們，你們還敢做不善的事嗎！大概君子在獨處的時候也很謹慎啊」。這樣理解的好處是邏輯上講得通，是說孔子教導弟子們獨處的時候要像外出的時候那樣保持謹慎，而不是說弟子們外出了如何如何。

此外，「弟子」後當句讀，「弟子」當是孔子對自己學生的稱謂，即「學生們」，不應該和後文連在一起，這從句中的「汝」也可以看得出這句話是孔子當面教誨弟子們所說的話，而不是陳述或轉述。

（11）中（仲）尼曰：「悬（仁）而不惠於我，虔（吾）不堇（隱）丌（其）悬（仁）。不悬（仁）不〈而〉惠於我，虔（吾）不堇（隱）其不悬（仁）。」

整理者：此條簡文在傳世文獻裡尚未找到相應的文字。「不悬（仁）不惠於我」之「悬（仁）」後，有可能漏抄「而」字。「惠」，仁愛，慈惠。《書‧皋陶謨》「安民則惠，黎民懷之」，蔡沈《集合》：「惠，仁之愛也。」《國語‧晉語一》「夫豈惠其民而不惠於其父乎」，韋昭注：「惠，愛也。」「堇」，讀為「謹」，恭敬。《論語‧鄉黨》「其在宗廟朝廷，便便言，唯謹爾」，何晏《集解》引鄭玄曰：「便便，辯也。雖辯而謹敬。」

侯乃峰（0819）：原整理報告在注釋中沒有對整句簡文的意思加以通釋，有可能已經察覺這句話的語義有些繳繞，不好理解。其實，如果按照原整理報告的意見，「不悬（仁）不惠於我」之「悬（仁）」後增補「而」字，「不悬（仁）〔而〕不惠於我，虔（吾）不堇（謹）其不悬（仁）」這句話同樣講不通。我們可以打個比方，如歷史上的夏桀、商紂，在孔子儒家心目中可謂「不仁」。但他們二人對孔子來說，相隔幾個世紀，無所謂「惠」，當然孔子也可以說「不惠於我」，即對於我沒有什麼恩惠可言。但孔子若說「吾不謹其不仁」，我對於他的不仁之舉不表示恭敬，就是無根之談了。桀、紂二人的不仁之舉，孔子對其恭敬與否，這僅是一個對待歷史人物的態度問題，似乎毋需予以討論。且如此理解，這句話就和上一句「悬（仁）而不惠於我，虔（吾）不堇（謹）丌（其）悬（仁）」所說的對待眼前的現實問題，根本就是兩回事，無法統一起來加以

解讀。因為是否施惠於孔子這個議題，本身就表明這當是一個現實問題，而非歷史態度問題。因此，我們也懷疑這句話確實有訛誤，但訛誤之處並非漏抄「而」字，而是抄寫者將原文的「而」字誤為「不」字。也就是說，「不惡（仁）不惠於我」這句簡文，原本當作「不惡（仁）而惠於我」，抄寫者將其中的「而」字誤寫作「不」，就成為今本的面貌了。故這句話當校改為「不惡（仁）不〈而〉惠於我」，整句簡文的意思當是：孔子說：「作為仁者，如果對於我沒有施予什麼恩惠，我也就沒有必要對他表示恭敬；如果有不仁者對於我施予恩惠，我對於他的不仁之舉也不會表示恭順。」孔子的前半句話，大概含有先秦時期「委質稱臣」的歷史背景因素在其中。後半句話，看孔子接受魯國季氏和衛靈公的俸祿，但仍然旗幟鮮明地反對他們的違禮與無道之舉，也很容易理解。

楊蒙生（0819）：「其」字，上部類似「卯」的寫法可能是羨筆所致，值得注意。

激流震川 2.0（18 樓）：解釋這句話的關鍵在「我」字，如果照字面理解，孔子對於「仁」和「不仁」的判斷竟然是出於是否惠及自己，這顯然是沒有道理的。「我」其實應該讀為「義」，這種用法楚簡習見，比如郭店簡《唐虞之道》、《語叢一》、《語叢三》等。「仁而不惠於義」，相當於說達到了仁但沒達到義；「不仁而惠於義」，指雖然不夠仁但達到了義。《唐虞之道》簡 8+9「愛親忘賢，仁而未義也；尊賢遺親，義而未仁也。」簡文的「堇」很怪，大概意思應該相當於「稱」。即孔子對於「仁而不惠於義」，不稱其「仁」；對於「不仁而惠於義」，則不稱其「不仁」。「惠於義」這種表達大致可與《管子‧度地》：「天下之人皆歸其德而惠其義」相比照。

汗天山（24 樓）：原整理報告在注釋中推測，「不仁不惠於我」之「仁」後，有可能漏抄「而」字。這種可能性當然是存在的。若是如此，此句簡文脫漏一「而」字，而「不」字則很有可能是涉上句而衍，但一脫一衍，折合起來，仍然可以將「不」看作「而」的誤字。這樣的話，此句簡文當校讀為：中（仲）尼曰：「仁而不惠於我，吾不堇（謹）亓（其）仁。不仁〔而〕〔不〕惠於我，吾不堇（謹）其不仁。」

史傑鵬（0824）：「謹」作為「恭敬」意思講的時候，一般後面不直接接受施者為賓語，只作為副詞來修飾動詞，比如「謹遇之」。……簡文的意思應該是：如果一個仁者，他的仁沒有惠及到了我，我也不會否定他是仁者；如果他的不仁沒有落到我的頭上，我也不會否定他是個不仁者。

孟躍龍（0825）：我們基本同意「汗天山」先生的校定，但我們更傾向於認為書寫者因受上文「不」字的干擾把「而」字錯寫為「不」（兩字的起筆相同，第二筆和第三筆筆勢相近）。以意逆志，這段話的大意應該是說，孔子判斷一個人是仁還是不仁，取決於他的行為，而不取決於他們對孔子本人的態度。換句話說，孔子的意思是說，我不會因為某人對我好或者不好，來判定其仁或不仁。基於這種理解，我們認為這兩個「堇」字可以讀為「非間（閒）」之「間」。據古注，「間」有「異（不同）」和「異議（非議）」之義。《仲尼曰》簡6：「仲尼曰：仁而不惠於我，吾不堇其仁。不仁不惠於我，吾不堇其不仁。」這段話中的兩個「堇」應該解釋為「不同」或「異議」。整段話的意思是說：孔子說：其為人仁愛但對我本人不好，我不會對他的仁愛持有異議（我不會認為他不仁愛）；其為人不仁愛但對我本人很好，我不會對他的不仁愛持有異議（我不會認為他仁愛）。

吳銘（0826）：「矜（揰）」有「飾（拭）」義，向兩個方向抽象引伸——消極的「掩飾」，與積極的「修飭」。……「吾不堇（矜）其仁」、「吾不堇（矜）其不仁」屬前者。

陳民鎮（0905）：本文認同讀「隱」之說，兩處「堇」均當讀作「隱」。侯乃峰則認為「不仁」之後的「不」係「而」的誤字，當作「不仁而惠於我」，本文從之，如此處理，更能體現前後句的對立層次以及邏輯關係。「仁而不惠於我，吾不隱其仁」，謂仁者未惠及我，我並不因此掩其仁德；「不仁而惠於我，吾不隱其不仁」，謂不仁者雖施惠於我，我卻不能因此掩其不仁的一面。「不隱其不仁」，相當於《漢書·司馬遷列傳》所謂「不隱惡」。

尚賢（0905）：如果重新考慮「堇」的讀法，就可以知道，侯先生改正誤字的做法是正確的，我們後面將會談到。而且，古書裡面「而」、「不」互訛的例子確有不少。……「而」、「不」這兩個字至少從戰國時代開始，由於字形相近，容易產生互相訛誤的情況，這是事實。……「見不善如」當如何理解，目前有幾種看法，……我們也認為李家浩先生的意見最為可取。

子居（0907）：「堇」蓋當讀為「瘽」或「懃」，《爾雅·釋詁》：「瘽，病也。」《釋文》：「瘽，音勤，字亦作懃。」由此，《仲尼曰》此段可以理解為「其人仁愛而不施惠於我，我不病於其仁愛；其不仁愛不施惠於我，我也不病於其不仁。」

劉信芳（0927）：惠：《廣雅・釋言》：「惠，賜也。」如口惠而實不至之「惠」。謹：整理者解為「恭敬」。按：謹與簡5「女（汝）有過，人不菫（謹）女（汝）」之「謹」同一意涵，「慎小以懲大」，戒慎也（參該簡注）。他人之「仁」乃客觀存在，「我」不因其不惠於「我」而戒慎防範其「仁」；他人之「不仁」亦客觀存在，「我」不因其不惠於「我」而指斥其「不仁」。蓋仲尼不因「惠」之及「我」與否改變立場，不以個人因素評價他人。

波按：這句話各家觀點均有一定的道理，很難論斷哪種觀點最為可信。基於我們前述按語將本篇簡文中四處「菫」字都讀為「隱」來看，結合上述各家合理的觀點，我們認為，此句侯乃峰等多位先生認為「不」為「而」之訛說，可從，這種觀點也得到了不少學者的讚同。基於此，此句當改釋為「仁而不惠於我，吾不隱其仁；不仁而惠於我，吾不隱其不仁」，意思大概是說別人仁卻不惠愛於我，我不會隱藏他的仁；別人不仁卻惠愛我，我也不會隱藏他的不仁。通俗一點講，就是說別人仁但對我沒什麼好處，我不會因為沒得到別人的好處就隱藏別人的仁；別人不仁但有利於我，我也不會因為得到了不仁之人的好處就幫助他隱藏他的不仁。這句話的意思正如孟躍龍所說，「孔子判斷一個人是仁還是不仁，取決於他的行為，而不取決於他們對孔子本人的態度」。不管別人對孔子惠愛或不惠愛，孔子都不會為其隱瞞他是否仁的真實狀態。孔子作為一代聖人，不會因為別人對自己是否有惠愛或恩惠而判定其是否為仁人，只會根據其本身的行為。這樣理解的另一個好處就是簡文上下兩句前後形成顯明的對比。實際上，這句話還暗含另外兩層意思，如果我們按照孔子的話補足，則為「仁而惠於我，吾不隱其仁；不仁而不惠於我，吾不隱其不仁」。綜合起來講，就是說別人仁，惠愛我也好，不惠愛我也好，我都不會否認他的仁；別人不仁，惠愛我也好，不惠愛我也好，我都不會否認他的不仁。這樣理解，似乎更能體會到孔子那種不以別人的行為是否對自己有利而作為評價其行為是否符合「仁」的標準，而只會客觀地評價，這更符合孔子作為聖人大公無私的形象。

（12）中（仲）尼曰：「晏坪（平）中（仲）善交才（哉）！舊（久）麞（狎）而長敬。」

整理者：此條簡文見於《論語・公冶長》：「子曰：『晏平仲善與人交，久而敬之。』」何晏《集解》「晏平仲」引周氏曰：「齊大夫。晏，姓。平，謚。名嬰。」邢昺疏：「此章言齊大夫晏平仲之德。凡人輕交易絕，平仲則久而愈

敬，所以為善。」「麿」，讀為「狎」，接近，親近。《禮記・曲禮上》：「賢者狎
而敬之。」

波按：這條簡文沒有疑難字詞，但其與傳世文獻對應語句有些字詞出入。
簡文句意可從整理者意見，謂晏平仲善於與人交往啊，與人長時間親近卻能長
久保持敬重。

（13）中（仲）尼曰：「古之學者自為，含（今）之學〔者〕為人。」

整理者：此條簡文見於《論語・憲問》：「子曰：『古之學者為己，今之學
者為人。』」亦見於《荀子・勸學》：「古之學者為己，今之學者為人。」《後漢
書・桓榮傳》：「子曰：『古之學者為己，今之學者為人。』為人者，憑譽以顯
物；為己者，因心以會道。」簡文漏抄「今之學者」之「者」。簡文「自為」，
《憲問》《荀子》《後漢書》均作「為己」。《韓非子・外儲說右下》：「此明夫恃
人不如自恃也，明於人之為己者不如己之自為也。」《淮南子・兵略》：「故善
用兵者，用其自為用也；不能用兵者，用其為己用也。」可見「自為」與「為
己」的意思是有區別的。「自為」表示自己做，「為己」即「為我」。《慎子・因
循》：「故用人之自為，不用人之為我，則莫不可得而用矣。」簡文「自為」與
「為人」相對，應更符合孔子的原意。古書中有不少「為人」與「自為」相對
的例子。如《孟子・告子下》：「淳于髡曰：『先名實者，為人也。後名實者，
自為也。』」《莊子・天下》：「其為人太多，其自為太少。」《淮南子・兵略》：
「舉事以為人者，眾助之；舉事以自為者，眾去之。」

子居（0907）：《論語・憲問》的「為己」與《仲尼曰》的「自為」實際在
意義上並沒有什麼不同，自然更無優劣、高下、原意與歧解的區別。

王挺斌（0908）：「自為」都是說為自己，並不能解釋成自己做，「自為」
就是「為己」，與「為人」正好相對。這裡尚有一點疑問需要釐清，就是「自」
這個代詞比較特殊，一般放在動詞前面，形似副詞，比如《論語・公冶長》「見
賢思齊焉，見不賢而內自省也」之「自省」，《孟子・離婁上》「夫人必自侮，
然後人侮之；家必自毀，而後人毀之；國必自伐，而後人伐之」之「自侮」「自
毀」「自伐」，「自」皆前置。這一點整理者原本已經點出，單獨來看是對的，
但其主旨卻要將「自為」與「為己」區分開來，放在原文中邏輯不通，因此後
來做了改動。我們在上文逐條分析了書證，「自為」都是為自己的意思，安大
簡《仲尼曰》7「古之學者自為，含（今）之學〔者〕為人」之「自為」與今
本「為己」就是一個意思，沒必要說簡本更符合孔子原意。更何況，假如按照

新說講成「古之學者自為（wéi），含（今）之學〔者〕為（wèi）人」，語義上顯得雜亂不協。

波按：從傳世文獻與之對應的辭例都作「為己」來看，王挺斌先生的說法很有道理。除此之外，我們猜想，孔子說這句話的時候大概是做「自為」的，但由於「自為」和「為人」對應關係上容易引起歧義，而「為自」這種說法又不存在，故而孔氏後學將其改為「為己」，與「為人」相呼應。由此例再次可以看出，孔氏後學對孔子言論的精心打磨。此外，簡文整理者根據傳世文獻補一「者」字，這引起了我們的注意。簡文「古之學者自為，今之學為人」，或許並非漏抄「者」字，「今之學為人」，意思可能是說現在的學習是學給別人看的，「學」是指「學習」、「求學」一類的意思；相應地，「學者」一詞，也並非是我們今天這種意思，「者」字或當為虛化意義的詞綴，在此無實際意義。這與下條簡文中的「古者」、「今者」之「者」詞性應該一致。如此理解的話，則此句意謂古時候的學習是自發的行為，現在的學習是為了別人而學。當然，如果從傳世文獻角度來看，此句「學」後均有「者」字，整理者所補並非沒有道理。而且，關於此句「學者」一詞該作何理解，這在歷代解讀《論語》者那裡，也有不同的意見，一種是和我們觀點一致，將「學者」之「者」理解為無實際意義的虛化詞，「古之學者」即古時候的學習；另一種是將「學者」理解為「學習的人」，「古之學者」即古時候學習的人；還有一種直接將「學者」理解為我們今天意義上的「學者」，「古之學者」解讀為「古時候的學者」。以上學者觀點可參高尚榘先生《論語歧解輯錄》（北京：中華書局，2011 年 6 月第 1 版，第 771 頁）。上舉前兩種解讀都是可以講得通的，第三種解讀不可信。此外，《論語》中的「為己」、「為人」作何解讀，不同學者也有不同的理解，詳可參高尚舉先生《論語歧解輯錄》。我們在此釋讀簡文，還是按照一般的理解，即「為」讀去聲，「為己」即「為了自己」。

句意謂古時候的學習是為了自己，現在的學習是為了別人。意思是說古人學習是發自內心的，是真心想學到一些東西的，而現在的人學習則沒有發自內心的渴望，只是為了學而學。

（14）中（仲）尼曰：「古者亞（惡）佻（盜）而弗殺，含（今）者弗亞（惡）
　　而殺之。」

整理者：此條簡文與《孔叢子·刑論》「孔子曰：……故古之於盜，惡之而不殺也。今不先其教，而一殺之」句意近。兩「亞」字，讀為憎惡之「惡」。

「佻」，讀為「盜」。傅亞庶《孔叢子校釋》引冢田虎解釋《刑論》前兩句說：「其盜則可惡之也，然其所以盜者，則由衣食之匱也，故教之生業而不敢殺。」（參傅亞庶《孔叢子校釋》第八五頁，中華書局二○一一年）

楊蒙生（0819）：者，簡 7 先作 形，後作 形，前者顯然是將下部常規寫法的口旁縮小書寫並偏置左側了。簡文中的「惡」似乎理解為「惡」的形容詞更妥帖一些。「惡盜」就是凶惡的盜賊，故而才有「弗惡」之說。簡文此句是說：古時即便是凶惡的盜賊也不會貿然殺掉他，今天的情況則是即便那盜賊並不凶惡也會殺掉他。簡文的這種表達雖然和《孔叢子·論刑》相似，但所指有別。孔子弟子眾多，同樣的一句話，不同人有不同的理解，他們各自按照依此記述，自然可能造成偏差，簡文此句與《孔叢子·論刑》的這種偏差可視為這方面的一個例證。

子居（1001）：《商君書·開塞》：「故效於古者，先德而治；效於今者，前刑而法。」不難看出《仲尼曰》此條內容較《商君書》所言更為極端，因此《仲尼曰》此條內容當不早於戰國後期，自然基本沒什麼可能是孔子所言。

波按：「惡盜」之「惡」當從整理者釋為「憎惡」，楊蒙生先生釋為形容詞證據不足，恐不可信。楊蒙生先生認為此條簡文與《孔叢子·論刑》所指有別，但「所指有別」的證據並沒有指出來，我們認同整理者的意見，認為這句話和《孔叢子·論刑》意思上並沒有什麼差別。整理者的意見，無論是文意上還是語法上、辭例上，都可以講得通，而且有《孔叢子·刑論》的證據支撐，故而可信。

句意謂古時候憎惡盜賊卻不殺了他們，現在不憎惡盜賊卻要殺了他們。

（15）中（仲）尼曰：「君子見善呂（以）思，見不善呂（以）戒。」

整理者：此條簡文與《論語·里仁》「子曰：『見賢思齊焉，見不賢而內自省也。』」句相近。《太平御覽》卷四○二引「見賢」上有「君子」二字，與簡文合。簡文「善」與《里仁》「賢」意思相通。《論語·子路》「善人為邦百年」，皇侃疏：「善人，謂賢人也。」《禮記·內則》「獻其賢者於宗子」，鄭玄注：「賢猶善也。」簡文「以」與《里仁》「而」同義，「以」猶「而」，「而」猶「以」（見《經傳釋詞》卷一、《經詞衍釋》卷七等）。簡文「戒」與《里仁》「自省」意思相近。《論語》邢昺疏解釋上錄文字說：「此章勉人為高行也。見彼賢則思與之齊等，見彼不賢則內自省察得無如彼人乎。」

youren（54樓）：《仲尼曰》有六個「見」字（見原書169頁），「見」一搬（波按：「搬」為「般」之誤）寫法下從「卩」，但簡8、9兩個「見」字將「卩」變異成「又」形，構形十分特殊。

抱小（0906）：君子看見善良則加以思考（思與之齊等），看到不良則小心謹慎（想辦法避開）。

子居（1001）：《管仲》篇與《仲尼曰》篇的「見善……見不善……」從句式到內容在時間段上都是基本平行的，這自然同樣可以證明《仲尼曰》此段內容並非出自孔子之口。

波按：正如整理者所言，此句與《論語‧里仁》「見賢思齊焉，見不賢而內自省也」句相近，結合這句話，我們認為「善」當為「善人」之義，句意謂君子看見善人就要加以思考，看見不善的人就要加以警戒。意思大概是說君子要時刻思考自己的不足，學習善人的善行，警戒不善的行為。

（16）中（仲）尼曰：「悥（喜）惹（怒）不寺（時），恆炗（侮）。」

整理者：此條簡文在傳世文獻裡尚未找到相應的文字。「悥惹」，見於《郭店簡‧性自》簡二和《上博一‧性》簡一，整理者讀為「喜怒」。焦氏《易林‧觀之大畜》：「喜怒不時，霜雪為災。」《孔子家語‧五儀解》：「孔子對曰：……若夫智士仁人，將身有節，動靜以義，喜怒以時，無害其性，雖得壽焉，不亦可乎？」《春秋繁露‧王道通》：「喜怒時而當則歲美，不時而妄則歲惡。」《春秋繁露‧天容》：「其內自省以是而外顯，不可以不時，人主有喜怒，不可以不時。」可以參看。「炗」，此字在楚簡文字裡或用為「侮」，如《老子》「其次侮之」，《郭店‧老丙》簡一「侮」作「炗」。「恆炗」讀為「恆侮」。「恆」，《易‧需》「利用恆」，孔穎達疏：「恆，常也。」「侮」，《禮記‧曲禮上》「不侵侮」，陸德明《釋文》：「侮，輕慢也。」大概是因為「喜怒不時」，所以常常受到輕視。《郭店‧成之》簡二四至二五：「是以上之亙炗才（在）信於眾。」「恆」從「亙」聲。《成之》「亙炗」與本簡「恆炗」似無關係。

王寧（50樓）：簡8的「炗」字下應該是脫漏了重文符號「=」，讀為「侮人」。正確的文字應該是：仲尼曰：喜怒不時，恆侮人。是說喜怒無常，是一種侮辱人的態度。

枕松（74樓）：「炗」或可讀為「瞀」或「愁」，愚昧不明之意。

子居（1001）：「喜怒」繫於「時」主要是陰陽家及道家所持之說……目前

未見早於戰國末期而將「喜怒」繫於「時」的辭例，故不難判斷，《仲尼曰》此段內容蓋以成文於戰國末期可能性最大，因此自然也非孔子之言。

波按：此句或當與簡13「敓不敓亙=（恆恆）炗（侮）」聯繫起來考慮，但具體應該怎麼理解兩句話，尤其是簡13這句，各家有不同的意見。整理者認為這句話的意思大概是因為喜怒不時，所以常常受到輕視。喜怒不時是一種性格上的不穩定狀態，一個人喜怒不時，那麼他必定不會給人留下威嚴莊重的可靠印象，也就往往不會得到別人的信任和重視。整理者的理解還是很有道理的。由此我們聯想到簡13，或當破讀為「悅不悅恆，恆侮」。「悅不悅恆，恆侮」形式上看與此處「喜怒不時，恆侮」一致，內容上大概也有相關性。「喜怒不時」說的是「喜」和「怒」兩種情緒經常無緣無故地發生，沒有穩定性。「悅不悅恆」，是說一個人喜悅卻不能長久地喜悅，說得也是情緒的不穩定狀態。因此，我們認為這兩處簡文應該聯合起來考慮。關於簡13的討論，詳見下文簡13集釋及按語。

此句意謂喜怒無常，常常使人受到輕侮。

（17）中（仲）尼曰：「笑（管）中（仲）善=（善言）才（哉）？老訖（吃）。」

整理者：「笑中」，見於《上博五・季》簡四，即「管仲」。「笑中善=才」，當讀為「管仲善，善哉」。「老訖」，壽終。《說文・老部》：「老，考也。七十曰老。」「考，老也。」段玉裁注：「凡言壽考者，此字之本義也。」《詩・大雅・棫樸》：「周王壽考，遐不作人。」鄭玄箋：「文王是時九十餘矣，故云壽考。」《漢書・元帝紀》：「黎庶康寧，考終厥命。」顏師古注：「考，老也。言得壽考，終其天命。」《玉篇・言部》：「訖，畢也。」《增韻》：「訖，終也。」《論衡・治期》：「人之溫病而死也，先有凶色見於面部。其病，遇邪氣也。其病不愈，至於身死，命壽訖也。」《論語・憲問》：「子路曰：『桓公殺公子糾，召忽死之，管仲不死。』曰：『未仁乎？』子曰：『桓公九合諸侯，不以兵車，管仲之力也。如其仁！如其仁！』」邢昺疏：「孔子聞子路言管仲未仁，故為說其行仁之事，言齊桓公九會諸侯，不以兵車，謂衣裳之會也，存亡繼絕，諸夏乂安，皆管仲之力也，足得為仁，餘更有誰如其管仲之仁。再言之者，所以拒子路，美管仲之深也。」《憲問》：「子貢曰：『管仲非仁者與？桓公殺公子糾，不能死，又相之。』子曰：『管仲相桓公，霸諸侯，一匡天下，民到於今受其賜。微管仲，吾其被髮左衽矣。豈若匹夫匹婦之為諒也，自經於溝瀆而莫之知也。』」此條簡文與《憲問》對管仲的讚美一致，意思是說：管仲仁善，得以壽終。《史

記‧伯夷列傳》：「若伯夷、叔齊，可謂善人者非邪？積仁絜行如此而餓死！且七十子之徒，仲尼獨薦顏淵為好學。然回也屢空，糟糠不厭，而卒蚤夭。天之報施善人，其何如哉？盜蹠日殺不辜，肝人之肉，暴戾恣睢，聚黨數千人橫行天下，竟以壽終。」或說此條簡文見於《論語‧八佾》：「子曰：『管仲之器小哉！』其後尚有一大段文字（見下），為簡文所無。朱熹《論語集注》：「管仲，齊大夫，名夷吾，相桓公霸諸侯。器小，言其不知聖賢大學之道，故局量褊淺，規模卑狹，不能正身修德以致主於王道。」古文字「老」或用為「孝」，「孝」「小」音近古通（參高亨、董治安《古字通假會典》第七二五頁「孝與小」條，齊魯書社一九八九年）。「訖」「器」古音亦近（參《古字通假會典》第五二五頁「乞與氣」條、第五二六頁「氣與器」條）。疑簡文「老訖」讀為「小器」。《法言‧先知》：「齊得夷吾而霸，仲尼曰小器。」此條簡文的意思是說：管仲善良是善良，但是器量狹小。傳本《論語‧八佾》在「管仲之器小哉」後多出的一段文字，是以「儉」和「禮」二事以證明管仲的「小器」：「或曰：『管仲儉乎？』曰：『管氏有三歸，官事不攝，焉得儉？』『然則管仲知禮乎？』曰：『邦君樹塞門，管氏亦樹塞門。邦君為兩君之好，有反坫，管氏亦有反坫。管氏而知禮，孰不知禮？』」可以參看（李家浩）。

楊蒙生（0819）：「小」在楚簡中多見，多以「少」當之。「老」字多用本字，更罕少借「訖」為之者。簡文只是稱管仲之善，可能是指其善為政，輔助桓公九合諸侯，一霸天下，與「器小」之說無涉，用其本義即可。

王寧（55樓）：此條整理者作了大量的注釋，仍覺不安。疑「善=才」當讀「善言哉」，與簡7「晏平仲善交才（哉）」的句式略同。此處之「善言」與《管子‧戒》「孫在之為人也善言」的「善言」同；「老訖」一句與簡7評價晏子「善交」的話「舊（久）狎而長敬」類似，是評價管仲「善言」的話，或是「老而訖」的減省，或是寫脫「而」字；「訖」疑讀為「忔」，《廣雅‧釋詁一》《玉篇》皆訓「喜」，則此二句大意是說管仲是個會說話的人，越老說話越讓人喜歡。

不求甚解（68樓）：王寧先生所言大致不誤，讀為「管仲善言哉」甚好，「老訖」理解為「老而訖」也是正確的，但將「訖」讀為「忔」似不妥。古人有「養老乞言」之禮。《禮記‧文王世子》：「凡祭與養老乞言合語之禮，皆小樂正詔之於東序。」鄭玄注：「養老乞言，養老人之賢者，因從乞善言可行者也。」簡文「老而訖」疑讀為「老而乞言」，「訖」一字當「乞言」二字用，指管仲老而被桓公乞言。《韓非子‧十過》載：「管仲老，不能用事，休居於家。

桓公從而問之曰：……」然後管仲一一評論鮑叔牙、豎刁、衛公子開方、易牙、隰朋等人。簡文所言，可能就是指管仲對桓公所說的這些話說得很對。

　　子居（1001）：整理者所提出的兩種讀法中，前一種「老訖」與「善」完全無關，先秦文獻也未見「老訖」一詞或者「老」、「訖」並稱的情況，整理者的解釋「意思是說管仲仁善，得以壽終」，但管仲是病死的，而得病在先秦往往歸因於鬼神為祟，這與整理者的「仁善壽終」說未免不協，故讀為「老訖」難以獲得合理的解釋。第二種讀為「小器」說，不僅兩個字都要改讀，而且「老」讀為「小」恐怕也非常違背人們的常規認知……前半句尚言管子之善，後半句卻突然轉變為說管子「小器」，這在句意上也異常突兀難曉。……此段內容或當讀為「仲尼曰：管仲善善在考訖。」……「管仲善善在考訖」可以理解為管子對「善者」的善待在考核完成之後，也即管子只以實績考核來判斷賢良並加以善待，而不是以個人好惡或他人臧否為標準。

　　波按：此則簡文內容雖短，但不好理解，除了「管仲」的隸定及釋讀沒問題外，「善=才」和「老訖」的釋讀都有不同的意見。我們根據《管子·樞言》末句管仲的自我評價之語「吾畏事，不欲為事；吾畏言，不欲為言，故行年六十而老吃也」認為，簡文「老訖」當讀為「老吃」，指管仲自言的「年老口吃」，即不善言。再根據《論語·憲問》孔子反復稱讚管仲「仁」，我們認為「善=才」當作「善言哉」，並認為此句為孔子自問自答之設問句。關於這個問題，我們有專門文章詳細討論，在此不再展開敘述。

　　此句簡文可以翻譯為：仲尼說：「管仲善言嗎？年老口吃。」意思是說孔子認為管仲不善言，並引管仲自言的「老吃」為說明。

（18）中（仲）尼曰：「呂（以）同異，戁（難）；呂（以）異，易。」

　　整理者：此條簡文在傳世文獻裡尚未找到對應的文字。《國語·晉語五》「今陽子之貌濟，其言匱，非其實也。若中不濟而外彊之，其卒將復，中以外易矣」，韋昭注：「易，猶異也。」疑簡文「以異易易」第一個「易」即此義。孔子曾說過，要「通乎物類之變」（《說苑·辨物》）、「通於物類之變」（《孔子家語·顏回》），疑此條簡文即說「物類之變」。如此，簡文意謂：把同類之物變成不同性質的很困難，把不同類之物變成不同性質的比較容易。或說簡文應斷作「以同異，難；以異易，易」。第一個「異」指區分、分別，《禮記·樂記》：「樂者為同，禮者為異。」鄭玄注：「異謂別貴賤。」第二個「異」是「同」的反義詞。第一個「易」指改變；第二個「易」是「難」的反義詞。簡文大意

是：因為相同而區別起來困難，因為相異而改變起來容易。大概是談禮樂之用的（黃德寬）。

侯乃峰（0818）：此句似乎還有第三種理解思路。即，採用注釋中提到的第二種句讀方式，簡文讀作：以同異，難；以異易，易。同時，採用第一種理解中對字義的訓釋，將第一個「易」解釋為「異」。「同」看作動詞的使動用法。這樣的話，簡文之意是說：將原本有差異的統一成為相同的，很困難；將原本有差異的分開區別對待，很容易。如此，孔子所說就是具有普適性的話語了。比如，一夥人開會，討論如何處理某件事情在實行過程中遇到的問題，每個人都有自己不同的意見。這時候，如果想要將每個人的意見都統一起來，成為一條意見，就很困難；如果區別對待，讓每個人都按照各自的意見去實行，就很容易。

單育辰（0819）：查全篇，重文及合文符號皆是兩橫，所以此處「易」下的一橫更可能是句讀符號，表示一章結束。「易」與前句的「難」對應，是容易的意思。簡文是說把不同之處統一起來是困難的，分異起來卻容易。此簡應結合儒家治民之道來考慮，如典籍常說「政以一其行」（《禮記‧樂記》）、「是故散地吾將一其志」（《孫子‧九地》）、「同其心，一其力」（《淮南子‧兵略》）、「以靜生民之業而一其俗」（《史記‧范睢蔡澤列傳》）、「然後能一其道而定其操」（《新語‧思務》）等，簡文內涵應是說把人民的意志、行為等統一起來很困難，但讓人民的意志、行為等分異起來很容易。

王寧（60樓）：簡文大意是：因為相同而區別起來困難，因為相異而改變起來容易。「易」字下面只有「-」一筆，寫得稍長，但顯然不是重文符號或合文符號，可能仍當為章節符號。「以異易」這句疑是抄手抄脫了字，原當作「以異〔同〕易」。「同」與「異」、「難」與「易」是兩對反義詞。即孔子說「以同異難，以異〔同〕易」。「以」猶「能」也（《古書虛字集釋》第23頁）。大概意思是孔子說：凡做事，能把歧異的合同（統一）起來很難，能把合同（統一）的搞歧異很容易，是語言、道理都比較淺顯易懂的話。

枕松（72樓）：王寧先生在60樓已指出「『易』字下面只有『-』一筆，寫得稍長，但顯然不是重文符號或合文符號，可能仍當為章節符號。」其說可從。但訓讀尚可商。以，介詞，根據、憑；同，名詞，相同點；第一個異，動詞，區別、區分。第二個異，名詞，不同點；難，形容詞，困難；易，形容詞，容易。第二個異後面省略了「異」字，前文提及，後文省略，是古漢語常見現象，

並非抄寫者漏寫。句意為：根據相同點來區分，是困難的；根據不同點（來區分），是容易的。言外之意可能是，兩個事物，不同之處很多，相同之處很少，因此「存異求同」才重要。

梁靜（1001）：我們認為，如果簡文是將所謂第一個「易」理解為「異」的話，重文符號一定是加在「異」字之下而不是像現在這樣加在「易」字之下的。我們認為此處「易」字下的符號只是普通的停頓符號，而不是重文符號。……簡文可以讀為：「以同異，難；以異，易。」大意是：消弭差異十分艱難；保持區別（維持現狀／或區別對待），相對容易。

子居（1001）：《仲尼曰》此條當是作者在跟風參與當時熱門話題，自然是出自「同異」之辯流行之後，故明顯不會是春秋末期孔子所能言。

波按：這條簡文爭論點在於「易」後之「-」是否為重文符號。這個問題確實不好判斷，是否重文，都有依據。認為是重文符號的，原因大概有兩點理由：一是從簡文的對稱性來看，「以同異難」為四字句，且「難」「易」相對，「以異易-」為「以異易易」這樣在簡文句式上較為合理；二是如果「-」不是重文符號的話，其作用在此不好解釋，在此顯得突兀。認為不是重文符號的，原因大概也有兩點：一是全篇簡文重文符號沒有這種寫法的；二是如果做重文符號，文意上不好理解，正如梁靜所說「如果簡文是將所謂第一個『易』理解為『異』的話，重文符號一定是加在『異』字之下而不是像現在這樣加在『易』字之下的」。

綜合上述各家意見，並重新考慮後，我們認為此處「-」不當為合文符號。確如各位不同意看作重文符號的學者所言，我們逐條檢閱了簡文，發現《仲尼曰》此篇簡文，每則孔子語錄結束後，基本上都有一短橫作為結束符號，全篇簡文共抄錄孔子語錄 25 條，其中 21 條每則結束後都有短橫作為結束語，最後一條有墨鉤作為全篇的結束標識，僅 3 條未加短橫。再者，確如單育辰所言，整篇簡文重文或合文符號都是作兩短橫，沒有作一橫的。由以上兩點，我們更願意相信多數學者的意見，將此條簡文後的「-」視為此則語錄的結束符號，而不是重文符號。

我們認為，「以同異，難；以異，易」這句話句意完整，可以講得通，句意大概是使不同變得相同很難，保持不同很容易。梁靜先生的說法後出轉精，相對合理。

（19）康子貞（使）人貯（問）政於中〔=〕尼〔=〕（仲尼，仲尼）曰：「丘未之
　　晤（聞）也。」貞（使）者退。中（仲）尼曰：「見〈貝（視）〉之孝=
　　（君子），亓（其）言尖=（小人）也。竺（孰）正（政）而可貞（使）
　　人晤（問）？」

　　整理者：此條簡文見於《論語·顏淵》：「季康子問政於孔子。孔子對曰：
『政者，正也。子帥以正，孰敢不正？』」文字出入較大。「康子」，即季康子，
魯季桓子之子，名肥，諡號康，《上博五·季》簡二、一一、一四作「庚子」。
戰國文字「見」「貝（視）」二字因形近往往混用。疑此「見」是作為「貝」字
來用的（李家浩）。「視之君子，其言小人也」，意謂：看他的樣子像個君子，
聽他說話卻是個小人。或認為簡文「中尼」脫重文符號。

　　王永昌（0911）：這裡的「竺」當讀為「篤」，即「篤正而可使人問」，不
是疑問句，是陳述句。孔子說季康子看著像君子，但聽他說話卻是個小人，「篤
正而可使人問」，孔子意即季康子把自己的品行擺正了再派人來問，如此理解，
句意主旨與《論語·顏淵》一致。「竺」讀為「篤」，見於出土文獻，如上博簡
《容成氏》簡9「履地戴天，竺（篤）義與信」。

　　子居（1001）：整理者隸定為「見」的字，原字形作「 」，「目」形下很
明顯是立人形的訛變，而非跪人形的訛變，因此「 」字當即是「視」字而非
「見」字，故整理者注所言「戰國文字『見』『貝（視）』二字因形近往往混用。
疑此『見』是作為『貝』字來用的云云當非是。沒有重文符號完全可以通讀，
故整理者注中提到的「或認為簡文『中尼』脫重文符號」亦當非是。

　　波按：整理者認為此條簡文見於《論語·顏淵》，不確。我們對比簡文與
整理者引用的《論語·顏淵》文就可知道，二者除了事件與季康子問政這點相
同外，無論是辭例還是句意，都不相同。簡文是季康子使人問政於孔子，而《論
語》是季康子親自問政於孔子，說得不是一回事，而且孔子兩次回答也完全不
同。我們認為，簡文季康子使人問政於孔子和《論語·顏淵》季康子問政於孔
子記載的是兩件事情，其所體現的是季康子曾多次向孔子問政，可見孔子在當
時的政治地位和個人威望還是很高的。因此，整理者僅憑簡文和傳世文獻均有
季康子問政孔子這一點就判斷二者所言為一回事，過於武斷了。整理者或許也
意識到了這一點，用「文字出入較大」一句搪塞過去。實際上二者不是「文字
出入較大」的問題，而是記載的不是同一事件。

關於簡文，我們認為整理者或認為「中尼」脫重文符號是很有道理，暫從。「視之君子，其言小人」一句，「之」、「其」所指是誰，也是一個問題，整理者沒有指明，王永昌認為指的是季康子。我們認為這個問題還可以再討論，「視之君子，其言小人」說得未必是季康子，有可能說得是使者，因為事件說的是季康子派遣使者向孔子問政，可見孔子見到的是使者，而不是季康子本人。季康子作為當時魯國最有權勢的國之重臣，孔子作為當時魯國最有威望的學者，二者想必是彼此之間比較熟悉的，孔子沒有必要見完使者然後評價季康子說「視之君子，其言小人」，季康子是什麼樣的人，孔子早就知道了。「竺（孰）正而可叟（使）人昏（問）」一句，「正」當讀為「政」，意思是哪有可以派遣使者來問政的呢？整理者理解為反問句可從，這樣理解大概暗含孔子的兩層意思，一是孔子不滿季康子派遣使者向自己問政，季康子不親自問政而派遣使者，這體現了季康子對政事的不重視；二是孔子見了使者，使者的言行並不能符合禮制，這讓孔子對其沒好感，即「其言小人」。孔子本身就對季康子派遣使者而不是親自問政感到不滿，又派遣一個「視之君子，其言小人」的使者，這就更加導致孔子的不滿，於是「未之聞也」、「孰政而可使人問」這樣的拒絕和不滿之辭就自然產生了。這就是說，孔子的這句話其實是分兩個層次的，即「視之君子，其言小人」是評價使者的，「孰政而可使人問」是孔子對季康子派人問政的不滿和對這件事情的評價。此外，《論語·顏淵》記載季康子問政於孔子，沒有體現派遣使者問政，應該是季康子親自向孔子問政的，孔子回答說：「政者，正也。子帥以正，孰敢不正？」可見，孔子並沒有拒絕回答季康子問政這件事，季康子親自問政孔子回答了，季康子派遣使者問政孔子卻說：「丘未之聞也」。由此我們有上述推測，即孔子對季康子不親自問政而派遣使者問政不滿，又對使者的言行不滿，故而拒絕回答問題。

這段簡文意思大概是說季康子派遣使者向仲尼詢問政事，仲尼回答說：「我從未聽說過政事。」使者退出後，仲尼說：「這個使者看上去像個君子，一說話就是個小人啊。哪有可以派遣使者來問政的呢？」

（20）中（仲）尼曰：「一篧（簞）飤（食）、一勺酒（漿），人不勞（勝）亓（其）戁（憂），呂（己）不勞（勝）其樂，虖（吾）不女（如）韋（回）也。」

整理者：此條簡文見於《論語·雍也》：「子曰：『賢哉回也！一簞食，一瓢飲，在陋巷，人不堪其憂，回也不改其樂。賢哉回也！』」文字出入較大。《史記·仲尼弟子列傳》無末尾「賢哉回也」句，與簡文合。「篧」，從「竹」

從「嘼」。「嘼」即古文「單」，簡文以「簹」為「簞」。「勺」，或作「杓」，有市若切、甫遙切兩讀，後一讀音或作「瓢」。「酒」從「水」「㐭」聲，「漿」字異體。「漿」，古代一種微酸的飲料。簡文「一勺漿」猶《雍也》「一瓢飲」。「㝹」，從「力」，「乘」聲，「勝」字異體。「乘」是《說文》「椉（乘）」的古文。傳本「勝」作「堪」，「勝」「堪」同義。《爾雅·釋詁》：「堪，勝也。」《漢書·賈山傳》「財盡不能勝其求」，顏師古注：「勝，堪也。」「㠯」即「异」的簡寫，「己」下一橫與「丌」上一橫公用，其所從「己」「丌」二旁皆聲，讀為「己」。這種寫法和用法的「㠯」還見於《上博五·君》簡一三、一四等。「己」與「人」相對，「己」指顏回，「人」指他人。《論語·雍也》邢昺疏：「此章歎美顏回之賢，故曰『賢哉回也』。云『一簞食，一瓢飲』者，簞，竹器；食，飯也；瓢，瓠也。言回家貧，唯有一簞飯、一瓠瓢飲也。『在陋巷，人不堪其憂，回也不改其樂』者，言回居處又在隘陋之巷，他人見之不任其憂，唯回也不改其樂道之志，不以貧為憂苦也。歎美之甚，故又曰『賢哉回也』。」

白羽城（10樓）：文中說簡本「己不勝其樂」是針對上文「人不勝其憂」而言的，意謂自己不能承受「其樂」，此「樂」應是指人之「樂」。這種解釋叫人費解，如果「樂」是指人之「樂」，那麼「樂」從何而來呢？很明顯，無論是「樂」還是「憂」，這兩種情緒都是針對「簞食瓢飲」這樣的物質條件（而且是普遍被認為較差的物質條件）而言的。只不過面對簡樸清貧的生活條件，人採取的態度是不堪其憂，而顏回的態度是不堪其樂。這樣解釋，才可以展現顏回其品德的優異之處，是值得大家學習的。所以今本才贊其「賢哉」，簡本孔子才說「吾不如」。假如按照作者的說法，「樂」應是指人之「樂」，那麼整體的文意就變樣了。人一會兒不堪其憂，一會兒自己又不堪其樂，不但態度分裂，而且這裡面還有顏回什麼事兒呢？退一萬步講，就算憂與樂都是指「人」，與顏回無涉，那相鄰的兩句敘述顯得太贅餘，還不如表達成「人不勝其憂，亦不勝其樂」。故我們認為，簡本「己不勝其樂」的確是相對「人不勝其憂」而言的，但是情緒發出的主體不同。人對「簞食瓢飲」是不勝其憂，顏回對「簞食瓢飲」則是不勝其樂。此處的「己」，仍然以代表顏回自己為佳。換成「人」或者「仲尼」，都會顯得迂曲難通。綜合來看，雖然簡本和今本的表述方式不同，這一句的解釋還是應當從楊伯峻先生的說法，譯作「顏回卻不改變他自有的快樂」。完全按照簡本的敘述邏輯，當譯作「人們對此感到的憂慮無以復加，而顏回自己對此感到的快樂無以復加」。

youren（12樓）：贊成「此處的『己』，仍然以代表顏回自己為佳。」簡文「人不勝其憂，己不勝其樂」是指簞食勺漿的儉貧生活，一般人憂愁得受不了，顏回卻快樂的不得了，藉此來對比二者的境界。

程燕（202208）：「勺」「瓢」雖皆為挹酒之器，但「勺」應比「瓢」更考究，即使最簡易的木勺，也需要雕刻。……「漿」在古代指一種微酸的飲料。……傳世本「飲」有兩種解釋：一種釋作水，如楊伯峻先生、錢穆先生就譯作「水」；另一種釋作飲料。從簡文異文來看，應該是以後一種解釋為准。……「回也不改其樂」的「樂」應是顏回的「己之樂」。……簡本「己不勝其樂」的「樂」應是人之「樂」。……簡文的側重點在於孔子將自己與顏回進行比較，並認為自己遜色於顏回；傳世本「賢哉回也」的重點則落在了孔子對顏回的高度評價上。……《論語》一定是經過了其後學多次精心打磨、修訂而成的。

子居（1001）：「勺」字早出，《春秋》和清華簡五《封許之命》已有用例，「瓢」字晚見，最早用例見於《周禮·鄷人》……整理者依照《論語》注言「『己』指顏回」，所言當不確，這裡的「己」就是「自己」，是一種相對於他人的指稱，不止在指顏回，也在指孔子，《仲尼曰》此處是說「己不勝其樂」這種狀態顏回可以做到，孔子則自認做不到，因此才說「吾不如回也」，所以「己不勝其樂」是一種泛言，其中的「己」並非特指顏回是很明確的。

顧王樂、徐在國（1211）：與簡本相比，今本以「賢哉回也」開頭，並通過首尾呼應達到文氣貫通、強調主旨的表達效果。今本「一瓢飲」與簡本「一勺漿」的所指有所差異，「瓢」比「勺」要簡陋，「飲」比「漿」更普通。今本「在陋巷」，安大簡無。今本「堪」，安大簡作「勝」，邢昺疏：「堪，任也。」《說文》：「勝，任也。」二者意思相同。今本「回也不改其樂」之「樂」，應為顏回之所樂，楊伯峻譯作「顏回卻不改變他自有的快樂」；而安大簡作「己不勝其樂」，是針對上文「人不勝其憂」而言的，意謂自己不能承受「其樂」，此「樂」應是指人之「樂」。今本末句「賢哉回也」，安大簡作「吾不如回也」，差異明顯。簡文的側重點在於孔子將自己與顏回進行比較，並認為自己遜色於顏回。而今本重複開頭的「賢哉回也」，前後呼應，重點則落在了孔子對弟子顏回的高度評價上。由此可見，《論語》在成書和傳抄過程中實際經過了很多修飾。

波按：此條簡文與《論語·雍也》相應語句的區別在於簡文更加樸實無華、語言更加原始化，而《論語·雍也》則是在簡文基礎上以文學化的手法加以修

改和潤飾，使得句子的語言表達效果更加清晰，孔子的感情色彩更加濃厚，具體表現在以下幾個方面：一是《論語》本比簡本首尾兩處多出「賢哉回也」，這就在語言藝術手法上造成首尾呼應、循環往復的藝術效果，增強了說話者的感情色彩，更加突出孔子對顏回的讚美之深，同時也起到反復強調的作用。二是簡文的「一勺漿」《論語》本變成「一瓢飲」，以「瓢」代替「勺」，以「飲」代替「漿」，通過兩個詞語的變化，更加突出顏回生活的貧困。「瓢」一般是用葫蘆中分而成，在古代是一種非常容易得到的貧苦人家所使用的水器；而「勺」在製作工藝上，比「瓢」稍顯複雜，擁有「勺」自然比擁有「瓢」更上一層。「漿」按照整理者說法，是一種微酸的飲料，說明「漿」這種東西，不如「水」隨處可得，食用「漿」還是有一定的門檻的；「飲」，在此則是指「飲水」。因此，「瓢」、「飲」二字的替換，更加突出了顏回生活的貧困，這種表達效果，比「一勺漿」更能直擊人心。《論語》本相比簡本增加「在陋巷」三字，也是為了突出顏回甘貧的精神。

此外，《論語》本相比簡本，刪去了孔子對顏回的評價語「吾不如回也」，而增加了新評價語「賢哉回也」，大概是出於這樣的考慮：《論語》是孔子門人及其再傳弟子根據所記孔子語錄整理而成的，彼時距離孔子去世已經有一段時間了，孔子在當時的地位也已經逐漸拔高，在孔氏後學心中，孔子的地位無與倫比，而此處孔子稱讚顏回說「吾不如回也」，這恐怕是孔氏後學不能接受的。在孔氏後學心中，孔子地位遠非顏回可比。因此，孔氏後學將孔子對顏回的這句評論語去掉。又因為孔子這句話暗含的意思是顏回很賢良，故而加上孔子感歎語「賢哉回也」。而《論語》本將簡本的「己」改為「回」，大概是出於「己」字在此理解有歧義，容易讓人引起誤解而改。我們發現，《論語》本對此條簡文修改後，使得這條簡文無論是語言藝術上，還是表達的精準度上，都有了一個大的飛躍，由此再次可以說明孔氏後學對孔子語錄的精雕細琢。

句意謂一竹筐飯、一勺子微酸的飲料，別人不能忍受這種憂苦，顏回卻樂享其中，從這點來說，我比不過顏回啊。

(21) 中（仲）尼曰：「見善女（如）弗及，見不善女（如）遂（及）。蓳（隱）已（以）卑（避）戁（難），青（靜）尻（處）已（以）成丌（其）志。白（伯）昆（夷）弔（叔）即（齊）死於首昜（陽），手足不弄，必夫人之胃（謂）虖（乎）！」

整理者：此條簡文見於《論語‧季氏》：「孔子曰：『見善如不及，見不善

如探湯。吾見其人矣，吾聞其語矣。隱居以求其志，行義以達其道。吾聞其語
矣，未見其人也。』齊景公有馬千駟，死之日，民無德而稱焉。伯夷叔齊餓死
於首陽之下，民到於今稱之，其斯之謂與？」今本分為二章，文字出入較大。
《大戴禮記·曾子立事》：「君子禍之為患，辱之為畏，見善恐不得與焉，見不
善恐其及己也，是故君子疑以終身。」「遅」，從「辵」，「㬰」聲，乃「追襲」
之「襲」的本字。戰國文字中多用作「襲」，此處讀為「襲」，訓為「及」。《廣
雅·釋詁》：「襲，及也。」（黃德寬）或說此字徑讀為「及」（參李家浩《釋上
博戰國竹簡〈緇衣〉中的『茲臣』合文——兼釋兆域圖「遅」和屬羌鐘「富」
等字》，《康樂集：曾憲通教授七十壽慶論文集》，中山大學出版社二〇〇六年）。
「靑尼」，讀為「靜居」。《季氏》「隱居」與之同義。《文選》卷二十二左太沖
（思）《招隱詩二首》篇題李善注引《韓子》曰：「閑靜安居謂之隱。」「白㞜、
弔即」，讀為「伯夷、叔齊」。「㞜」從「止」，「㔾」聲。《玉篇》：「㔾，古文夷
字。」《汗簡》卷中之一尸部、《古文四聲韻》上平脂韻以「㔾」為古文「夷」，
故簡文「㞜」可以讀為「夷」。伯夷、叔齊是孤竹君之二子，孤竹君去世後，
伯夷、叔齊因互讓王位而逃到周。時值周武王起兵伐商，他們勸阻未果。周武
王滅商後，伯夷、叔齊恥食周糧，餓死在首陽山。《韓非子·外儲說左下》記
昭卯曰：「伯夷以將軍葬於首陽山之下，而天下曰：『夫以伯夷之賢與其稱仁，
而以將軍葬，是手足不掩也。』」簡文「弇」同「掩」。此條簡文的意思是說：
看見善良，努力追求，好像追不上；看見邪惡，努力避開，好像避不開。只能
躲避災難，安居不出，以保全自己的意志。伯夷、叔齊恥食周粟，餓死在首陽
山，連四肢都掩埋不住，一定是這樣的人吧。《論語·述而》：「〔子貢〕曰：『伯
夷、叔齊何人也？』〔孔子〕曰：『古之賢人也。』曰：『怨乎？』曰：『求仁而
得仁，又何怨？』」又《微子》：「子曰：『不降其志，不辱其身，伯夷、叔齊與？』」
可以參看。

侯乃峰（0818）：對比傳世文獻「見善如不及，見不善如探湯」，此字釋讀
為「襲」，似可直接就字為訓解釋成「掩襲、襲擊」。「見善如弗及，見不善如
襲」意即：遇見善良之事，努力學習，好像追不上；遇見邪惡之事，如同遇到
敵人突然襲擊一般，唯恐逃避不開。如此理解，似乎亦可講通簡文。

單育辰（0819）：「遅」與「㗱」整理者分屬兩句，把「遅」讀為「襲」，
把「㗱」讀為「僅」，今把「㗱」屬上讀為「遅㗱」，「遅」有可能如整理者引
李家浩先生說讀為「及」，下面「㗱」似可讀為「艱」。

　　質量復位（16 樓）：「遷」可從整理者另一說，即讀為「及」，出土文獻中有二字通假的例證。「及」「遷」都用為「及」，這是同一簡中異字同用的現象，陳偉武先生有過很好的研究。

　　汗天山（26、27 樓）：據傳世文獻所引，孔子此語也屬於格言諺語式的文句，原簡文也是有韻的，「及」「遷（襲）」上古音皆屬於緝部，故簡文更有可能當是這句話的原貌。後世傳抄者大概覺得下半句文義不夠顯豁，故改為「探湯」，雖然「見善如不及，見不善如探湯」文義容易理解，然造成失韻，其實反而不如簡本。再者，從文義上講，如果摳字眼的話，孔子此語是類比下文的「避難靜居」。傳世文本「見不善如探湯」，「探湯」的動作一般是伸出手來試探沸水，而並非整個人的身體都進到沸水中試探。因此，「見不善如探湯」如果用在此句簡文中，並不能類推得出下句「避難」若「避世」之義；而人若是遇見襲擊，唯恐避之不及，自然就可以得出「避難」「避世」之義。由此可以推知，傳世本的文句當是脫離了簡本的語境而產生的改編本。

　　激流震川 2.0（33 樓）：簡 11「菫以避難靜居，以成其志」似乎可以斷作「菫以避難，靜居以成其志」。「菫」或可讀為「勤」，《呂氏春秋・孝行覽・胥時》：「故有道之士未遇時，隱匿分竄，勤以待時。」

　　tuonan（41 樓）：斷句「菫以避難，靜居以成其志」，可從。不過，「菫」或許應讀「謹」，恭謹、謹慎。古書有表意相似的句子，比如：《禮記・表記》：「子曰：『君子慎以辟禍，篤以不掩，恭以遠恥。』」《管子・五輔》：「整齊撙詘，以避刑僇。」《孔子家語・賢君》：「恭則遠於患。」《齊民要術・序》：「語曰：『力能勝貧，謹能勝禍。』蓋言勤力可以不貧，謹身可以避禍。」

　　汗天山（43、44 樓）：菫（謹）以避難，靜居以成其志。……上面兩位，一位將此句如此斷句，另一位將「菫」讀為「謹」，訓為恭謹、謹慎，二說皆當可信。原整理者在注釋中其實已經指出……「隱居」與「靜居」同義。既然「隱居」與「靜居」同義，簡文「靜居以成其志」句顯然就是直接對應《季氏》篇中的「隱居以求其志」句。然在釋文中又如此句讀，似是偶爾疏忽。《後漢書・逸民列傳序》論述隱士云：「或隱居以求其志，或回避以全其道，或靜己以鎮其躁，或去危以圖其安，或垢俗以動其概，或疵物以激其清。」簡文「靜居以成其志」句，可對應其中的「隱居以求其志」「回避以全其道」；簡文「菫（謹）以避難」句，可對應其中的「去危以圖其安」。……《論語》的成書材料，大都是孔門弟子各有所記，後來經過匯編整理而成。孔門弟子在記錄時，

猶如今天記課堂筆記，老師講的話，學生不可能一字不漏地全都記錄下來，有的記錄詳細些，有的簡略些，文字大概也會有所出入，就形成了不同的面貌。今傳本《論語》中就有一些章節，文字或繁或簡，可為類比。簡本《仲尼曰》此章和今傳本兩節在文字上的出入，大概是由於不同的學生在記載時詳略不同而造成的，屬於同一來源（皆源自孔子之語）的兩種文本。設若以上推測不誤，這也可以從側面證明，簡本《仲尼曰》應當屬於《論語》成書的前期材料。當然，結合王家咀楚簡《孔子曰》等類似的「論語類」材料來看，《論語》後來編訂成書之時，當時的編纂者不一定看到過這些同出一源的材料。

　　王寧（51樓）：其中「堇」字予古一人先生讀「隱」甚是。此數句當讀作：仲尼曰：見善如弗及，見不善如襲隱以避難，靜居以成其志。其中「襲」字整理者據《廣雅》訓「及」，恐怕不準確。《國語·晉語二》：「使晉襲於爾門」，韋昭注：「襲，入也。」「襲隱」即入於隱秘之處。

　　cbnd（58樓）：竹簡整理者已經指出，此句與《論語·季氏》篇中的「見善如不及，見不善如探湯」相對應。「探湯」，即探試沸水，形容人之戒懼。考慮到這一層意思，我們認為簡文中的「遷」字所表示的詞應該是「戒懼、恐懼」一類意思。結合讀音考慮，「遷」有可能讀作「慴」。「慴」即「恐懼」之義。傳世文獻中的「隰朋」，阜陽漢簡《春秋事語》作「習崩」。《詩經》「隰有萇楚」，「隰」海昏侯漢簡《詩經》作「榴」。這說明「遷」「慴」二字讀音關係密切，可以相通。

　　cioran（77樓）：遷字自黃德寬、李家浩二位先生釋讀後已無疑問，材料中一般用為「襲」，整理者也據此讀「襲」訓「及」或徑讀為「及」，而於文意無說。此遷字與「探湯」對應，當指某種不好的事情，普通的動詞或連詞「及」在此處難通，故學者多有異說。今案「及」在《左傳》《國語》等文獻中本就有此用法，單獨的「及」可表示「及於禍」或「禍及於身」，……《經義述聞·春秋左傳》「從自及也」「子臧之服」等條對此已有揭示，李家浩先生論證銘文「殃遷子孫」時所引《國語·周語下》「萇叔必速及」亦其用例。《仲尼曰》中說「見不善如及」，意思是看見不善就好像自己及於禍患，「探湯」是禍患的某種具象化。《大戴禮記·曾子立事》：「君子禍之為患，辱之為畏，見善恐不得與焉，見不善恐其及己也，是故君子疑以終身。」擔心禍患及於己身，正是「見不善如及」的含義。此處遷字當從整理者說：可以讀為「及」，和前面「如弗及」的「及」記錄不同的詞義；也可以讀「襲」訓「及」，

黃德寬先生已論證此字有「追擊」義，由「追及」引申為「禍及於身」，路徑與「及」相同，《廣雅》「襲，及也」或許就是對「殀襲子孫」「見不善如襲」這一類用例的總結。

劉信芳（0927）：襲者，重也。菫，整理者句讀下屬，讀為「僅」。茲改為上屬，讀為「謹」。……句例大意：見善如恐己之不及於善，見不善如謹無良，如探湯。……本例乃孔子對於見善與見不善的基本態度。……「避難靜居」與「隱居」對應，「以成其志」與「以求其志」對應。《季氏》「行義以達其道」未見於《仲尼之耑訴》，以其與「隱居以求其志」相駢，應為後出。就行文邏輯而言，「避難靜居」者，見不善而避之以遠也。「以成其志」者，成己之「善」也，猶「求仁而得仁」。……《季氏》「齊景公有馬千駟，死之日，民無德而稱焉。伯夷叔齊餓於首陽之下，民到於今稱之，其斯之謂與？」與簡文對應，為分別舉例。學者多以為「齊景公」以下另行分章，依據簡文，上引《季氏》斷為一章是也。比較可知，《季氏》與簡文對應的一段文字邏輯嚴密，後出轉精是也。「見善如不及，見不善如探湯」是孔子提出的主張，「吾見其人矣，吾聞其語矣」，其主張有其見聞為依據。「隱居以求其志，行義以達其道」是具有普遍意義的應對方式或路徑。「吾聞其語矣，未見其人也」，我聽聞過有關事跡，只是未及見其人。「齊景公有馬千駟，死之日，民無德而稱焉」，齊景公失民心，民以其為「無德」，是為「見不善如探湯」之例，不善者為民所棄也；「伯夷叔齊餓於首陽之下，民到於今稱之」，隱居行義以堅守己之「善」，為民稱道，是乃「見善如不及」之例。「其斯之謂與」對應「必夫人之胃（謂）虖（乎）」，乃小結語。提出主張，指明路徑，舉例說明，小結終句，層次分明。可見孔門弟子彙編《論語》，是下了很大功夫的。

抱小（0831）：由《家語・六本》之「恭儉以避難」一語，可證將《仲尼曰》的「菫」讀為「謹」，從用字習慣及文義來看，是完全沒有問題的。

陳民鎮（0905）：「恭」「慎」與「避難」連言時，意在說明通過謹慎行事來避禍，側重點在避免禍患的產生。而《仲尼曰》此句的側重點是通過隱居、靜居躲避已經發生的禍患，故不宜與《禮記・表記》《孔子家語・六本》等文獻輕易類比。……本文認為當以讀「隱」之說為是。……侯乃峰等學者已指出當在「避難」之後斷句，可從。……如若將「菫」讀作「隱」，則全句為「隱以避難，靜居以成其志」，與「隱居以求其志」相對應，「隱以避難，靜居」猶言「隱居」。有《論語》的文本相比照，「菫」讀作「隱」可得佐證。「隱以避

難」義近《列子・黃帝》「隱伏逃竄，以避患害」，……「隱」與「靜居」的關聯可參見《管子・立政九敗解》：「民退靜隱伏，窟穴就山。」

子居（1001）：今本《論語》作「如不及」是避漢昭帝諱的緣故。……「遝」蓋是「遝」字異體，《爾雅・釋言》：「逮，遝也。」郭璞注：「今荊楚人皆云遝。」邢昺疏：「亦謂相及，方俗語異耳。」推想「遝」字在流傳過程中被通假書為「湢」字，《說文・水部》：「湢，雨下也。從水昌聲。一曰沸湧兒。」《說文・水部》：「湯，熱水也。」由「沸湧」轉而被理解為「熱水」，又因句意難通而加「探」字，才形成《論語・季氏》的「探湯」。……《仲尼曰》此條內容以成文於戰國末期初段為最可能，顯然不會是孔子之言。

波按：此條簡文各家爭論點主要集中在「遝」字的釋讀和「董以避難靜居以成其志」的句讀及釋讀這兩個問題上。關於「遝」字的釋讀，各家觀點均有一定道理但都不具有完全的說服力，但至今尚無定論；從《論語》本對應的「探湯」來看，似乎侯乃峰先生直接釋讀為「襲擊」更合理一些，因為受到襲擊的反應和以手探湯的反應有相似之處。不過，簡本內容與《論語》本內容差異較大，不可進行簡單的語詞對應。侯乃峰先生觀點可備一說。各家觀點參差不齊，但都不能取得公認，相比之下，整理者讀「及」之說更好一些，我們暫從。不過，我們雖然認同「遝」讀為「及」，但是我們卻認為這種讀法的「及」其意義在這條簡文中和直接寫作「及」字的意義不同，這種用法是「及」，意義當從網友「cioran」的觀點，即理解為「被禍及」。實際上，從「及」字的構形來看，其本義就是以手持人，會以手抓住人之意，本義為「追及」、「逮及」，因為被「追及」或「逮及」一般不是什麼好事，故而從本義可直接引申出「禍及」。

「董以避難靜處以成其志」一句，多位學者已經指出，當句讀為「董以避難，靜處以成其志」，可從。「董」字的釋讀，各家觀點也不相同，情況與「遝」字的釋讀一樣，至今也暫無公認的釋讀。根據我們前面對相關簡文的理解，認為本篇簡文四處「董」均可讀為「隱」，此處讀「隱」也可以講得通簡文，故我們在此依舊讀為「隱」。此外，「處」字整理者隸定為「凥」，讀為「居」，此字隸定為「凥」沒有問題，但整理者讀為「居」似無必要。「凥」字一般認為是「處」字，「處」、「居」二字義同而常常換用。簡文有傳世文獻《論語》「靜居」一詞，故而整理者把「凥」讀為「居」。根據我們的討論，我們認為此處「凥」可直接作「處」，不必讀為「居」。「靜處」、「靜居」、「隱居」、「隱處」

等皆是先秦常見的語詞。關於「居」和「處」的解讀，還可參見本書《曹沫之陣》部分第三章集釋第 6 條。

句意謂見到善行就好像自己不能追及，遇見不善之事又好像自己被禍及。隱伏起來躲避災難，通過靜處達成自己的志向。伯夷、叔齊死在了首陽山，手和腳都得不到掩蓋，一定說得就是這樣的人了吧。

（22）中（仲）尼曰：「尖=（小人）虖（乎），可（何）目（以）壽為？戈（一）日不能善。」

整理者：此條簡文見於徐幹《中論・修本》引孔子曰：「小人何以壽為？一日之不能善矣，久惡，惡之甚也。」引文「小人」後無「乎」字，「一日」後多一「之」字，「不能善」後多一「矣」字，其後「久惡，惡之甚也」為簡文所無。簡文的意思是說：小人啊，你一天都不能做善事，為何長壽呢？

楊蒙生（0819）：簡文此句似乎並非針對所有的「小人」，更可能是孔子對某個具體小人之不善所發出的感歎，頗有一些牢騷的意味，其具體情形與「惟女子與小人難養也」中的「女子」特指衛夫人（廖名春老師說）有一定的可比性。

汗天山（28 樓）：注釋中將「何以壽為」語譯為：「為何長壽呢？」這樣表述容易引起誤解，誤以為這句話是孔子感慨小人而得享高壽的意思。其實，這句簡文似當和《論語・雍也》「仁者壽」、《中庸》「故大德……必得其壽」統一起來理解，含有強調有仁德者才有可能享有高壽之義。不過，簡文是從反面（小人）的角度來說的。

蜷枯（30 樓）：類似的話見於《中論》：「孔子曰：『小人何以壽為？一日之不能善矣，久惡，惡之甚也。』」「為」是動詞，大概意思是說小人活那麼久幹嘛，一天都幹不了好事，短命點就少幹點壞事。

劉信芳（0912）：簡文本例或有所指，不妨以商紂為「小人」例，「一日不能善」，猶《泰誓》「凶人為不善，亦惟日不足」、「竭日以行惡」也。……簡文「可（何）目（以）壽為」，……蓋作惡多端，不可以「壽命在天」為遁辭，自作孽，不可活也。至於上引《中論・修本》「小人何以壽為？一日之不能善矣」，是以自己的方式引經，「久惡，惡之甚也」乃徐幹之說。經說合璧，其實就是簡文本例最好的釋譯。本例思想價值在於，由史學實錄之具體走向思想概括之抽象，適用範圍更廣。

子居（1001）：戰國末期儒家認為「壽」是只有他們認定的「仁者」才有資格的這個結論，被他們認為是「小人」的人就沒資格「壽」，因此自然會有「何以壽為？」的設問，至於「一日不能善」什麼的，顯然是藉口而已。「善」是社會屬性的，是可以被人隨意定義的，對某些人的「善」完全可能對另外一些人是「不善」，因此毫無事實可以查證的「一日不能善」就只是為「何以壽為？」而給出但卻並無意義的解釋。

波按：此條簡文當從「汗天山」先生的意見，與《論語·雍也》「仁者壽」、《中庸》「故大德……必得其壽」統一起來理解。如此，則句意謂小人啊，一天善事都不做，怎麼能夠長壽得了呢？

（23）中（仲）尼曰：「遺（顛）於鈎（溝）產（岸），虐（吾）所不果爰（援）者，唯心弗智（知）而色為智（知）之者啇（乎）？」

整理者：此條簡文在傳世文獻裡尚未找到相應的文字。「遺」，見簡二，即「蹎」，讀為「顛」，傾覆。「鈎」，《詩·大雅·皇矣》：「以爾鈎援，與爾臨衝，以伐崇墉。」毛傳：「鈎，鈎梯也，所以鈎引上城者。」「產」，指牲畜。《左傳·僖公十五年》：「慶鄭曰：『古者大事，必乘其產。生其水土，而知其人心；安其教訓，而服習其道；唯所納之，無不如志。今乘異產，以從戎事，及懼而變，將與人易。』」慶鄭所言「必乘其產」之「產」，指本國所飼養的馬匹；「今乘異產」之「產」，指鄭人所獻之馬「小駟」。簡文「鈎產」，正指戎事用於攻城之器械和戰馬，與《皇矣》《左傳》用法一致。「果」，能。「爰」，讀為「援」，指攀援、執持。此條簡文的意思是：顛覆於鈎產，我之所以不能攀援執持（鈎產）的原因，是不知其心性而只知其表象的緣故吧（黃德寬）！或釋「爰」為「家」，「鈎」讀為「厚」。

侯乃峰（0818）：原整理者此種釋讀似可商榷。首先，所謂的「產」字，細審原簡字形（第10、158頁），下部明顯是從「土」作，故此字恐不能直接釋成「產」字，而當分析成從土、彥省聲，可隸定作「產」，當是一個從「彥」得聲之字。當然，釋為「產」也是從「彥」省聲。此字既然從「土」作，或可提示我們「鈎」當從地理面貌的角度來釋讀。我們認為，「鈎」當讀為「溝」，指水溝。「產」從「彥」得聲，「彥」從「厂」得聲，《說文》「厂，山石之厓巖，人可居。象形。厈，籀文從干。」「產」或當讀為「厈（岸）」，指厓巖，即懸崖。或者「產」也可讀為「泉」，指泉水邊。然因前面的「溝」已是指水溝，故此種釋讀意見相比之下似乎不如讀為「厈（岸）」更為妥當。若取前說，「遺

（顛）於鉤產」當讀為「顛於溝厈」，意即：在水溝或者懸崖邊跌倒。在這種情況下，跌倒之人會有生命危險，所以下文提及「爰（援）」的問題。孔子說的這句話應該是打個比方，和《孟子‧離婁上》「嫂溺叔援」的情景正可類比。整句簡文，孔子的意思當是說：如果有人在水溝或者懸崖邊跌倒，而我最終不能成功地救助他，那原因就在於此人原本內心不明白，而表面上卻裝作自己已經明白的緣故吧？此章旨意，當是強調對待自己所學的知識是否已經真正掌握要實事求是的重要性。《論語‧為政》：「子曰：『由，誨女知之乎？知之為知之，不知為不知，是知也。』」可以參考。又如《荀子‧子道》：「色知而有能者，小人也。」亦可參考。

單育辰（0819）：「鉤」可讀為「溝」，二字皆見紐侯部。「產」字隸定有誤，其下不從「生」而從「土」，可參簡5「堇」、簡7「坪」等所從之「土」形與此全同。「產」可讀為「岸」，其所從的「土」旁也表示應與土地有關。《漢書‧古今人表》「屠顏賈」即《史記‧趙世家》之「屠岸賈」，「顏」「產」所從聲符一致，可見「產」與「岸」可通。「爰」讀為「援」是正確的，但應是援助的意思。「唯」可讀為「雖」。簡文意思是說：（見到有人）在溝岸跌倒，我沒有最終援助到，雖然心裡不知道，但是臉色不是知道的嗎？後句其實是說心裡雖然還沒反應出（沒有幫助到要跌倒的人的後悔），但是臉色上馬上就反應出來了。

汗天山（29、39樓）：原注釋中對簡文之義的理解似有偏差。其實，如果對比儒家文獻中關於「心知」「色知」的論述，這句簡文還是很容易理解的。我們不妨打個比方：孔子教某個學生游泳，學生本來沒有學會，表面上卻裝作自己已經學會了；那麼，當這個學生面臨掉到水裡（或者有類似生命危險）的時候，孔子就會認為這個學生已經會游泳了，完全可以自救，從而袖手旁觀，不予援助，結果很有可能就造成學生溺水而亡。這種假設的場景，應該有助於我們理解孔子這句話的確切含義。原整理者將「產」釋為「產」，雖然不大精確，但如果從古文字形成字化的角度來看，也不能說是錯誤。「產」讀為「厈／岸」，可參清華簡（柒）《子犯子餘》第13簡「受（紂）若大陸（岸）牂（將）具陞（崩）」，原整理者正是將「陸」釋為「岸」字異體，二者正可互證。

王寧（61樓）：「鉤產」汗天山先生讀「溝厈」，「產」讀「厈」當是，《說文》作「厂」，訓「山石之厓巖」，後通作「岸」，就是懸崖。而「鉤」讀「溝」可能有問題，當依字讀，訓「曲」，「鉤岸」即「曲岸」，指彎曲的懸崖，《淮南

子·本經》：「來溪谷之流，飾曲岸之際」，《廣韻》訓「碕」、「埼」皆為「曲岸」是也。孔子用「鉤岸」代指危險的境地。孔子這段話要表達的意思是：在危險的境地（鉤岸）栽了跟頭而我又救援不了的人，都是那種（對我教導的道理）心裡不理解卻表面裝作明白的人吧？

　　心包（62樓）：只要有坡度的都可以叫「岸」（文獻用法多是90度垂直的坡），未必是懸崖，簡文「溝岸」是定中結構，不是並列結構，「岸」是中心語，「溝」是定語，「溝岸」即溝渠邊緣的陡坡。跌落懸崖，能去援救嗎？顯然不合常理嘛。簡文就是講掉到水溝、溝渠裡面這件事。

　　史傑鵬（0831）：這個解釋比較牽強，首先，古書上沒有「鉤產」並提的例子。其次，「鉤產」這種東西就算是指梯子和戰馬，也不能用一個動詞「援」字一併搞定。所以黃德寬先生串講時，用了兩個動詞「攀援」「執持」，很顯然，「執持」這個詞，是原簡文裡沒有的。第三，攀援執持鉤產，和心性、表像好像沒有什麼內容上的聯繫。……「產」可能讀為「炭」。「炭」有泥汙的意思，《孟子·公孫丑》「立於惡人之朝，與惡人言，如以朝衣朝冠，坐於塗炭。推惡惡之心，思與鄉人立，其冠不正，望望然去之，若將浼焉。」趙岐注：「塗，泥；炭，墨也。」「炭」相當於「泥塗」，《左傳·襄公三十年》：「使吾子辱在泥塗久矣，武之罪也。」「溝壑」與「泥塗」都是比較卑下的險境，需要有人伸手援助。不過「溝炭」這種說法沒有古書例證，所以我也不敢自必，曾想過是不是也可以讀為「垢炭」，「垢」也有污穢的意思。這兩種釋讀，都是把「鉤產」視為並列式合成詞。另外一種可能，就是把「鉤產」視為偏正式片語，讀為「溝岸」，「產」和「顏」同聲符，「顏」的本義是額頭，是臉的邊緣，也是最高的地方；就像「岸」是水的邊緣，但也是最高的地方一樣。所以兩字都同時有「邊緣」和「高」的意思。「顛於溝岸」，就是從溝岸邊墜下，「顛於溝炭」，就是跌進泥塗，兩個「於」字都是介詞，但用法不一樣，前者指「在」，後者指「至」，語法上都可以講通。在古音上，「產」通「炭」「岸」都有楚簡的例證。總之，這兩種讀法，都是表示人在危難之中，需要人援助的意思。

　　陳民鎮（0905）：「唯心弗知而色為知之者」一句頗為費解。「心」與「色」相對，前者指內心，後者指表像。有人在溝岸跌倒，陷於危殆的境地，正常人都會施以援手。孔子所云「吾所不果援者」只是假設，假設自己如果遇到這種情況坐視不理，那便是因為內心尚不知此事，言下之意是孔子必會出手援救。

孔子此語意在說明善惡之念由心所掌控，可參見《禮記・禮運》：「故欲惡者，心之大端也。人藏其心，不可測度也；美惡皆在其心，不見其色也，欲一以窮之，舍禮何以哉？」美惡可由心所隱藏，而不形於色。《禮記・祭義》：「結諸心，形諸色。」亦以「心」「色」並舉。在「唯心弗知而色為知之者」句中，孔子強調心的重要性，但在《論語》一書中「心」的地位並不顯著。心的重要性在孔門後學尤其是思孟學派手中得到進一步的發揮。

子居（1001）：據《說文・屵部》：「岸，水厓而高者。」因此普通的小水溝是談不上有「岸」的，在普通的小水溝跌倒自己爬起來就可以了，顯然也談不到「援」，那麼「溝岸」就只能是指深溝的岸，由此帶來的問題在於，如果在深溝的崖岸跌倒，是有可能掉入深溝摔死的，這種情況下，但凡有人性則伸手相助就是天經地義的事情，怎麼會還去苛責跌倒的人是不是「心弗知而色為知」才跌倒的，甚至因此心安理得地彰顯自己「吾所不果援」呢？……「鉤」可讀為「周」，「岸」為疑母元部字，「產」為山母元部字，「還」為匣母元部字，「旋」為邪母元部字，故「鉤產」或「鉤岸」可讀為「周還」或「周旋」，是行禮時的行為舉措，……「顛於周還」可以指行禮過程中因在機械的禮儀動作中失去平衡而跌倒……「不果援」是因為其認為跌倒的人之所以跌倒，是其只在外表上知禮而心中不知禮。

波按：此條簡文各家爭論的焦點在「鉤產」二字，尤其是被整理者隸定為「產」的那個字，此字原簡作 ，從字形看，各家認為其下從「土」而非「生」，當隸定為「產」字，是正確的。最先將此字隸定為「產」而讀此二字為「溝岸」者，是侯乃峰先生。侯乃峰先生這一隸定基本得到公認，只是釋義還存在一些爭議，比如網友「心包」先生就認為侯乃峰先生將「岸」理解為懸崖邊不妥，應該把「溝岸」理解為偏正結構，即溝渠邊緣的陡坡；史傑鵬先生也有這樣的看法。王寧先生讚同侯乃峰先生「岸」訓懸崖邊卻不讚同「鉤」讀為「溝」，認為「溝」當訓「曲」，指彎曲的懸崖。還有其他一些學者發表了自己的意見。對於這個問題，我們認為，侯乃峰先生讀為「溝岸」大概是問題不大的，認為「岸」指懸崖邊，確如網友「心包」所言，不太符合常理，人若掉落懸崖，大概率是想救援也救援不了的，而不是救不救的問題了。因此，網友「心包」和史傑鵬先生認為「溝岸」是偏正結構，指溝渠邊緣的陡坡或溝渠高處的岸邊，相對各家來說比較合理。不過，這種偏正結構也存在一個問題，即古籍中沒有「溝岸」這種偏正結構的用法，古籍中「岸」

字用作岸邊之義，一般與之搭配的詞是「河」或「水」，而不是「溝」。古籍中習用「河岸」、「水岸」，「溝岸」若作偏正結構，不符合古人的用字習慣。「溝」在古籍中一般是指很小的水渠，這點子居先生也已經指出來了。《說文·水部》「溝，水瀆，廣四尺，深四尺。從水冓聲。」由此可見，「溝」這種很小的水瀆，是用不著用「岸」這種詞語來修飾的。基於此，我們認為，「溝」和「岸」在此還是應該遵從侯乃峰先生的意見，看作並列結構；不過應該理解為「溝渠」和「河岸」。無論是「溝渠」還是「河岸」，都是日常可見的，孔子以此來作假設，合情合理，而且「溝渠」、「河岸」這樣的相關搭配，古籍中常見。「顛於溝岸」，意即跌落在溝渠或河岸。跌落在河岸，意思也就是從河岸跌入河水中，不是跌倒在岸邊。「唯心弗知而色為知之者」，當從侯乃峰先生理解。

　　句意謂如果有人跌入溝渠或落下河岸，而我最終不能成功地救助他，那原因就在於此人原本內心不明白，而表面上卻裝作自己已經明白的緣故吧？

（24）中（仲）尼曰：「炙（務）言而遀（惰）行，唯（雖）言不聖（聽）；炙（務）彳（行）癹（伐）工（功），唯（雖）裴（勞）不昏（聞）。」

　　整理者：此條簡文與《墨子·脩身》「務言而緩行，雖辯必不聽；多力而伐功，雖勞必不圖」句意相似。簡文「遀」是「隨」字異體，讀為「惰」。「惰行」與「緩行」義近。墨子早年「學儒者之業，受孔子之術」（見《淮南子·要略》）。《脩身》這段文字，大概襲用此條簡文。

　　王寧（63樓）：「伐」《小爾雅·廣詁》訓「美也」，《論語·雍也》：「孟之反不伐」朱熹《集注》：「伐，誇功也。」古人把自我誇獎炫耀能力或功績稱為「伐」。「昏」疑當讀「問」，古書「勞問」一詞習見，「問」是慰問（問詢並贈送財物以示獎勵）之意。此句是說：致力於行動而又喜歡自我誇耀功績的人，他雖然辛勞也不予慰問。整理者指出《墨子·脩身》末句作「雖勞必不圖」，「圖」在文中義不可通，據簡文當是「問」字之形訛。又：根據上文「務言而惰行」的文例，疑此首句「行」後寫脫「而」字。

　　激流震川 2.0（69樓）：兩相比較，「雖」字後的內容應該都是對言行的某種形容，《墨子》的「務言而緩行，雖辯必不聽」，「辯」是形容「言」的，即動聽之意。此句指光顧著說而不去行，即便說得再動聽也不會被接受。這樣看來，安大簡的「雖言不聽」的「言」字或許有可能是「善」字的訛誤，原文當作「務言而惰行，雖善不聽；務行伐功，雖勞不聞。」

劉信芳（0912）：惰行：《脩身》作「緩行」。雖言：《脩身》作「雖辯」。務行：《脩身》作「多力」。不聞：《脩身》作「不圖」。伐：《左傳》莊公二十八年「且旌君伐」，注：「伐，功也。」老子《道德經》：「不自伐，故有功。」……墨子引孔子語，說自己的話。諸子行文，例多如此。

子居（1001）：《仲尼曰》與《墨子·脩身》這段文字的相似，更可能是因為二者時間和地域上的相近關係，或二者皆記錄了當時社會上流行之說。並且，由這段話的內容來看，其更符合墨家宗旨而與儒家不合的情況是非常明顯的。

波按：這條簡文沒有疑難字詞，文意也比較清晰，各家爭論不多。唯此條簡文又見於傳世文獻《墨子·脩身》而不見於傳世儒家類文獻，這種現象值得注意。由於《墨子》本身並非儒家類文獻，兩家思想也多所不同，因而《墨子·脩身》此句話是否出自孔子或者二者具有相同的更早的來源，還未可知；當然，即使出自孔子，到了墨家後學那裡，恐怕也不會沒有變化，網友「激流震川2.0」先生認為「言」為「善」之誤，恐怕證據不足。

我們認為，「務」訓「專力」，《論語·學而》「君子務本」，朱熹注「務，專力」，通俗一點講，大概相當於今天的「追求」、「致力於」。「言」指花言巧語、說話好聽。「惰行」，即行動跟不上。「伐」，從王寧觀點，訓為「誇」，即自我炫耀、自我誇功。「勞」，指辛勞、辛苦。句意謂把心思花在如何花言巧語上卻不去行動，即使說得再好聽也不會被接受；把心思放在如何誇大自己的功勞上，即使再勞苦也不會被知道。

（25）中（仲）尼曰：「敓（悅）不敓（悅）亙=（恆，恆）炙（侮）。」

整理者：此條簡文在傳世文獻裡尚未找到相應的文字。「敓」，強取，奪取，後世通常作「奪」。「亙=」讀為「恆恆」，常常。《清華三·芮良夫》簡五有「尚亙=（恆恆）敬絑（哉）」之語，以「亙=」為「恆恆」。「炙人」，疑讀為「侮人」，欺侮人。《孟子·離婁上》：「孟子曰：『恭者不侮人，儉者不奪人。侮奪人之君，惟恐不順焉，惡得為恭儉？恭儉豈可以聲音笑貌為哉！』」此條簡文大概是說：因人有所奪，有所不奪，常常會欺侮別人。簡文「炙」下有墨鉤，疑為誤置，應置於「人」下。

楊蒙生（0819）：第二個「敓」疑讀為「對」，訓為答對。《晏子春秋·內篇·問（上五）》：「敓曰：『請卑辭重幣以說於諸侯。』」吳則虞集釋引洪頤煊曰：「敓，叚（假）借作『對』字。」簡文「奪不對，恆恆侮人」可能是說：侵奪不搭理自己的人的那種人，他必定常常欺侮別人。

心包（22樓）：簡13整理報告（44頁）給出的釋文為「敓不敓，恆=（恆恆）灸（侮）∟人」，並解釋說「簡文灸下有墨鉤，疑為誤置，應置於人下」（51頁）。按，從語感上來說，若讀為「敓不敓，恆（或極）侮人」要比整理報告給出的合理一些。若此，該篇底本可能是「敓不敓，恆灸=∟」。灸下面的合文符號，被誤置於「恆（或極）」上，抄手不識底本「灸（侮）」「人」的合文之義，人為的添加了一個「人」。

王寧（50樓）：「互」下的重文符號本來應該點在「灸」下的，「灸」下的「∟」形符號應該本作重文符號「=」，也應該讀為「侮人」。抄手發現寫錯了，所以又在下面補寫了個「人」，整理者已經指出了。正確的文字應該是：仲尼曰：敓（說）不敓（說），恆侮人。……說的是該高興的不高興，也是一種侮辱人的態度。

劉信芳（0912）：敓：二例，整理者讀為「奪」。茲改讀為「說」。《說文》「說，說釋也。從言，兌聲。一曰談說」，段注：「說釋即悅懌。」《詩·衛風·氓》「士之耽兮，猶可說也。女之耽兮，不可說也」，孔穎達疏：「女與士耽過度則淫而傷禮義。然耽雖士女所同，而女思於男，故言士之耽兮尚可解說，女之耽兮則不可解說。已時為夫所寵，不聽其言，今見棄，背乃思而自悔。」互：原簡「互」下有重文號，應屬誤衍。互讀為「恆」，久也。灸：整理者讀為「侮」。茲改讀為「悔」，恨也。如《氓》「老使我怨」之怨恨也。原簡「灸」下有勾號。勾號下有「人」形，「人」形筆畫加點，古人書寫或以點滅字，抄錄者既已刪除，茲不錄入釋文。參簡8「恆（悔）」。

枕松（74樓）：灸或可讀為「瞀」或「愁」，愚昧不明之意。

子居（1001）：當讀為「仲尼曰：『說不說恆，恆侮。』」恆訓為常，《說文·二部》：「恆，常也。」故「說不說恆」猶言「樂不樂常」。「恆侮」在前文「仲尼曰：喜怒不時，恆侮。」條整理者注已指出即「常常受到輕視。」「灸」下的「人」形蓋為「入」字之訛，當與下段連讀為「入仲尼之崇訴」，「入」訓為納。

賈連翔（1120）：我們認為，本篇結尾部分「正文」與「附記」的劃定，應嚴格以原簡的截止符為界。如此，則先要解決最末一條語錄的釋讀問題。今試讀作：中（仲）尼曰：「敓（奪）不敓（奪）互=（恆，恆）灸（務）。」「敓」讀為「奪」（或「脫」），訓為失。《孟子·梁惠王上》：「雞豚狗彘之畜無失其時，七十者可以食肉矣。百畝之田勿奪其時，數口之家可以無饑矣。」正是以「奪」

「失」對文。重文「亙=（恆恆）」非疊詞，應中間為斷，前一「恆」用作名詞，指恆心、恆德。後一「恆」訓為常，用為副詞，修飾「爻」。「爻」從矛聲，可讀為「務」，係動詞，致力也。「恆務」一辭曾見於郭店簡《成之聞之》簡24-25：「是以上之亙（恆）爻（務）才（在）信於眾」，舊將「亙」讀為「亟」，恐非是，其文義應與此處相近。另外，本篇簡8有「惪（喜）蒸（怒）不寺（時），亙（恆）爻（侮）」句，整理者已指出此「亙（恆）爻（侮）」與郭店簡讀法不同。這樣，最末一條語錄意謂：「無論失去什麼都不能失去恆心（德），這是要始終堅持的。」

波按：這條簡文文意較難理解，主要是學者們對「亙=爻人」是否有訛誤存在不同的看法。各家一般認為「亙=爻人」當作「亙爻=」，讀為「恆侮人」，整句作：奪不奪，恆侮人。我們認為，如果簡文確實有誤，則各家這種理解還是十分有道理的。只是各家認為簡文有誤的證據不夠充分，不能使我們信服。相比之下，我們認為子居和賈連翔的句讀最有道理。子居先生解讀此篇簡文常常不能達其意，然對此條簡文的解讀卻值得借鑒，我們認為其對此條簡文的解讀大體可從。「悅不悅恆，恆侮」，即喜悅卻不能喜悅得恆久，就會常受到輕侮。我們認同這種讀法，還有兩點理由：一是《論語·述而》有「子於是日哭，則不歌」一句，可見孔子強調一個人情緒的穩定性；二是結合簡8「喜怒不時，恆侮」，孔子認為人不能喜怒無常，否則就會常受輕侮，簡文兩處表達的意思應該一致。尤其是簡8與簡13的這種文意上以及具體辭例上的對應關係，使我們認為此兩處的文意存在密切的關係。

(26) 人（仁），中（仲）尼之耑（端）誈（語）也。

整理者：此條簡文是對以上全篇簡文的總的說明。「中尼之耑誈」，是說以上簡文所記孔子的話為仲尼之「耑誈」。「誈」讀為「語」似無問題。上古音「誈」字所從聲旁「午」屬疑母鐸部，「語」屬疑母魚部，二字的聲母相同，韻部陰入對轉，故可通用。但「耑」的意思頗難論定，大概有三種可能。第一種認為「耑」讀如字。「耑」，古「端」字，「端」常訓為「正」（參《故訓匯纂》第一六六一頁），「耑（端）語」即「正語」。《隋書·經籍志》經部《論語》類著錄梁武帝撰《孔子正言》二十卷（《管子》有逸篇《正言》）。「仲尼之耑（端）語」猶此「孔子正言」，是孔子所說合於正道的話的意思。《隋書·經籍志》經部《論語》類小序說：「《論語》者，孔子弟子所錄。孔子既敘六經，講於洙、泗之上，門徒三千，達者七十。其與夫子應答，及私相講肄，

言合於道，或書之於紳，或事之無厭。仲尼既沒，遂緝而論之，謂之《論語》。」其所謂孔子之「言合於道」，可以參看。第二種認為「耑」讀為「論」，「耑諩」即「論語」（顧王樂）。上古音「耑」屬端母元部，「論」屬來母文部，二字的聲母都是舌音，韻部關係密切。簡文所記仲尼之語主要出自《論語》。據學者考證，《論語》是孔子門人纂集孔子生前言論成書，並加以命名的。因此，簡文仲尼之言有可能出自《論語》。第三種認為「耑」讀為「短」，「耑諩」即「短語」（黃德寬）。「耑」「短」音近古通。本輯所收《曹沫之陣》簡一七有「句（苟）見耑兵」之語，「耑兵」即「短兵」。傳本《管子》一書把八十六篇（包括亡篇）分屬「經言」「外言」「內言」等八目，其中「短語」一目所屬有《地圖》《參患》至《正》《九變》等十八篇，可以參考。以上三種說法，到底哪種符合簡文原意，尚待討論。

王寧（4樓）：「諩」字也見於清華簡《保訓》，用為「逆」，這裡讀為「語」亦可，「語」、「逆」同疑紐雙聲、魚鐸對轉疊韻，中古音裡也都是開口呼三等字，讀音相近。「耑」也許當即《荀子·勸學》「端而言」之「端」，楊注：「端，讀為喘。喘，微言也。」《臣道》作「喘而言」，楊注：「喘，微言也。」「端（喘）語」即「微言」之意。《漢書·藝文志》：「昔仲尼沒而微言絕，七十子喪而大義乖。」

侯乃峰（0818）：據原簡字形，我們懷疑所謂的「諩」字當釋為「訐」，讀為「諫」，指具有規諫性質的言語。《廣雅·釋詁》：「諫，正也。」王念孫疏證：「《周官·司諫》注云：『諫，猶正也，以道正人行。』」「耑訐」讀為「短諫」，意即簡短的規諫之語。《仲尼曰》篇中包含的這些材料，大概就是後來《論語》的成書基礎。今傳本《論語》幾乎沒有很長的章節，多是孔子的隻言片語，但所選章節大都屬於孔子的嘉言雋語，正符合「短」「諫」二字之義。

楊蒙生（0819）：A、中（仲）尼之耑諩（語）也。B、僕（僕）快（惠）周恆（極）。簡本此處宜分為兩部分：A和B，二者的書寫明顯有時間先後。從筆跡看，書手可能也是本書的擁有者。簡文的 ![字], 不一定是「諩」，未必可以讀為出土文獻常見的「語」字；「僕」字則宜嚴格隸定作「僕」。

激流震川2.0（15樓）：《仲尼曰》最後一句從言從屰的那個字，又見於清華簡《保訓》簡6。《保訓》的辭例是「咸順不逆」，順、逆對舉，非常順適。相比較而言，把從言從屰的字按照已有的楚簡用字讀為「逆」可能是更直接的辦法。

小松（19 樓）：整理者隸定為從言從弄的字，讀為「語」目前來看幾乎沒有積極的通假例證，用字習慣也不合適；而往「逆」方面考慮也感覺似乎沒有出路。右旁除「弄」之外，還有可能是「弋」。它與《上博一·緇衣》簡 2 的「弋」完全一樣。也許此字從言從弋，讀為「識」，這句話即：「仲尼之耑（短），識也。」大概是批評孔子的「識」。也可能是「仲尼之耑（短）識也」，用來批評前面孔子說的內容。

潘燈（36 樓）：最後一句「中尼之耑訝也，僕快周恒」。暫未看到原簡字樣，單從整理者隸定字形和大家的討論情況來看，我們認為「耑訝」或當讀「顓頊」。上博簡《武王踐阼》簡 1 中的「耑琂」即讀「顓頊」。古音中，琂，疑紐元部；頊，曉紐屋部；訝音弄，疑紐鐸部，聲紐曉疑旁紐，韻部鐸屋旁轉，故在音讀上，訝通「頊」是沒問題的。在典籍中，「之」有「若」義，「中尼之耑訝也」蓋言仲尼如顓頊。後文中的「僕快周恒」，當是針對某種品質和德行而言。我們贊同李家浩先生的觀點，把「僕快周恒」讀為「樸慧周極」，意謂樸實聰慧到極至。（參 2022 年第 3 期《文物》第 77 頁）《史記·五帝本紀》記載顓頊「靜淵以有謀，疏通而知事」，仲尼大智大謀，正與此相合。

王寧（64 樓）：「訝」字整理者讀「語」，筆者曩亦從之，現在看來是不對的。此字亦見於清華簡一《保訓》簡 6：「咸順不訝」，清華簡整理者讀「逆」確鑿無可易；又見上博簡八《志書乃言》簡 3「讒逆以隋惡」的「逆」也是如此寫法，可見此字當是古書常見的「讒逆」、「逆言」之「逆」的專字，那麼這裡也當用為「逆」。此句疑當讀為「仲尼之譄逆也」，《說文》：「譄，數也。一曰相讓也。從言耑聲。讀若專。」段注：「謂數責也」、「相責讓。二義亦略同耳。」這句實際上本不是簡文的正文，而是纂集者或抄手在「仲尼曰：敓（說→悅）不敓（說→悅），恆侮人」條下加的一句說明性質的話，意思是這是仲尼責備「逆」的言辭，所謂「逆」應該是指悖逆於道德禮儀的不好行為，就像「說不說，恆侮人」這種行為就是。全篇其他地方再沒有類似的話了，可見此為綴語而非正文。所以，將「逆」字讀為「語」並將「耑逆」釋為「論語」、「端（正）語」、「微言」之類恐怕都是不可信的。

枕松（73 樓）：我們通過分析發現，這 25 條言論均是通過肯定一方面、否定另一方面，這種兩方面對舉的方式來說理。……准此，那麼這 25 條言論的共同點就是正反兩方面轉相對舉，所以簡 13 末尾那句「總的說明」，應該體現這一共同點。愚意以為，耑，或可讀為「轉」，訝從整理者之說，讀為

「語」。轉語，意謂轉變語詞，根據簡文內容，指轉變正反兩方面的語詞；僕快周恆，從李家浩先生意見，讀為「樸慧周極」。樸慧即整理者所說「樸實智慧」。……周可解為「周密」，周極，即「周密之極」。按我們的理解破讀之後，簡 13 末尾這句話作：仲尼之轉語也，樸慧周極。這句話是一個「主之謂」結構作主語的主謂句。可以翻譯成：仲尼通過轉變（正反兩方面）語詞的方式來說理，可謂樸實智慧，周密之極。耑可讀為「轉」，《說文》：耑，數也。一曰相讓也。從言耑聲。讀若專。（此條證據受 64 樓王寧先生發言啟發）。訴可讀為「語」，古地名「曲逆」，又作「曲吾」。

劉信芳（0912）：耑：同「端」。《說文》「耑，物初生之題也」，段注：「古發端字作此，今則端行而耑廢。」《左傳》文公元年：「履端於始，序則不愆。」訴：同「愬」，愬乃「訴」之正篆。《說文》「訴，告也。從言庶聲。《論語》曰：『訴子路於季孫。』謝，愬或從言朔。愬，愬或從朔心」，段注：「凡從庶之字隸變為斥，俗又譌斥。」耑訴者，發端之告也。言「訴」而不標榜為「告」，別嫌於官學君王之「告」、「誥」也。本篇簡文所錄皆「仲尼曰」，其表達主體「意內而言外也，有是意而有是言」，特點是學人思想自覺之「訴」，有別於述而不作之「述」；從內容看，簡文皆孔子立言，孔子發端，孔子首創，今人所謂「創新」是也；就全篇結構而言，「仲尼之耑訴」乃簡文自有篇題。

子居（1001）：耑訴……可以理解為「小語」。

洪波（1015）：考《仲尼曰》所抄錄之孔子言論 24 則，皆為孔子對人或事的按斷之言，不由使人聯想到《左傳》《國語》中的「孔子曰」「君子曰」。……這種評價與闡發之言在《左傳》《國語》之前即有「專名」，即《周易》之「象曰」，……《左傳》《國語》引用孔子、賢君子對歷史人物或事件的評價言論，未用「象曰」，而直言「孔子曰」或「君子曰」，乃史家彰明言論之所自，不敢掠美耳。《簡二》所抄孔子言論，與《周易》之「象曰」及《左傳》《國語》之「孔子曰」「君子曰」屬同一類型，皆為按斷之言。由此看來，《簡二》之「耑語」，應讀「耑」為「象」，義為「斷定」，「耑語」即「按斷之語」「斷定之語」。因其為「斷定之語」，抄錄者或者某位楚國讀者閱讀之後，又予以評價，加上「樸慧周極」這樣的按斷。如此釋讀，怡然理順，且於史有徵。

陳世慶（1119）：「中尼之耑訴也」書手與《仲尼曰》正文的抄寫者不是同一個人，它是《仲尼曰》的批閱人對《仲尼曰》這篇文獻的命名。

　　賈連翔（1120）：整理者以「中尼之耑諮也」單獨為句的劃分，使得這一判斷句喪失了主格結構，進而導致「耑諮」二字的釋讀方向發散，討論熱烈。現已有「耑（短）諮（語）」「耑（論）諮（語）」「耑（端）諮（語）」「耑（端）諮（逆）」「耑（短）訐（諫）」「耑（轉）諮（語）」等讀法。承上所論，末條語錄在「諮」字絕句文義可通，篇末的截止符並無以「誤置」加以理解的絕對必要……今將這組文字改讀為：人（仁），中（仲）尼之耑（端）諮（語）也。

　　波按：「䛐」字單從字形來看，各家認為此字又見於清華簡一《保訓》簡6、上博簡八《志書乃言》簡3，似乎不確。我們細審二處簡文，清華簡此字作「䛐」、上博簡作「䛐」，與此處的「䛐」區別較為明顯。此處「䛐」字字形右側豎筆不出頭，清華簡、上博簡兩處字形右側豎筆出頭。不過，上博簡八《顏淵問於孔子》簡13「㫄」字作「㫄」，與「䛐」字右側寫法很相近，可見整理者將這個字隸定為「諮」還是有一定道理的。

　　「耑諮」一詞，諸家有不同的理解，整理者一家就給出了三種可能性的解讀。而各家觀點更是很多，這點賈連翔先生已經羅列了。各家之所以觀點不一，解讀紛歧，正如賈連翔先生所言，各家立論的基礎是「人」字屬上，僅就「仲尼之耑諮」進行討論，結論自然不可信。賈連翔先生的說法雖然未必是定論，但相比各家說法，更有道理一些，我們暫從。並且，「人」字屬下，也確實沒有更好的解讀思路。根據簡文的客觀現象分析，「人」字確屬下。

（27）僕（樸）快（慧）周恆（極）

　　整理者：「僕快周恆」，此句是承「中（仲）尼之耑諮（語）也」而言，當是對「仲尼之耑語」的評價或讚美，疑讀為「樸慧周極」（李家浩）。簡文「僕」字形體乃首見，從二「臣」。「僕」與「樸」皆從「美」聲，「快」與「慧」、「恆」與「極」古音相近，故可通用（參《古字通假會典》第三六五頁「僕與樸」、第五〇四頁「慧與快」條；白於藍《簡帛古書通假字大系》第六六五頁「僕與樸」、第七九五頁「快與慧」、第九四九頁「恆與極」條，福建人民出版社二〇一七年）。「樸」，《文選·張衡〈東京賦〉》「遵節儉尚素樸」，薛綜注：「樸，質也。」「慧」，《大戴禮記·五帝德》「幼而惠齊」，《史記·五帝本紀》作「幼而徇齊」，索引云：「《孔子家語》及《大戴禮》並作『叡齊』，一本作『慧齊』。叡、慧皆智也。」「周」，《左傳·昭公十三年》「棄疾使周走而呼曰」，杜預注：「周，徧也。」「極」，《詩·鄘風·載馳》「控於大邦，誰因誰極」，毛傳：「極，至也。」「樸慧周極」的意思是說：孔子的「耑語」樸實智慧，無處不達到最

高境界。或說這四字書於簡尾，字間密度較大，書寫較為草率，墨迹顏色較淺，與簡文正文明顯有別，頗疑為書手抄寫時對本篇所加的評語（黃德寬）。

好好學習（3 樓）：「僕快周恆」之「僕快」，徐先生引李家浩先生之說疑讀「樸慧」。按上博六《孔子見季桓子》簡 22 有「斯不辻」之語，「辻」字以往有多種理解，李春桃師在一篇未刊稿中曾言及此，認為舊說當中釋「辻」讀「敏」說較優。此處「僕」讀「敏」亦可讀為「敏」，且「敏慧」一詞見於典籍。

王寧（5 樓）：「僕快周恆」，「快」同「駃」，是疾速義，「僕快」當即古語之「僕遫」，是短小之貌（說詳見王引之《經義述聞》卷二十八《爾雅下》「椒樸心」條）。「周恆」讀「周極」疑是，是周備、詳盡之意。「仲尼之端語，僕快周極」，意思是仲尼的微言，語言簡短卻道理周備詳盡，此正《論語》之特色也。

侯乃峰（0818）：據首字字形從「臣」，為臣僕之專字，且四字與簡文正文的文字明顯有別，我們懷疑，此四字並非本篇簡文的正文內容，也不是對本篇所加的評語，而當是抄寫者之具名。「僕」當是此人之身份，或「僕快」是此人之身份，「周恆」為其人之名氏。

小松（19 樓）：最後四個字，仔細觀察「快」和「恆」的「心」形，和之前的「心」都不一樣，應當是不同書手所寫，很可能跟前面內容不連讀。

潘燈（38 樓）：「中尼之耑詍也，僕快周恒」，應是對仲尼的思想或言行的一種總体概括，故放在簡末。

王寧（52 樓）：從簡文的墨跡看，這四個字比前面文字的都要淡，說明這四個字與前面的文字非同時所書，而是後來補寫的，確有可能與正文內容無關，那麼就不好將「中尼之耑語也」與之連讀。「中尼之耑語也」疑是記本篇之篇題，即該篇應該叫《中尼之耑語》，此記錄篇題的方式類似清華簡一的《周武王有疾周公所自以代王之志》（《金縢》）。「僕快周恆」四字更是後加的閒話，不僅非正文，也與「仲尼之譎逆也」不連屬，不能結合理解。

劉信芳（0912）：整理者讀僕為「樸」，讀快為「慧」，讀恆為「極」，「恆」下點句號。按：原簡「僕快周恆」與正文有一字間隔，墨色亦與正文不同，不是一次書寫。推測竹簡抄錄者書完正文後，重讀一過，然後簽署「僕快周恆」四字。整理者解為評價語，從格式看可能性不大。竊疑為人名，僕乃謙稱，快姓，名周恆。

子居（1001）：「周恆」當是周氏，名恆，《仲尼之耑語》的進獻者。「快」字疑讀為同是見母月部的「介」字，訓為甲士，《孔子家語・曲禮子貢問》：「晉將伐宋，使人覘之，觀也宋陽門之介夫死。」王肅注：「介夫，被甲禦門者。」《漢書・張安世傳》：「天子贈印綬，送以輕車介士，諡曰敬侯。」顏師古注：「介士，謂甲士也。」「僕介」蓋是指為僕衛的甲士，為「周恆」之職。

枕松（78樓）：清華五《湯處於湯丘》講到有莘之女食用了小臣所烹之食以後的身心變化，其中有「惜快以恆」（簡2）之語，似可與《仲尼曰》末尾之「僕快周恆」合觀。

陳世慶（1119）：暫從李家浩先生之說。……《仲尼曰》簡13背面的「僕快周恆」與《仲尼曰》正文不是一個人寫的。

波按：此四字的解讀和性質問題，各家也是觀點各不相同，但都沒有充分的證據取得共識。我們拿不出更多證據來理解這幾句哪家說法更可信，暫從整理者說。

由於此句及上句「仁，仲尼之耑語也」，並非簡文正文內容，即並非孔子語錄，其性質各家意見也暫未達成一致。我們今譯部分暫時不考慮翻譯此二句。

（28）人人人人人

整理者：此五個「人」，當是抄寫者練習寫字而寫的，與正文沒有聯繫。

子居（1001）：由簡七背面照片可見，在第二個「人」形與第三個「人」形之間有一個短橫，因此整理者所說五個「人」形實際上當是「人人一人人人」，而《周易》的豫卦為坤下震上，正對應於此，故整理者所謂「五個『人』」實際上是五個陰爻，短橫則是陽爻，「人人一人人人」形當原即豫卦，因此簡八背面才書「餘」，抄錄的人誤將陰爻的「八」形訛為「人」形，才有現在所見簡七背面的情況。

賈連翔（1120）：連寫的五個「人」，依據我們所分析的書手本人的用字習慣，也疑讀為「仁」。

波按：此處及以下幾個注釋，均是簡背內容，其具體含義和作用暫未可知。各家也只是根據有些線索在做合理猜測。

（29）餘（豫）

整理者：「餘」，古文「豫」，見於本輯所收《曹沫之陣》簡二七等。

陳世慶（1119）：子居先生認為，安大簡《仲尼曰》簡8背面的「豫」、簡7背面的5個「人」，原意應當為「豫卦」，原因有二：其一是，簡7背面的5

個「人」形實際上當是「人人一人人人」，在第二個「人」形與第三個「人」形之間有一個短橫，這一短橫「是陽爻」；其二是「抄錄的人誤將陰爻的『八』形訛為『人』形」。筆者放大圖片發現子居先生所認為的「一個短橫」實際上與契口契繩有關，而子居先生所認為5個「人」皆是「八」字的訛寫的可能性非常小。筆者研究認為，此處之「豫」「人」可以釋義為「善豫之人」。

賈連翔（1120）：「豫」，以單字形式出現，又與正文內容難以關聯，是習字的可能性極低。更為關鍵的是，其所處的簡8是續簡的起始，且該字的書寫方向與前七簡的序號相同。我們認為，此字應與次序編號的功能相類。「豫」屬喻母魚部字，可讀為同聲之「餘」，二者通用的典型例證可舉今本《周易》的《豫》，馬王堆帛書本皆作「餘」。「豫（餘）」義為其餘、剩餘，在此是說明性文字，表示自此簡以後為增益的竹簡，或增益的正文。

（30）寡=（寡人）耺〈聏（聞）〉聏（聞）聏（聞）命大。聏（聞）命大矣，
未敢陞之，聏（聞）玉帛。

整理者：簡十二背共十八字。「寡=（寡人）耺〈聏（聞）〉聏（聞）聏（聞）命大」與「聏（聞）命大矣，未敢陞之，聏（聞）玉帛」抄寫方向相反。「寡=」，「寡人」合文。「寡人」後「聞」字，寫作「耺」，乃「聏（聞）」之訛。「聞命」，見《左傳·昭公十三年》：「寡君聞命矣。」「玉帛」，見《周禮·春官·肆師》：「立大祀用玉帛牲牷。」《左傳·哀公七年》：「禹合諸侯於塗山，執玉帛者萬國。」

子居（1001）：聞」字本就有異體「聏」見於《龍龕手鏡·耳部》，左右互易書為「耺」自然也並不是訛書，抄者連書三個「聞」字，三個字寫法都不同，因此可推測蓋是在練筆，而以其較常會寫的「寡人」、「聞命」、「大矣」、「未敢」、「玉帛」、「登之」等詞在簡背練習，則由此可推測，此書寫者蓋是供職於王侯之家或自己的身份就是王侯。兩段文字會「抄寫方向相反」，則說明對於書寫這兩段文字的人而言，簡正面的內容並不重要，所以才可以隨手拿來反書或正書在簡背練筆。簡十三的「二」字，仔細觀察照片，似是「十三」二字的磨損殘存筆劃，並不是「二」字。原書未附簡十、簡十一的簡背照片，不知何故。

陳世慶（1119）：整理小組所釋的「寡人聞聞」「未敢陞之」應釋讀為「寡人昏昏」「未敢降之」。這些文字可以釋讀為：「寡人昏昏，聞命大。聞命大矣，未敢降之，聞玉帛」。儘管這些文字「與正文內容無關」，不是「抄寫者練習寫的字」，但它們對於《仲尼曰》的認知具有非常重要的意義。

賈連翔（1120）：皆與《仲尼曰》正文無關，兩段文字書寫方向相反，且文義重複不暢，視為「習字」是合理的。按照前文的分析，這組習字所處的簡12，是初次續補竹簡的尾簡，其正面文字書寫的行款，也明顯比其他諸簡更加緊密，想必是書手原欲在此簡上完成全文所致。將二者結合判斷，簡8-12應是將原計劃用於抄寫其他篇目的竹簡挪回使用的，其上的「習字」應與原計劃抄寫的篇目內容相關，這組文字書寫的時間或許更早。

波按：以上三處簡背文字，由於這個問題比較複雜，學者討論的不多，除整理者和子居外，目前僅見陳世慶和賈連翔兩位先生討論，均是在安徽大學舉辦的戰國文字研究青年學術論壇學術會議上宣讀了文章並錄入會議論文集。兩位學者均對這一問題進行了深入的研究，其觀點豐富，不止我們上述所列舉。但其觀點是否可信，恐怕還需要將來更多材料的支撐，目前也僅是一種猜測而已。關於這個問題，我們目前也提不出更好地能夠較為有力的觀點，暫闕疑。

今　譯

仲尼說：「花開得繁盛果實就會厚多，這是自然的規律；話說得多行動就跟不上，這是人性的特點。」

仲尼說：「現在的人不相信他們所認為的高貴的，卻相信他們所認為的低賤的，《詩經》中有這麼一句話：『他們有求於我的時候，就好像不能得到我一樣；一旦他們牢牢地把握住了我，就又不能合理地安排我。』」

仲尼說：「君子沉溺於所說，小人沉溺於水中。」

仲尼說：「離開了仁道，哪裡還能得到名聲呢？造次、顛沛也必定在仁道。」

仲尼說：「正直啊，史魚！國家政治清明的時候，您就像弓箭一樣挺直；國家昏暗的時候，您依然如弓箭那般挺直。」

仲尼說：「堯和禹都閉口不言，卻能夠治理天下，還從沒聽說過話多的人是仁者啊。」

仲尼說：「君子所慎重的，一定在於別人所聽不到和看不見的地方。」

仲尼說：「君子選擇人才的時候用力煩勞，但他們使用人才的時候卻能省力安逸；小人選擇人才的時候省力安逸，但他們使用人才的時候卻更加煩勞。」

仲尼曰：「顏回，你很幸運啊，你有了過錯，別人不會幫你隱瞞，你就能自己改正過來；端木賜啊，你就不幸了，你有了過錯，別人也不會痛恨你。」

　　仲尼說：「弟子們，（你們獨處的時候）要像外出一樣，有十雙手指著你們，有十雙眼睛盯著你們，你們還敢做不善的事嗎！大概君子在獨處的時候也很謹慎吧。」

　　仲尼說：「別人仁卻不惠愛我，我不會隱藏他的仁；別人不仁卻惠愛我，我也不會隱藏他的不仁。」

　　仲尼說：「晏平仲善於與人交往啊，與人長時間親近卻能長久保持敬重。」

　　仲尼說：「古時候的人學習是為了自己，現在的人學習是為了別人。」

　　仲尼說：「古時候憎惡盜賊卻不殺了他們，現在不憎惡盜賊卻要殺了他們。」

　　仲尼說：「君子看見善人就要加以思考，看見不善的人就要加以警戒。」

　　仲尼說：「喜怒無常，常常使人受到輕侮。」

　　仲尼說：「管仲善於說話嗎？年老口吃。」

　　仲尼說：「使不同變得相同很難，保持不同很容易。」

　　季康子派遣使者向仲尼詢問政事，仲尼回答說：「我從來沒有聽說過政事。」使者退出後，仲尼說：「這個使者看上去像個君子，一說話就是個小人啊。哪有可以派遣使者來問政的呢？」

　　仲尼說：「一竹籃飯、一勺子飲品，別人不能忍受這種憂苦，顏回卻樂享其中，（從這點來說，）我比不過顏回啊。」

　　仲尼說：「見到善行就好像自己不能追及，遇見不善之事又好像自己被禍及。隱伏起來躲避災難，通過安靜地居處來達成自己的志向。伯夷、叔齊死在了首陽山，手和腳都得不到掩蓋，一定說得就是這樣的人了吧。」

　　仲尼說：「小人啊，一天善事都不做，怎麼能夠長壽得了呢？」

　　仲尼說：「如果有人跌入溝渠或落下河岸，而我最終不能成功地救助他，那原因就在於此人原本內心不明白，而表面上卻裝作自己已經明白的緣故吧？」

　　仲尼說：「把心思花在如何花言巧語上卻不去行動，即使說得再好聽也不會被接受；把心思放在如何誇大自己的功勞上，即使再勞苦也不會被知道。」

　　仲尼說：「喜悅卻不能喜悅得恆久，就會常受到輕侮。」

《曹沫之陣》集釋

第一章

摹本及隸定

魯	臧	公	牆	為	大	鐘	型	既	成
矣	敔	歔	內	見	曰	昔	周	室	之
坿	遝	也	東	西	七	百	南	北	五
百	非	山	非	澤	亡	又	不	[1] 〔又〕	
								〔民〕	
含	坿	慝	少	而	鐘	倉	大	君	元
煮	之	也	昔	堯	之	卿	坙	也	飯

於　土　輴　歖　於　土　型　而　亡　又

天　下　此　不　貧　於　敊　【2】　而　賣

於　惪　與　昔　周　室　又　戒　言　曰

牪　尔　正　䝁　不　牪　而　或　興　或

康　吕　兇　保　弖　必　䍃　可　吕　又

絧　邦　周　𦥯　【3】　〔是　䧹〕

釋　文

　　魯臧（莊）公牆（將）為大鐘，型既成矣（1），蔎（曹）敊（沫）內（入）見（2），曰：「昔周室之坢（封）遬（魯）也（3），東西七百，南北五百，非山非澤（4），屵（無）又（有）不【一】〔民〕（5）。含（今）坢（邦）愍（彌）少（小）而鐘倉（愈）大，君亓（其）煮（圖）之也（6）。昔堯之卿（饗）𡐝（舜）也，飯於土輴（7），歖（歠）於土型（鉶）（8），而宀（撫）又（有）天下（9），此不貧於敊〈敊（物）〉【二】而賣（富）於惪（德）與（歟）（10）？昔周室又（有）戒言曰（11）：『牪（凝）尔（爾）正（政）䝁（功）（12），不牪（凝）而或興，或（又）康（蕩）吕（以）兇（凶）（13），保弖（彊）必䍃（勝）（14），可吕（以）又（有）絧（治）邦。』《周𦥯（志）》【三】〔是䧹（存）〕（15）。」

集　釋

（1）魯臧（莊）公牀（將）為大鐘，型既成矣

　　整理者：「臧」，古文「臧」，讀為「莊」。「魯莊公」，名同，魯桓公之子，公元前六九三至六六二年在位，共三十二年。「型」，澆鑄器物用的模子。《說文·土部》：「型，鑄器之法也。」段玉裁注：「以木為之曰模，以竹曰笵，以土曰型。」

　　李零（《集釋》）：「」隸作「臧」，讀「莊」。「型」，鑄鐘的陶範。「」釋「城」讀「成」。

　　陳斯鵬（《集釋》）：「」釋「臧」。

　　高佑仁（《集釋》）：「成」若視作聲化為「壬」聲也無不可。

　　俞紹宏（《集釋》）：所謂「壬」只是「土」形的訛變寫法。這種寫法的「土」也見於楚簡與「壬」聲無涉的其他字形中。

　　波按：為，製作。句意謂魯莊公將要製作大型鐘器，模具已經做成了。

（2）蓜（曹）歕（沫）內（入）見

　　整理者：「蓜歕」，讀為「曹沫」，人名。《史記·刺客列傳》：「曹沫者，魯人也，以勇力事魯莊公。莊公好力。曹沫為魯將，與齊戰，三敗北。魯莊公懼，乃獻遂邑之地以和。猶復以為將。」「曹沫」，傳世文獻或作「曹翽」「曹劌」。本篇「曹」除作「蓜」之外，還作「敊」，「沫」除作「歕」外，還作「蔑」（簡四）、「敫」（簡六、十三、十四、四四）、「褻」（簡九）、「熯」（簡九）。

　　洪波（1005）：曹沫之名在傳世文獻及出土文獻裡有兩系，一系為明母月部字，最早見於上博簡之《曹沫之陳》及安大簡二之《曹沫之陳》，其後《戰國策》及《史記》因之。另一系為喉牙音聲母月部字，最早見於《左傳》，《穀梁傳》《呂氏春秋》因之。此兩系名稱之別，應與方言差異有關。上博簡與安大簡皆為楚地竹書，反映的是戰國時期楚地方言的說法，而《戰國策》《史記》皆為西漢人整理、撰寫，漢興於楚，漢人遵楚音，不足為奇。《左傳》《穀梁傳》之作者皆為魯人，所反映的春秋戰國時期魯地方言的說法。《呂氏春秋》的作者很雜，《貴信》篇的作者或與齊魯方言有關。……曹沫之名，原初應為 *hmaad（s），在不同方言裡其聲母發生了分化，楚地方言保留了鼻音，而齊魯方言則失去鼻音特徵而演化為喉牙音聲母。值得注意的是安大簡曹沫之名有一個寫法是「蔑」頭下從「勿」，「勿」是明母字，而從「勿」得聲之「忽」「惚」「笏」

等皆是曉母字。據此，在戰國早期楚地方言裡，曹沫之名仍讀*hmaad 也未可知。所謂禮失求諸野，楚地方言較齊魯方言，保留更古的讀音，這是非常可能的。孟子曾譏楚人陳良為「南蠻鴃舌之人」，即或與楚人多古音有關。

波按：「曹蔑（沫）」和「曹劌」二者是一人，這是毋庸置疑的，疑點在於二者是何種關係。上述洪波先生從方言的角度來理解，可備一說。

句意謂曹沫進入魯公宮室朝見魯莊公。

（3）昔周室之坅（封）遬（魯）也

整理者：「坅」，與《說文》「封」字籀文「𡊤」同，《上博四·曹沫》簡一假「邦」為「封」。「封」，分封。「遬」，《上博四·曹沫》簡一作「魯」。「遬」當從上博簡讀為「魯」。曾侯乙墓竹簡「魯旊（陽）公」之「魯」作「遬」，與本簡用法相同。

潘燈（6樓）：上四《曹沫之陳》簡1「魯」後為標點折鉤，而安二《曹沫之陳》「旅（魯）」後為語助詞「也」，由此我們猜想，簡文中的標點折鉤，很可能由「也」末筆演化而來，在句末多表停頓。

朱賜麟（《集釋》）：「邦魯」指封建魯邦，「邦」兼名、動詞格。

高佑仁（《集釋》）：「邦」為分封之義，與「封」音義皆近，可能同出一源，古籍中經常混用。

波按：安大簡「封」字，上博簡作「邦」。安大簡整理者認為上博簡「邦」字當是此處「封」字之假，恐怕過於武斷。實際上，正如朱賜麟、高佑仁二位先生所言，上博簡作「邦魯」，把「邦」理解為動詞，即「建邦魯國」、「封邦魯國」，也可以講得通。上博簡「邦」和安大簡「封」未必是通假關係。

此句及下句「東西七百，南北五百」意思是說以前周王室封邦魯國，東西七百里，南北五百里。

（4）非山非澤

整理者：「非山非澤」，讀為「彼山彼澤」（參劉洪濤《讀上博竹書劄記兩則》，《古籍研究》二〇〇七卷上第九十二頁，安徽大學出版社二〇〇七年）。上古音「彼」屬幫母歌部，「非」屬幫母微部，音近可通。侯馬盟書「麻夷非是」之「非」，朱德熙、裘錫圭指出應讀為《公羊傳》「昧雉彼視」之「彼」（參《戰國文字研究（六種）》，《考古學報》一九七二年第一期）。《左傳·昭公二十二年》：「非言也，必不克。」吳昌瑩認為「非」應假借為「彼」（參《經詞衍釋》第一九一頁，中華書局一九五六年）。

洪波（1015）：考傳世文獻，「彼」作為指示代詞很常見，但卻無「彼山彼澤」這種並列結構的用例，因此，將「非山非澤」釋讀為「彼山彼澤」很可疑。傳世文獻中有兩種跟「非山非澤」同類的並列結構，一是「非A非B」式，二是「匪A匪B」式……當AB為名詞時，「非A非B」結構的用例最為常見的是表示「既不是A也不是B」。……該結構的另一種用法是表示「除非A和B」。……該結構的第三種用法是表示「無論是A還是B」的意思。……我們認為劉洪濤所引高佑仁（2005）的說法才是正確的釋讀，高先生將「非山非澤」釋讀為「無論是山還是澤」。如此釋讀，「非山非澤」表達周遍性範圍，正與後文「亡又（有）不民」相契合。「亡又（有）不民」通過雙重否定表達周遍性肯定。

李零（《集釋》）：「非山非澤，亡有不民」指山澤以外的土地都有人居住。

廖明春（《集釋》）：「非」是偏僻之「僻」，隱、閒。簡文是說魯邦全境，即使是偏僻的山澤，無一例外，所居住的都是魯之臣民。

蘇建洲（《集釋》）：「非」似讀「鄙」，郊外。

李銳（《集釋》）：「非」讀為「匪」。

高佑仁（《集釋》）：「非」讀「無」，無論。簡文意指連罕有人跡的蠻荒山澤，都算是魯民。

季旭昇（《集釋》）：「非」讀「靡」。

季旭昇（《讀本》）：無論山野或水澤。

李強（《集釋》）：「非」，違、僻遠。

劉洪濤（《集釋》）：「非」為「彼」的假借字。

陳斯鵬（《集釋》）：「非」讀「彼」。

波按：「非」字上博簡《曹沫之陣》與此同，各家討論比較多。我們認為，高佑仁先生和季旭昇先生理解為「無論」，可從，但「非」與「無」相通假似無必要。洪波先生後來居上，從句式方面解決了這個問題。「非」字理論上是可以讀為「彼」的，但正如洪波先生所說，傳世文獻中「彼山彼澤」這種用法十分罕見。「非」「彼」相通應該是個別偶然現象，不具備普遍規律。當然，我們判定「非」字在此不破讀為「彼」的主要依據，還是根據洪波所列舉的「非A非B」式的句子。既然在傳世古籍中能夠找到且不止一處找到「非A非B」式的句子，表示「無論是A還是B」這種意思，那麼此處的「非山非澤」在此就沒有理由捨近求遠、想方設法去破讀。

「非山非澤」，即無論是山還是澤。

（5）亡（無）又（有）不〔民〕

整理者：「亡又不〔民〕」，《上博四・曹沫》簡二作「亡又不民」。「亡」，「芒」字異體，在此讀為「無」。「民」，原文殘缺，釋文據上博簡補。「彼山彼澤，亡有不民」，謂魯國內的山澤，沒有不臣服的。

周鳳五（《集釋》）：「不民」不辭，「民」應為「毛」之訛，「非山非澤，亡有不毛」乃言始封地之沃。

季旭昇（《集釋》）：「亡有不民」，無有不歸順之民。曹沫意為昔周公封魯之時，東西七百里，南北五百里，山澤之民均歸順。

波按：「不」後一字殘缺，此字上博簡《曹沫之陣》簡2作「　」，周鳳五先生認為此字是「毛」字之訛，不確。「不民」一詞雖未在傳世先秦文獻中出現，但不能據此認為其不辭。傳世先秦文獻常見「不臣」一詞，其構詞方式當與「不民」一致。且從字形來看，此處字形與「毛」形相差較遠，很難讓人相信是形近而訛。

不過，這句話及之前的「非山非澤」連在一起，意思上確實有些繞。如果我們細究一下，整理者翻譯為「魯國內的山澤，沒有不臣服的」，似乎正應了周鳳五不辭之說。「山澤」作為無生命的客觀存在，是沒有「臣服」與「不臣服」的說法的，「臣服」的對象只能是有生命的「人」。季旭昇先生理解為「山澤之民均歸順」，大體得之。

我們認為，「非山非澤，無有不民」，意思大概是說無論是處在山林中的人還是處在水澤旁的人，沒有不是魯國臣民的。

（6）含（今）圶（邦）懇（彌）少（小）而鐘叁（愈）大，君亓（其）恳（圖）之也

整理者：「圶」，《上博四・曹沫》簡二作「邦」，「圶」讀為「邦」。「懇」，從「心」，「爾」聲，上博簡整理者讀為「彌」。《呂氏春秋・審分覽・慎勢》：「王者之封建也，彌近彌大，彌遠彌小，海上有十里之諸侯。以小使大，以重使輕，以眾使寡，此王者之所以家以完也。」《初學記》卷十六、《太平御覽》卷五百七十五引《慎子》佚文：「魯莊公鑄大鐘，曹劌入見，曰：今國褊狹小而鐘大，君何不圖之？」廖明春指出彼佚文與該段簡文相似（參《楚竹書〈曹沫之陣〉與〈慎子〉佚文》，《趙文化論叢》第三九六至三九八頁，河北人民出版社二〇〇六年）。

廖明春（《集釋》）：「其」為副詞，表祈使語氣。

褢健聰（《集釋》）：「愿」受後文「愈」從「心」影響而訛抄從「心」。

高佑仁（《集釋》）：「邦彌小而鐘愈大」，說明莊公絕非第一次鑄鐘，而且越鑄越大。

　　波按：此句簡文字詞、文意相對簡單，除整理者外，各家無說。對應上博簡此句，各家觀點也不多。此句句意謂現在魯國越來越小，鑄造的鐘卻越來越大，您還是好好思考一下這事吧。

（7）昔堯之卿（饗）夋（舜）也，飯於土䡔

　　整理者：「䡔」，《上博四·曹沫》簡二作「䡞」。上博簡整理者讀「䡞」為「簋」。「䡔」，從「車」，「缶」聲。上古音「缶」屬幫母幽部，「留」屬來母幽部，二字聲母關係密切，韻部相同。疑「䡔」亦當讀為「簋」。或說「䡔」讀為「缶」，瓦盆。《爾雅·釋器》：「盎謂之缶。」郭璞注：「盆也。」《經義述聞》：「《墨子·節用篇》『古者堯治天下，飯於土塯，啜於土形（與鉶同）』，《漢書·司馬遷傳》『塯』作『簋』，顏注曰：『簋，所以盛飯。土，謂燒土為之，即瓦器也。』土簋，蓋即缶矣。」（王引之《經義述聞》第四八至四九頁，上海古籍出版社二〇一八年）

　　汗天山（16樓）：䡔，上博簡對應之字作「䡞」。安大簡原整理者也將此字隸定作「䡔」。今按：安大簡原字形左部好像並非「車」旁，且從「車」也無義可說。我們懷疑，此字左邊本是從「土」旁，抄寫者大概受到當時多見的「寶」字形之影響，寫成了「珤」，「玉」旁的寫法與早期古文字形（如甲骨文）差不多，可以參看。後來，輾轉傳抄者誤認偏旁，最終就寫成了上博簡的「車」旁。

　　youren（26樓）：關於簡2的「䡔」，左半寫法雖然與甲骨文的「玉」近似，但楚簡的「玉」有固定寫法，與此不似。細審該書手的「車」旁（參原書頁193），此字確實從「車」。安大簡的䡔與上博簡的䡞只是採用的聲符不同，均應讀作「簋」。

　　小學生（62、63樓）：對於讀作「簋」或是「缶」的問題，筆者以為讀作「簋」方是合理的讀法。由於《安大簡》整理者舉出另一說，認為可以讀作「缶」，訓作「瓦盆」義。不過「缶」、「盆」二字多指「盛水、酒之器皿」……若讀作「缶」，則與「飯」字不合。……從不同楚簡的「玉」「車」二字的寫法可知，「車」字之下方是一筆到底，反倒「玉」字則時（波按：「時」為「是」之訛）

寫到最後一橫筆就收筆。故《安大簡》的「䡯」字之左旁確實從「車」是沒有問題的。

王寧（64樓）：簡2的「䡯」字，整理者指出上博簡本作「輻」，上博簡整理者讀「䉛」是對，但又說「『䉛』同『簋』，是食器」就未必對。……今魯南地區把熟食放在鍋裡用蒸的方式重新加熱稱為「溜」，蓋古人所說的「土䉛」應該就是陶甑的別名，是一種蒸飯器，古人食物用釜甑作熟而食，故亦曰「食於釜甑」，《說苑·建本》：「食於釜甑，須以生活，而非陶冶者也。」其實「型」也是一種作羹的器物，不是專門的盛器，陶製的寫作「型」，金製的寫作「銒」，《儀禮·公食大夫禮》：「宰夫設銒」，鄭注：「銒，菜和羹之器。」它既是一種調和器，也是一種盛器。所以土䉛是一種熟飯器，土型是一種和羹器，「飯於土䉛，歠於土型」，大概意思是用土䉛做熟了飯來吃，用土型調和了羹來喝，「飯於土䉛」和《說苑》裡說「食於釜甑」的意思類似，並不是說用釜、甑盛了飯來吃。《李斯列傳》作「飯土匭，歠土銒」，《太史公自序》作「食土簋，歠土刑」，「匭」是「簋」之古文，這大概是後人覺得「䉛」非是盛飯之器而改作的；《玉篇》訓「䉛」為「瓦飯器」，恐怕也是因為它或作「簋」才訓如此，非古義也。因此，感覺「䡯」字當是「輻」字的異體或形訛，上博簡整理者認為「『䉛』同『簋』」和安大簡整理者云疑當讀為「簋」之說都未必可信。

李零（《集釋》）：「」釋「飯」。「」隸作「輻」，讀「䉛」或「簋」。「䉛」同「簋」，為食器。

高佑仁（《集釋》）：「」右所從為「反」之訛，楚文字中「反」、「攴」有訛混現象。「輻」讀「簋」。

單育辰（《集釋》）：「」釋讀為「簋」。

波按：此處「䡯」字，網友「汗天山」先生認為是「琉」字，左旁當為「玉」形之訛，非「車」形，網友「youren」先生和「小學生」先生卻不同意「汗天山」先生的字訛之說。由於此字左旁有些漫漶，細看起來確實與常見的「車」形不太一樣，但為「玉」形之訛，也似無更多證據。此字構形存疑。不過，從上博簡《曹沫之陣》簡2此字從「車」從「留」來看，似乎將此字隸定為從「車」更好一些。我們暫從安大簡整理者意見。關於「䡯」字的釋讀問題，王寧先生提出了不同的觀點，認為安大簡「䡯」字或是上博簡「輻」字的異體或訛變，並認為「輻」是一種蒸飯器，「型」是一種調和器。我們認為，王寧先

生的觀點可備一說，但從傳世文獻對應此句的歷代注釋者的觀點來看，恐怕整理者的意見還不能輕易推翻。我們今譯暫從安大簡整理者意見，詳見下條按語。

（8）歆（歠）於土型（鉶）

整理者：「歆」，《上博四·曹沫》簡二作「欲」，學者多認為是「歆（歠）」之誤。「歆」從「欠」，「惢」聲，疑是「歆（歠）」字異體。《說文·欠部》：「歠，歛也。」「型」，讀為「鉶」。簡文以上三句內容，見於傳世文獻（參看《上博四·曹沫》簡二正整理者注），如《韓非子·十過》：「臣聞昔者堯有天下，飯於土簋，飲於土鉶。」

youren（53樓）：原整理者沒有說明「歠」字安大與上博寫法的關係，該難字上博簡作「欲」，左下從「口」，所以它應該是歆或歠的訛寫，安大本寫成從「心」，我們知道古文字「心」、「口」形近相通。而「惢」可以訛成「爻」形，「爻」再進一步訛變就成兩個「八」形，即上博寫法的「欲」。「欲於土型」的「欲」在上博簡時期是個令人困擾的疑難字，除了解成「歠」之訛外，也有「欲」、「欿」之訛，以及將「欲」理解為有「飲」、「服用」之義等諸多說法。現在看來，理解為歆或歠的訛寫會比較理想。

李零（《集釋》）：「歠」釋「欲」，「歠」之誤。「型」讀「鉶」，為飲器。

陳劍（《集釋》）：「歠」是「歠」之訛字。

高佑仁（《集釋》）：「歠」乃「欲」之訛字。《說文》「欲，歛也。從欠合聲。」

dreamer（《集釋》）：在戰國楚簡和秦簡中均出現了用字形「欲」來表示「飲」「歠」「啜」等意的用例，推測「欲」為訛字的可能性較小。

陳偉武（《集釋》）：「歠」左從「去」旁之訛。「欿」即「歛」，《玉篇》訓「歛啜」，《廣韻》訓「大啜」。《正字通》說「歛」與「欲」同，二者為音近義通的同源字。

禤健聰（《集釋》）：「歠」可能是「歠」之誤。

張峰（《集釋》）：「型」左上所從的「井」訛書為「丹」。

俞紹宏（《集釋》）：「歠」右上為「惢」之訛的可能性確實存在。

波按：網友「youren」先生補充說明了安大簡和上博簡「歠」「欲」不同的原因，可從。確如網友「youren」先生所說，在安大簡此篇簡文公佈之前，上博簡此字爭議頗大，討論較多，多數學者都認為當是「啜」「歠」等字之訛，

現在看來，是正確的。安大簡公佈後，上博簡關於此字各家的討論就變得意義不大了，由此可見，正確理解字形是尤為重要的。

此句及前句簡文「昔堯之饗舜也，飯於土輷」連在一起，句意謂以前堯宴請舜的時候，從土製的飯篕中取用食物，從土製的盛水器中飲用酒水。

（9）亾（撫）又（有）天下

整理者：「亾又」，《上博四·曹沫》簡三作「攺又」，整理者讀為「撫有」。本簡「亾」從「亡」聲。「亾又」亦當讀為「撫有」。「撫有」，據有，佔有。《左傳·襄公十三年》：「赫赫楚國，而君臨之，撫有蠻夷，奄征南海，以屬諸夏，而知其過，可不謂共乎？」

高佑仁（《集釋》）：「撫」，有也。「撫」，據有、占有。

波按：此句相對簡單，各家無討論，上博簡對應簡文亦無問題。安大簡整理者之說可從。句意謂佔有天下。

（10）此不貧於敔〈散（物）〉而𧶽（富）於悳（德）與（歟）

整理者：「敔」，《上博四·曹沫》簡三作「散」。「散」「敔」二字形近易訛。《易·頤》初九爻辭「觀我朵頤」之「朵」，陸德明《釋文》引京房本作「椯」，「椯」應作「揣」（參黃焯彙校，黃延祖重輯《經典釋文彙校》第四四頁，中華書局二〇〇六年），阜陽漢簡《周易》簡一三二作「端」，《上博三·周》簡二四作「散」。疑本簡「敔」是「散」字的訛誤。上古音「散」屬明母微部，「物」屬明母物部，二字聲母相同，韻部陰入對轉，音近可通。《易·繫辭下》「君子知微之彰」之「微」，馬王堆帛書作「物」。據此，頗疑本篇「微」讀為「物」。「𧶽」，此字見於《郭店·緇衣》簡二十、四四等，從「貝」，「畐」聲，即「富」字異體。

潘燈（31樓）：簡2末字，整理者隸定作左峀右攴，上博簡與之對應者釋「散」。整理者認為「二字形近易訛」，讀「物」（參安大二58頁注10）。從原文字形來看，我們認為安大《曹沫之陳》簡2末字，左上與上博簡對應之字乃同文異形，也就是說是一組異體字。安大簡其左下不是「而」，中間橫不能與左下部分關聯視為「而」，其下部應是「大」形。而上博簡之字左下為「人」。眾所周知，古文字中，人與大均與「人」有關，做義符時可互換，故此二文非「形近易訛」，而應當視作同文異形。在安大二簡文中，偏旁「攴」寫法若「反」，這也是需要辨別的。

廖明春（《集釋》）：「美」指講究飲食，即美食。「貧於美」意即在美食上很差，不講究飲食。

孟蓬生（《集釋》）：讀「味」，指食味，即各種食物。「貧於味」指在飲食方面儉嗇。

季旭昇（《讀本》）：這不是對物質之美的追求很簡單，而對道德的修為很講求嗎？

林素清（《集釋》）：「散」讀「味」。簡文意指堯不重飲食之滋味而重德。

連劭名（《集釋》）：「美」，指仁。

俞紹宏（《集釋》）：「美」根據上下文可隨文訓釋為美人、美事、美物（包括美食）等，「貧於美」廖明春說或可參考。

波按：安大簡簡2末字原文作「𢾭」，整理者將其隸定為「散」，大致可信，嚴格隸定的話，此字右旁當作「攵」。此字上博簡作「𢾭」。潘燈先生認為此字左側不是「喘」，而與「散」的左側是異體關係，不確。戰國文字中的「散」字字形和「散」字字形，其左側構形，還是分得開的，一般作側面人形的為「散」，作正面人形似「大」字形的為「散」。當然，二者確實字形很接近，這也是二者經常訛混的原因，而不能以此認定二字為一字異體關係。不過，潘燈先生認為安大簡簡2末字偏旁「攴」寫法若「反」，還是很有見地的。細審此字，右側確實和一般寫法的「攵（攴）」有所不同，此種寫法的「又」形置於另一形內，而「攵（攴）」字一般作上下結構，豎筆不會直下而與「又」形下端平齊甚至超出。這一點是我們今後分析字形時應該注意的。我們初看安大簡此字，若無上下文意和上博簡辭例的限制，我們很有可能認為此字是從「喘」從「反」之字。

關於「散」的解讀問題，我們贊同安大簡整理者將其視為「散」字訛誤並讀為「物」。上博簡此字作「散」沒有問題，但各家基本上都認同上博簡整理者李零先生的意見，將此字讀為「美」，或如孟蓬生先生讀為「味」。我們認為，各家的說法還是有問題的。首先，從此句內部語詞性質的對稱性來看，「富於德」之「德」無疑是名詞，那麼「貧於散」之「散」相應地也應該是名詞性質。「美」一般是當作形容詞來使用的，作為名詞使用的頻率並不高。安大簡整理者將其讀為「物」，就不存在這個問題了，「物」無疑是名詞。其次，如果我們細究，此句簡文之前一句說的是堯宴請舜時使用的餐具為「土簋」和「土型」，

但並沒有言明這些簡陋而樸素的餐具裡面盛放的是何種食物，因此若以「美」指代「美食」，即使詞語性質及用法上在此符合，但也難以契合上下文文意。相比而言，整理者讀為「物」則合理得多，無論是「土簋」還是「土型」，都是「物」。當然，我們在此不可能如此機械地理解「物」字含義，這樣分析只是為了方便理解簡文上下文文意和邏輯關係。此處的「物」，相對後面的「德」，還是應該理解為「物質」好一些。最後，「物」和「德」相對而言，一個代表物質方面，一個代表精神層次，如果換成「美」，則其和「德」似乎不在一個邏輯討論的層次上。總之，我們無論從哪方面思考，都認為整理者讀為「物」在此是可行的，我們從之。

此外，關於此句簡文文意的理解，我們認為，「不……與（歟）？」在先秦秦漢古籍中經常出現，意為「難道不……嗎？」如《韓詩外傳卷第九》引孔子的話為「賜，汝獨不見乎喪家之狗歟？」。可知，這是一種常見的反問句句式的固定搭配，簡文正是使用了這一固定搭配。由此可知，「此不貧於物而富於德歟」之「不」字，當屬於這種反問句句式的固定搭配用字，而和此句簡文的內容無關，按照這種反問句句式的特點，此句簡文變為陳述句實際上等同於「此貧於物而富於德」。此句簡文上文說堯宴請舜，用的是「土簋」「土型」，這顯然是想說堯舜時代帝王生活的簡樸，即他們「貧於物」，而並非「不貧於物」。此句句式季旭昇先生的翻譯很精彩。不過，季旭昇先生將上博簡的「散」翻譯為「物質之美」，似乎還是沒有脫離「散」讀「美」的影響，只是其譯文增加為「物質之美」，大概是意識到了與「德」的邏輯對應關係，這在當時算是很好的解讀了。

綜上所述，我們認為此句句意謂這難道不是物質上貧窮而道德上富有嗎？

（11）昔周室又（有）戒言曰

整理者：以下所引周室之戒言五句，旨在說明上文堯「不貧於物而富於德」。《周志》戒言五句有韻：「社」「兇」「邦」，東部；「興」「勝」，蒸部。這種用韻形式，是所謂「交韻」。

王蘭（《集釋》）：「戒言」似有告誡之義。

俞紹宏（《集釋》）：「戒言」或即現在所說的警言。

波按：「周室」無疑是指周王朝，則「周室之戒言」指的應該是周王朝治理朝政的經驗和教訓的總結，似非如整理者所說，旨在說明上文堯物質上貧窮

而道德上富裕。這五句戒言的意思不太好懂，不過從「正（政）功」、「必勝」、「治邦」等推測，似乎和「貧於物而富於德」沒有過於緊密的內在聯繫。

（12）牪（凝）尔（爾）正（政）釭（功），不牪（凝）而或興

整理者：「牪」，此字見於《玉篇・牛部》，音「牛眷切」，上古音屬疑母元部，在此疑讀為音同的「顠」或「願」，欲望。《廣雅・釋詁一》：「顠，欲也。」「顠」通行作「願」。《廣韻》去聲願韻：「願，欲也。」陶淵明《歸去來兮辭》：「富貴非吾願，帝鄉不可期。」此句「尔」與下句「而」同義，古通，用為連詞（參看裴學海《古書虛字集釋》下冊第五八三頁，中華書局二〇〇四年）。「正釭」，蘇建洲讀為「定釭」。或讀為「爭功」（顧王樂）。此句和下句意謂：有欲望就會爭鬥，沒有欲望就會興旺。

youren（3、4樓）：李鵬輝先生對簡3的釋文為：「不牪而或興，或康以兇（凶）……」，不確。當為「不牪而或興或康以兇（凶）保，彊必勝，可以有治邦，周志」，「保」字右下有句讀符，故應上讀。……「正」當讀「政」，指政事。

汗天山（17樓）：此句有韻，且屬於交韻。「興」「勝」，蒸部；「釭」「兇」「邦」，東部。故原整理者句讀可信，這句話必是如此斷句。同時，也可以推知，這句話當屬於先秦格言諺語類的文句。

youren（49樓）：簡3「牪，尔正（政）釭；不牪，而（爾）或興或康以兇保，彊必勝」，原整理者在「興」字下點斷，「保」字下讀，似均不必。……「牪」，則政權會潰亂，「不牪」則國家可以在興盛康寧與災禍中保有，一定會獲勝，就文意來看「不牪」是正面的敘述。「牪」在上博時期很多學者都讀成「奔」，並把主詞當成軍隊或士兵（這當然是受到編聯的誤導），現在看來「牪」指的是國家，與軍陣無關。

心包（51樓）：「牪」這一字形代表的詞彙，既見於簡文所引《周志》這樣的西周檔案資料，又見於簡文後面一般性的敘述語言。因此若以詞先行，我們懷疑有可能記錄的是「奮」這一詞彙。兵士接戰以填然氣盛為尚，作為軍隊首腦的主帥，自然不可因氣盛而失去理智，因此簡文說「帥不可使奮，奮則不行」。簡3若讀為「奮」，「奮尔正釭」的「正、釭」應理解為臣工，「釭」讀為「工」，「正工」即百官，「奮尔正工」如「奮尔股肱之臣」。那麼「牪」還真有可能跟「奔」聯繫。

王寧（52樓）：後二字疑讀為《易‧師‧上六》象曰「大君有命，以正功也」之「正功」。

張帆（1204）：「犇」可讀為「偶」，訓為「配」。「犇尔正卭，不犇而或興，或康呂兌」可讀為「偶而正功，不偶而或興，或康以凶」。

李零（《集釋》）：疑「犇」同「犇」，讀為「奔」。「尔正卭」，含義不明。

蘇建洲（《集釋》）：疑此字為同符合體字，為「牛」之繁構，讀「愚」。「正卭」可能讀為「征貢」。「正卭」讀「定訌」，「定」指一定，「訌」指爭吵、潰亂。「尔」指那些士兵。

淺野裕一（《集釋》）：「奔，尔正卭」讀為「奔尔征祉」。

王蘭（《集釋》）：疑「犇」即《玉篇》音「宄」訓「牛」的「牪」字的異體，在此讀為「宄」。後又讀為「尳」。

周鳳五（《集釋》）：讀為「暱」。後又釋為「拜」，讀「拔」，訓「拔取」。

李強（《集釋》）：「正卭」可以理解為政治混亂。

孟蓬生（《集釋》）：認為此字是「牛」的繁體，讀為「疑」，訓為「猶豫」。「卭」可訓潰敗。

陳斯鵬（《集釋》）：讀「眷」，訓「顧也」、「戀也」。「卭」讀「功」。

子居（《集釋》）：認為是「友」的古文。

禤健聰（《集釋》）：從二牛會意，是「偶」或「耦」的異體。

史傑鵬（《集釋》）：讀為「儗」，訓為「並立」、「僭越」。「卭」讀「凶」。

連劭名（《集釋》）：「正」指官長，「工」讀「功」。

俞紹宏（《集釋》）：讀「疑」，訓「疑心」、「懷疑」。

波按：「犇」字字形在先秦傳世文獻中暫未發現，整理者認為當是《玉篇》讀「牛眷切」之字，假借為「願」字，訓為「欲望」，似不確。《玉篇》一書成書時間較晚，以此為線索似乎不夠有說服力。並且整理者訓為「欲望」，整句簡文在上下文文意中也不切合。上博簡《曹沫之陣》簡37下此字亦作此形，由於上博簡簡文的編聯存在問題，各家在錯誤的簡序基礎上對此字做出的討論，基本上都不大可信，但各家根據字形破讀，結論有偶或可取者。上博簡各家說法中，信從者最多的是整理者認為的此字當是「犇」字異體，讀為「奔」。我們認為，這種讀法從文意上看，也是有問題的，讀不通文意。相比之下，上博簡此字各家說法中，我們認為蘇建洲、孟蓬生二位先生將其視作「牛」字的繁構，孟蓬生、俞紹宏等先生又將其讀為「疑」，最有道理。不過，他們的訓詁放到整

段引文中，也無法很好地講得通文意。此外，子居認為此字是「友」的古文，雖表述不夠精確，但此字與金文中的某些「友」字字形相近〔註 1〕，確實有可能是金文這種寫法的訛誤。不過，「牪」讀為「友」字，此篇簡文後文「是故帥不可使牪，牪則不行」一句，似乎不好理解。讀「牪」為「友」可備一說。

我們在上述討論的基礎上，提出一種新的解讀，即認為「牪」是「牛」字繁構，本篇簡文此處「牪」字，可讀為「凝」字，訓為「成」、「成就」。「牛」字上古音在凝母之部，「凝」字上古音在疑母蒸部，二字聲母相同，韻部陰陽對轉，可以相通。《尚書・皋陶謨》「庶績其凝」，孔安國傳「凝，成也」；《禮記・中庸》「至道不凝焉」，陸德明「凝，成也」。

此外，「正社」一詞，基於我們對上下文文意的把握，我們認為應讀為「政功」，訓為政治功績。此句聯同下句中的兩個「或」字，一前一後，暗含或然後的必然，即「或許會……，又或……」。「不牪」（即「不成就」）後當省略賓語「政功」。簡文引文是格言警句類的，其行文邏輯是先提出來要求，即成就你的功績，然後反面告誡，說雖然也有沒有成就政功卻國家興盛的，但是國家很快就動蕩滅亡了。最後總結觀點，即「保持彊大才能勝出，這樣才能有安定的邦國」，行文邏輯上是層層遞進的。

此句句意謂成就你的政治功績，不成就（的話國家）也有偶或興盛的。

（13）或（又）康（蕩）㠯（以）兇（凶）

整理者：「㠯」，楚簡文字「㠯」「亡」二字有的寫法十分相似，頗疑此「㠯」是「亡」字之誤。「或」，讀為「有」。如此，此句文字應該釋寫作「或康㠯〈亡（無）〉兇（凶）」，意謂：天下安樂，沒有災殃。

youren（**49 樓**）：原整理者認為「以」是「亡」的訛字（頁 58），上博本與安大本均作「以」，為「亡」之誤字的可能性極低。

李零（《集釋》）：「康」，荒、廢，與「興」相反。

蘇建洲（《集釋》）：「康」，繁盛、廣大，引申為「很多」。

王蘭（《集釋》）：「康」，安定。

陳斯鵬（《集釋》）：「康」，安寧。

連劭名（《集釋》）：「康」，榮耀。

俞紹宏（《集釋》）：「康」可訓為「興盛」、「安寧」，或讀為「亢」「抗」。

〔註 1〕具體字形可參看黃德寬、徐在國主編，江學旺編著：《西周文字字形表》，上海：上海古籍出版社，2017 年 9 月第 1 版，第 118 頁。

波按：確如網友「youren」先生所說，此句「以」是「亡」之訛誤的可能很低，整理者為了遷就句意而提出的訛字之說不可信。實際上，關於這五句「戒言」的理解，整理者的觀點大都有偏差。此處「康」字上博簡各家討論建立在錯誤簡序導致的錯誤句讀基礎上的觀點，也基本上不可信。不過，在這些觀點中，整理者李零讀為「荒」，似乎可以講得通文意。「或荒以凶」，意思是又變得凶荒。不過，我們認為此句還可以有另外一種解釋，即讀「康」為「蕩」，「或蕩以凶」，即又將動搖而凶危。無論是先秦傳世古籍還是出土文獻中，「康」聲和「湯」聲通假的例子遠遠多於「康」聲和「荒」聲通假的例子，僅從通假字的用字習慣來說，我們的觀點好於李零先生的觀點。當然，李零先生的觀點也是站在錯誤的簡文編聯上做出的，無論正確與否，都不太具有實際的論證價值。

句意謂（國家很快就）又動蕩而凶危。

（14）保弞（彊）必萰（勝）

整理者：「弞」，讀為「強」或「彊」。《上博四·曹沫》簡四一「弞」作「競」。古「強」「彊」「競」都有強盛、強勁之義。

李零（《集釋》）：「競」讀「境」。

陳斯鵬（《集釋》）：「競」，讀如本字。

波按：此句上博簡殘缺「保」字，且編聯有誤，故各家討論不多。「弞」字上博簡作「競」，各家或認同上博簡整理者讀「境」，或同陳斯鵬讀如本字，但都不對。安大簡整理者將「弞」字讀為「強」或「彊」，並認為「古『強』『彊』『競』都有強盛、強勁之義」，可從。我們還可以從傳世先秦秦漢古籍中找到一些線索補充論證安大簡整理者的意見。「保彊」一詞在《史記》和《漢書》中有出現，即二書引用古語說「古人有言曰：『大江之南，五湖之間，其人輕心。揚州保彊，三代要服，不及以正』」。此段之「保彊」，《史記》是作「保彊」，「彊」從「彊」得聲，二字可通假，從文意上看，以作「彊」為是。另外，古籍中還常見「強」和「必勝」之間關係的討論，如《管子·制分》「強者所道勝也，而強未必勝也，必知勝之理，然後能勝」，《管子》此句講的是「強未必勝」的觀點，這和簡文的「保彊必勝」觀點正好相反；再如《鶡冠子·武靈王第十九》「今世之言兵也，皆強大者必勝，小弱者必滅」，則此處「強大者必勝」與簡文「保彊必勝」觀點一致。

由以上幾個古籍中的辭例我們可知，整理者的釋讀意見是可以講得通的，在此我們從之。句意謂保守著強大就必定能勝出。

（15）《周㝎（志）》〔是㡭（存）〕

整理者：「周㝎」，《上博四·曹沫》簡四一作「周等」，整理者注疑讀為「周志」，可從。《左傳·文公二年》：「《周志》有之：『勇則害上，不登於明堂。』」杜預注：「《周志》，周書也。」簡三與簡六之間，缺兩支簡，釋文據《上博四·曹沫》簡四一+四、五、六補。有關字詞的解釋，可以參看上博簡整理者注。

陳劍（《集釋》）：「等」讀「典」，簡文講成「周典是存」似更好。

連劭名（《集釋》）：《周等》即《周禮》。

波按：有《左傳》引文為證，可見《周志》一書是存在過的，而且在先秦時期，應該流傳比較廣泛，故而有《左傳》引文，又有此處簡文引文。《左傳》所引《周志》內容，雖然只有短短的兩句，但這兩句內容是押韻的，即「上」「堂」押韻，二字上古音同屬於陽部。故整理者之說可從。陳劍先生在解讀上博簡時認為當讀為「周典」，實際上是把引文內容擴大化了，《周志》本身就是周典的一種，解讀為「周典」當然不算錯，這也可以看出陳劍先生治學的謹慎性。不過，我們認為此處如此謹慎似可不必，原因如上，有《左傳》的證據在，我們可以直接將其讀為《周志》。至於連劭名認為《周等》即《周禮》，恐怕不確，不知連劭名先生有何證據。從內容來看，《周志》似乎都是有韻格言警句類的，這點和現存傳世本《周禮》大不相同。至於是否是佚本《周禮》，恐怕需要更多有效的證據證明。就目前所見的資料而言，整理者說法更為合理，暫從之。此外，我們上條按語引用《史記》《漢書》的例子，「古人有言」之內容，也應該是屬於同類別的句子，「南」「心」押侵部韻，「彊」「正（政）」陽耕合韻。

此句句意謂《周志》這本書就在那裡啊。此句在此有兩層意思，一是曹沫的意思是說他所說的「周室有戒言」不是自己憑空想像的，是真實存在的；二是曹沫強調《周志》就在那裡，以魯國祖先的戒言在此來警醒魯莊公不要驕奢，祖先的遺言在那擺放著呢。

今　譯

魯莊公將要製作大型鐘器，模具已經做成了。曹沫進入魯國宮室朝見魯莊

公，說：「以前周王室分封魯國，東西七百里，南北五百里，無論是處在山林中的人還是處在水澤旁的人，沒有不是魯國臣民的。現在魯國越來越小，鑄造的鐘卻越來越大，您還是好好思考一下這事吧。以前堯宴請舜的時候，從土製的飯簋中取用食物，從土製的盛水器中取用酒水。這難道不是物質上貧窮而道德上富有嗎？以前周王室有告誡之言論，說：『成就你的政治功績，不成就（的話國家）也有偶或興盛的，（但很快就）又動蕩且凶危。保守著強大就必定能勝出，就可以擁有安定的國家。』《周志》〔就在那存放著啊。〕」

第二章

摹本及隸定

〔臧	公	□	今	天	下	之	君	子	既
可	智	巳	管	能	并	兼	人	才	敢
蔑	曰	君	亢	毋	員	臣	酥	之	曰
懇	邦	之	君	明	則 【4】	不	可	巳
不	攸	政	而	善	於	民	肤	志
亡	<u>女</u>	笑	邦	之	君	亡	道	則	亦
不	可	巳	不	攸	政	而	善	於	民

曰　夏　〔曹言〕　言

公　子　〔而〕　之　君　曰　天　亦　又　弗　臧　乃　晝

【5】臧　於　於　曰　之　天　殃　害　逵　言　正

之　人　異　異　之　身　殴　受　害　虐　餌　聖　邦

取　募　含　已　夆　而　受　又　才　而

已　語　命〕　無　臣　聿　天　孝=　道　型　聖

亡　胎　之　天　曰　殴　受　肰　無　鐘

肰　沱　逵　曰　君　已　道　不　已　毀

不　昔　之　敳　也　子　無　命　夏　公　命

【6】

【7】

臧	不	酓=	不	聖	樂	居	不	褺	昼
飤	不	貳	羹	兼	忎	萬	民	天	亡
又	ム	也							

釋　文

　　〔臧（莊）公曰：「今天下之君子既可智（知）巳（已），管（孰）能并（併）兼人才（哉）？」

　　敆（曹）蔑（沬）曰：「君亓（其）毌員（云）。臣餌（聞）之曰：『緯（鄰）邦之君明，則【四】不可已（以）不攸（修）政而善於民。不胅（然），忢（恐）亡女（焉）。笶（鄰）邦之君亡（無）道，則亦不可巳（以）不攸（修）政而善於民。不胅（然），亡（無）巳（以）取之。』」【五】

　　臧（莊）公曰：「昔沱（施）朏（白）語募（寡）人曰：『君子旻（得）之遄（失）之，天命。』含（今）異於〔而（爾）言⑴。〕

　　敆（曹）薮（沬）曰：「無巳（以）異於臣之言也，君弗芇（盡）⑵。臣餌（聞）之曰：君【六】子巳（以）嘅（賢）受（稱）而遄（失）之⑶，天命；巳（以）無道受（稱）天〈而〉旻（沒）身遄（就）殜（世）⑷，亦天命。不胅（然），孕=（君子）巳（以）嘅（賢）受（稱），害（曷）又（有）弗旻（得）⑸？巳（以）無道受（稱），害（曷）又（有）弗遄（失）？」

　　臧（莊）公曰：「昆（顯）【七】才（哉）⑹，虘（吾）餌（聞）此言。」

　　乃命毀鐘型而聖（聽）邦正（政）⑺。不晝臧（寢），不酓=（飲酒），不聖（聽）樂，居不褺（襲）昼（文），飤（食）不貳（貳）羹（羹）⑻，兼忎（愛）萬民，天〈而〉亡（無）又（有）ム（私）也⑼。

集　釋

（1）臧（莊）公曰……而（爾）言

　　整理者：此簡僅殘存下半，上半缺十八字，據《上博四・曹沬》簡六補。

波按：此缺失的兩支簡摹本及隸定我們已經根據上博簡內容和安大簡整理者所附摹本補全。兩支簡的內容相對來說比較簡單，也沒有聚訟不已的疑難字詞，只有「𢏚」字隸定及釋讀各家爭議較多。此字從字形上看，確實與常見的上從「工」下從「心」之字不同，上方明顯不是「工」形。高佑仁先生認為「工」「壬」形近易訛。安大簡整理者應該是採用了這種說法，補足的釋文直接隸定為「忎（恐）」。我們讚同安大簡整理者對此字的隸定及解讀。上博簡各家對此兩句的解讀，我們就不在此集釋中搜集整理了，直接給出今譯。

（2）君弗聿（盡）

整理者：「君弗聿」，《上博四·曹沫》整理者讀為「君弗盡」，意思是君不完全瞭解臣之言。

李零（《集釋》）：「聿」釋「聿」，讀「盡」，後加逗號。

廖明春（《集釋》）：讀「肆」，訓放、恣。「君弗肆」即君上您不要任性。

范常喜（《集釋》）：讀「盡」，完全、詳盡。後加句號。此句大意當為：君王之言與臣之言沒有大的不同，只是君王之言尚不完備。

單育辰（《集釋》）：「盡」，窮盡。

劉洪濤（《集釋》）：讀「進」。「君弗進」意思是莊公不明白上文的「無以異於臣之言」，是《曹沫之陣》作者插入的一句話。

連劭名（《集釋》）：「盡」「極」同義。

波按：「聿」字上博簡各家歧解較多。此字如此隸定各家一般沒有疑問，讀為「盡」也得到絕大多數學者讚同，關鍵是如何理解這個詞義。我們認為，各家對詞義的把握和我們的理解均有不同，此字或當訓為「止」，《小爾雅·廣言》「盡，止也」。「君弗盡」意思是說君主您不要停下來，暗含的意思是君主您要繼續聽我講述這個問題。劉洪濤先生認為「君弗盡」是《曹沫之陣》作者插入的一句話，根據我們的討論，這應該是曹沫自己說話時的一句插入語或強調語，這種插入語是一種明顯的祈使語氣，此句與前文「君其毋云（君主您不要這樣說）」句式上具有相似性，都是曹沫在對君主說話時插入的語句，這種語句可以反映出曹沫其人說話的特點及其性格上的特點。

（3）君子己（以）叚（賢）叟（稱）而逹（失）之

整理者：「逹」，讀為「失」。關於此字考釋，參李家浩《甲骨卜辭「𡊒」與戰國文字「逹」》（待刊）。

季旭昇（《讀本》）：君子被稱為賢明而失位。

波按：此句除安大簡整理者和季旭昇先生的《讀本》譯文外，安大簡及上博簡其餘各家均無討論。以，依靠，因為；「以……稱」即「依靠……出名」、「因為……出名」。君子以賢稱而失之，天命，意思是說君子依靠賢德出名卻有所失去，這是天命。

（4）旻（沒）身邋（就）殜（世）

整理者：「旻身邋殜」，讀為「沒身就世」，指終其一生（參馬曉穩《讀清華簡〈治政之道〉劄記（六則）》，《清華大學學報（哲學社會科學版）》二〇二〇年第一期）。《上博四·曹沫》簡九「殜」作「嵃」。「殜」「嵃」可能是同一個字的異體。

李零（《集釋》）：「✦」隸作「旻」，讀「沒」。「✦」隸作「歽」，釋「死」。

黃德寬、徐在國（《集釋》）：隸作「交」，釋「扗」，《說文》訓「有所失」。

廖明春（《集釋》）：讀「歾身」，與「就死」並稱，其義也同。

李銳（《集釋》）：隸作「扗」，讀「殞」。「殞身」見於文獻，義同於「沒（歾）身」。

季旭昇（《讀本》）：安然活到壽終正寢。

高佑仁（《集釋》）：「旻」上從「回」。「沒身」有「死亡」之義。「沒身就世」，壽終正寢。

波按：「旻」字安大簡原簡文字形作「✦」，上博簡作「✦」。就目前學術界的研究情況來看，此字從安大簡整理者讀為「沒」更好一些。句意也可從安大簡整理者意見。

（5）害（曷）又（有）弗旻（得）

李零（《集釋》）：「曷又」之「又」皆讀為「有」。

陳劍（《集釋》）：「又」不必讀為「有」。

波按：此句安大簡整理者沒有注釋，只是參考了上博簡整理者的意見將「又」讀為「有」，各家也沒對安大簡此句內容作出回應。上博簡中，陳劍先生認為此句「又」字不必破讀，我們認為是可信的。《詩·齊風·南山》有「曷又懷止」、「曷又從止」、「曷又鞠止」、「曷又極止」，「曷又」一詞凡四見。君子以賢稱，曷又弗得，意思是君子依靠賢德出名，為何又得不到呢？實際上，楚簡中還有不少「又」字不必破讀為「有」字但整理者都破讀了，且各家一般不會注意到這樣的小問題，或許只有做今譯的時候才能發現這樣的破讀根本讀不通文意，比如清華簡第十一輯《五紀》簡3有「有昭明明，有洪乃彌，五紀

又常」一句，其中「又」字原整理者破讀為「有」字，「五紀有常」放在那裡根本就讀不通原簡文，應該是「五紀又常」，意思是五紀再次正常，即通過簡文上文描述的一系列拯救措施，使得本來混亂的五紀恢復正常，即「又常」。詳細論證可參看我們做的《清華簡〈五紀〉集釋》一書對此的相關解讀。

（6）㬎（顯）才（哉）

整理者：「㬎才」，讀為「顯哉」。《孟子·滕文公下》第九章引《書》佚文：「丕顯哉！文王謨。丕承哉！武王烈。」趙岐注：「丕，大。顯，明。……言文王大顯明王道。」焦循《孟子正義》引王引之《經傳釋詞》云：「《玉篇》曰：『不，詞也。』經傳所用或作『丕』。顯哉承哉，贊美之詞。丕則發聲也。」「㬎（顯）才（哉）」，《上博四·曹沫》簡十作「曼才」。上古音「顯」屬曉母元部，「曼」屬明母元部，二字韻部相同，聲母關係密切。上博簡「曼才」當從本簡讀為「顯哉」。

滕勝霖（0817）：簡7「㬎（顯）」，上博簡本對應的是「曼」，「顯」「曼」均屬元部字，曉母與明母讀音接近。反觀清華簡中的兩處「曼」可改讀作「顯」。

汗天山（18樓）：「顯」，上博簡對應之字作「曼」。安大簡原整理者認為當讀為「顯哉」。今按：我們懷疑「曼」「顯」皆當讀為「晚」。《老子》「大器晚成」，郭店本作「大器曼成」。揣摩魯莊公這句話，似乎不是讚歎曹沫之言如何光明顯著，而當是感慨他聽聞曹沫之言太晚，也就是沒有早些聽到曹沫之言，故下文緊接著命毀鐘型。

海天游蹤（45樓）：安大簡07-08「顯才（哉）」，上博作「曼才（哉）」，整理者認為「曼」當改讀為「顯」。按：此說不可從。二者聲紐較遠，韻部開合不同，不能相通。或根據此現象，將《祭公》的「曼德」也讀為「顯德」亦不可信。「曼德」義同「蔑德」，「曼」、「蔑」都有「覆被」之義，不能改讀為「顯」。陳劍先生《簡談對金文「蔑懋」問題的一些新認識》已有詳細論證。

陳斯鵬（1119）：上引簡文，是寫魯莊公在聽了曹蔑的一番勸誡之後的回應。倘如整理者所言，讀「㬎」（波按：原簡文為「㬎」，下同）為「顯」，「顯哉」為贊美之詞，則似理解為對曹蔑之言的稱贊。但從語義方面看，以「顯哉」贊美曹蔑之言，並不十分恰當；而從語法角度看，這種解釋也有問題。古書中「X哉！Y」這樣的句式頗為多見。語義上看，其中的「X哉」往往是對「Y」的評價；語法上看，可以說「Y」是主語，「X哉」是被提前加以強調的謂語。……上博本整理者懷疑「曼」是「勖」之誤寫，既無依據，也不符合以上所作的語

法分析。陳劍先生讀為「晚」，季旭昇先生讀「慢」，訓「遲」，則均甚順適。「晚哉！吾聞此言」或「慢哉！吾聞此言」，猶言「吾聞此言晚哉」或「吾聞此言慢哉」，為莊公感嘆聞道遲晚的醒悟之言，語義語法俱合。故接言「乃命毀鐘型而聽邦政」，付諸實際行動，順理成章。上博本之「曼」既得以合理解釋，反觀安大本之「㬅」，恐當視為訛字。蓋二字上部形體相近而致訛。又，誠如整理者所言，二字音也相近，此也可能是造成訛字的一個影響因素。

　　李零（《集釋》）：「曼」或為「勖」之誤。

　　陳劍（《集釋》）：「曼」讀「晚」。

　　廖明春（《集釋》）：「曼」讀「勉」。

　　季旭昇（《集釋》）：「曼」疑讀為「慢」，訓為「遲」。

　　季旭昇（《讀本》）：我這麼慢才聽到你這些話。

　　陳偉武（《集釋》）：「曼」疑讀如字，訓為「美」也。

　　連劭名（《集釋》）：「曼」讀「漫」，「漫漫」，無涯際之貌也。

　　俞紹宏（《集釋》）：「曼」讀為「晚」。

　　波按：根據簡文上下文文意看，安大簡「㬅」字及上博簡「曼」字，當以讀「晚」為是，這點已經有多位學者指出來了，可參上述各家觀點，我們就不再論證。

（7）乃命毀鐘型而聖（聽）邦正（政）

　　整理者：「邦正」，《上博四·曹沫》簡十作「邦政」。本簡「邦正」當從上博簡讀為「邦政」。「聽邦政」，治理國家軍政。《左傳·昭公元年》：「君子有四時：朝以聽政，晝以訪問，夕以脩令，夜以安身。」

　　波按：此句簡文文意簡單，句意謂魯莊公於是下令毀壞了已經製作好的大鐘模具，轉而開始致力於治理國家軍政。

（8）不晝㝛（寢），不酓=（飲酒），不聖（聽）樂，居不褻（襲）昷（文），　　飤（食）不貳（貳）羹（羹）

　　整理者：「居不褻昷，食不貳羹」之「褻」，即「褻」字，本義指貼身的內衣，顏世鉉、陳劍讀為當「重」講的「襲」，可從。「昷」，李家浩指出是見於《汗簡》卷中之二夕部、《古文四聲韻》上聲軫韻所引石經古文「閔」（《包山楚簡中的「枳」字》，《著名中年語言學家自選集·李家浩卷》第二九四頁，安徽教育出版社二〇〇二年）。李天虹指出此類形體在楚簡中大都應讀作「文」（《釋楚簡文字「虡」》，《華學》第四輯第八五至八八頁，紫禁城出版社二〇

〇年）。「貳」，從「弍」聲，古文字多用為「貳」。《墨子·節用中》：「古者聖王制為飲食之法……黍稷不二，羹胾不重，飯於土塯，啜於土形。」簡文「食不貳羹」之「貳」與此「黍稷不二」止「二」同義。「居不襲文，食不貳羹」意謂燕居衣服不重色彩，飲食不重滋味。《上博二·容》簡二一「衣不藝（襲）娩（美），飤（食）不童（重）杏（味）」、《史記·吳太伯世家》「食不重味，衣不重采」、《漢書·游俠傳》「衣不兼采，食不重味」、《鹽鐵論·刺復》「衣不重彩，食不兼味」、《後漢書·孝安帝紀》「食不兼味，衣無二綵」，「居不襲文，食不貳羹」義近（參陳劍《釋上博竹書和春秋金文的「羹」字異體》，《戰國竹書論集》第二四三頁，上海古籍出版社二〇一三年）。

潘燈（30樓）：簡8「居不藝文，食不貳羹」，整理者「意謂燕居衣服不重色彩，飲食不重滋味」（安大簡二第59頁注22）。相對應的兩個「貳」字，上博簡作「上弍下肉」之形，安大簡作「上弍下肉」之形。顯然，二形均從「肉」，而非「貝」。換言之，所謂的「貳」，當是一個以「肉」為義符的字，「肉」正與飲食有關。「弍」或「弌」蓋也為義符，可互換，「弍」或兼表聲。我們認為，辭中的「貳」，或當釋為「膩」，油膩也。古音中，「弍」與「膩」音近。「居不藝文，食不膩羹」，抑或是指不穿帶花紋的衣服，不吃太油膩的菜羹。恰與前辭「不畫寢、不飲酒、不聽樂」，可謂節衣素食，生活簡樸。

youren（32樓）：簡8「居不藝文，食不貳羹」所謂的「貳」字，上博簡確實寫成「上弍下肉」（簡11），潘燈先生認為安大簡寫成「上弍下肉」（簡8），「弍」或「弌」蓋也為義符，可互換，「弍」或兼表聲。細審字形，安大簡字形當寫成從「戌」從「肉」，理解為從弍或是如原整理者隸定成從「弍」均不允當，這種寫法已見秦駰禱病玉版，玉版文例亦讀「貳」。

李零（《集釋》）：「藝」讀「設」，「羹」隸定為「盧」，讀「席」。「沬」可能是「顯」字異寫，相當於「沬」字，讀為「味」。

陳劍（《集釋》）：「羹」隸定為「昱」，讀「文」。「沬」疑釋「滋」。

陳斯鵬（《集釋》）：「貳」釋「膩」讀「貳」。「鬵」釋「窲」讀「胾」，肉羹。

廖明春（《集釋》）：「藝」為「褻」之誤，重衣。「居不藝席」，居不重席。「沬」可隸定作「沬」。

禤健聰（《集釋》）：「沬」隸作「斳」，即「莘」字。

顏世鉉（《集釋》）：「褻」為「褺」之訛，「褺」讀「襲」。「襲文」之衣著
華美之意。

于智博（《集釋》）：「🔣」隸作「褻」。

季旭昇（《集釋》）：讀「居不設文」，居處不用漂亮的紋飾。

陳劍（《集釋》）：「居」包括居處所需的各個方面。「褻」讀「襲」，重。
「重」，多。「文」，文彩。「居不襲文」可能還指宮室的門戶、牆壁、楹柱等只
用一種顏色或一種文彩塗畫為飾等內容。「🔣」釋「羹」。

林素清（《集釋》）：「褻」讀「鮮」，「昰」讀「楚」。「鮮楚」，形容衣服、
宮室的華美。簡文是說居處所需的衣裳、宮室不要求華美。

邴尚白（《集釋》）：「🔣」釋「簹」，讀「饎」。

高佑仁（《集釋》）：「褻」本字讀，私服，即私居之服，非正式場合穿的衣
服。

白於藍（《集釋》）：「居」讀「裾」。「褻」讀「疊」。

晁福林（《集釋》）：「昰」釋「薦」，即草席。

徐在國（《集釋》）：「鬻」讀「菜」。

劉樂賢（《集釋》）：「褻」讀「兼」，與「重」「二」等字義近。

波按：此句各家討論頗多，尤其是上博簡各家觀點，聚訟不已且觀點參差
不齊。實際上，此句簡文有不止一種傳世文獻做對照，文意是清楚的，安大簡
整理者的意見基本可信。句意謂不白天睡覺，不飲酒，不聽音樂，平常居住不
同時穿兩種色彩以上的衣服，吃飯不同時食用兩種味道以上的羹湯。

（9）兼恋（愛）萬民，天〈而〉亡（無）又（有）厶（私）也

整理者：「兼恋」，《上博四·曹沫》簡十二整理者注：「『恋』讀『愛』。墨
子有『兼愛』之說。」《墨子·法儀》：「昔之聖王禹湯文武，兼愛天下之百姓。」
「愛」字舊脫，孫詒讓《墨子閒詁》引畢沅云：「舊脫『愛』字，以意增。」
（孫詒讓撰，孫啟治點校《墨子閒詁》第二三頁，中華書局二〇〇一年）《墨
子·天志下》：「曰：順天之意何若？曰：兼愛天下之人。」

汗天山（19樓）：而，原簡字形誤寫作「天」。

季旭昇（《讀本》）：兼愛萬民而沒有私心。

波按：此句安大簡整理者隸定為「而」之字，原簡文作「天」，從字形來
看，確如「汗天山」先生所說，誤寫作「天」。楚簡中「天」、「而」形近易誤，
二者訛誤的例子很多。此字在此有文意限制，視為「而」字之誤沒有問題。上

博簡此字不誤。關於此句的句意,季旭昇先生翻譯如上,我們覺得還可再討論。我們認為,無論是從簡文文意上還是從現實的人性上來說,季旭昇先生的翻譯都是有問題的。從簡文文意上來說,魯莊公兼愛萬民的目的是想讓魯國強大起來,這就是他的「私心」,為此他連將要鑄造的大鐘都捨棄了,不能說是沒有私心的。從人性上來說,絕對的「無私心」似乎也是不存在的。

我們認為,「兼」當訓為「併」,即「一起」、「一併」之義,「兼愛萬民」即對億萬民眾一併惠愛;「私」當訓為「不公」,即「偏私」之義,「無有私也」即沒有偏私。兩句合在一起句意謂對億萬民眾一併惠愛而沒有偏私。意思是說魯莊公公平地對待魯國的億萬百姓,不偏袒任何一方。「兼」訓「併」、「私」訓「不公」在先秦古籍中是常訓,在此我們不再舉例。魯莊公對待魯國民眾做到惠愛而沒有偏私,目的就是為了籠絡民眾,為魯國強大出力,從而使魯國國勢達到魯莊公期待的那樣,這就是魯莊公的「私心」。

今　譯

〔魯莊公說:「現如今全天下的君子都已經知道這個道理了,到底哪位君主能夠兼併天下的人才呢?」

曹沫說:「君王您不要這樣說。我聽說:『鄰國的君主聖明,(本國的君主)就不可以不修理政治用以善待民眾。不這樣做的話,(國家)恐怕將要滅亡了。鄰國的君主無道,那也不可以不修理政治用以善待民眾。不這樣做的話,就沒法將其取而代之。』」

魯莊公說:「以前施伯對我說:『君主得到民眾或失去民眾,都是上天的命令。』〕現在看來,卻和〔你說的話〕不一樣。」

曹沫說:「和我說的沒有什麼不同啊,君主您不要停下來,我聽說君子依靠賢德出名卻有所失去,這是天命;因為無道出名卻能夠終其一生,這也是天命。不是如此的話,君子依靠賢德出名,為什麼又得不到呢?因為無道出名,為什麼又不失去呢?」

魯莊公說:「太晚了啊,我這才聽到您的這番話!」

魯莊公於是下令毀壞了已經製作好的大鐘模具,轉而開始致力於治理國家軍政。不白天睡覺,不飲酒,不聽音樂,平常居住不同時穿兩種色彩以上的衣服,吃飯不同時食用兩種味道以上的羹湯,對億萬民眾一併惠愛而沒有偏私。

第三章

摹本及隸定

還　年　【8】　而　辤　於　鼓　戴　曰　虗

欲　與　齊　戰　辤　戟　緐　女　戰　鄒

城　緐　女　鼓　敓　倉　曰　〔臣　辤　之

又　固　愁　天　亡　固　城　又　克　正

而　亡　克　戰〕　三　弋　亡　之　戰　妻

鷹　或　曰　克　或　呂　亡　叔　臣　之

辤　之　少　邦　尻　大　邦　之　關　菅

邦　立　陀　不　可　〔呂　先　复　悁　疆

坣　毋　先　而　必　取　□〕　【10】　女　所

呂　徂　鄒　毋　悉　貨　賢　子　女　呂

【9】

事　元　伇　連　所　已　伹　内　成　㒶
必　亓　復　率　虜　兵　必　又　戰　心
已　戰　所　慮　利　已　也　慮　臣　之
　　〔餌　之　不　為　於　也　不　可　以
【11】　肇　不　和　於　邦　不　己　此
〔出〕　戰　和　於　肇　可　己　出　出　戰
戈　不　和　於　戈　不　可　己　未　戰
是　古　夫　戈　者　三　可　之　未　君
也　不　已　則　【12】　亓　杲　虜
必　　　　　　絫　亓

釋　文

還年【八】而爾（問）於薂（曹）蒆（沫）曰⑴：「虗（吾）欲與齊戰（戰），餌（問）戟（陳）紊（奚）女（如）⑵？戰（守）鄥（邊）城紊（奚）女（如）⑶？」

薂（曹）敓（沫）倉（答）曰：「〔臣餌（聞）之：又（有）固愳（謀）而亡（無）固城；又（有）克正（政）而亡（無）克戟（陳）⑷。〕【九】三弋（代）之戟（陳）聿（盡）廗（存）⑸。或已（以）克，或已（以）亡。虞（且）

臣之䎽（聞）之：少（小）邦尻（處）大邦之𨳑（間）(6)，啻（敵）邦立〈交〉
阤（地）(7)，不可〔㠯（以）先乍（作）悁（怨），疆壾（地）毋先而必取門〕
(8)【十】女（焉），所㠯（以）佢（距）鄡（邊）(9)；毋悉（愛）貨賷（資）、
子女(10)，㠯（以）事亓（其）伎（便）連（嬖）(11)，所㠯（以）佢（拒）内；
成（城）臺（郭）必攸（修），纏（繕）𤤴（甲）利兵(12)，必又（有）戲（戰）
心㠯（以）戲〈獸（守）〉，所㠯（以）為倀（長）也(13)。虞（且）臣之【十
一】〔䎽（聞）之：不和於邦，不可㠯（以）〕出墼（舍）(14)。不和於墼（舍），
不可㠯（以）出戏（陳）。不和於戏（陳），不可㠯（以）出戲（戰）。是古（故）
夫戏（陳）者，三嗇（教）之末(15)。君必不巳（已）(16)，則【十二】繇（由）
亓枭（本）啚（乎）(17)？」

集　釋

（1）還年而䎽（問）於菣（曹）蔑（沫）曰

　　整理者：「還年」，古代「還」「周」都有「環」「繞」義，疑「還年」與「周
年」同義，謂過了一年。

　　李零（《集釋》）：「還年」似乎是又過了一年的意思，類似古書常說的「期
年」。

　　廖明春（《集釋》）：「還年」指「來年」，即下一年，次年。

　　季旭昇（《集釋》）：「還」有復義，「還年」謂復一年。「還」可讀「環」，
「環年」，猶如滿一年。

　　陳斯鵬（《集釋》）：「還年」取義於年之終而復始，即「明年」之義。

　　宋華強（《集釋》）：「還」讀「期」，「還年」就是古書常見的「期年」。

　　xianqinshi（《集釋》）：「還年」是第二年，「還年」讀「旋年」或「轉年」。

　　波按：「還年」上博簡各家給出「周年」和「來年」二說，均有道理，我
們暫時無法判斷優劣。安大簡整理者採取「周年」說，我們暫從之。句意謂過
了一年後魯莊公又開始向曹沫請教。

（2）虞（吾）欲與齊戲（戰），䎽（問）戏（陳）系（奚）女（如）

　　整理者：「戏」，此字見於銀雀山漢簡《兵令》等，整理小組注：「『戏』字
簡本屢見，多用作『陳』，字當從『戈』『申』聲，疑為戰陳之專字。《說文解
字》𨸏部『陳』字下所收古文作『陣』，亦從『申』聲，與此同。」（銀雀山漢
墓竹簡整理小組《銀雀山簡本〈尉繚子〉釋文》（附校注），《文物》一九七七

年第三期，第三三頁注〔一〇〕）「紊」，《上博四・曹沫》簡十三作「系」，即「奚」之異體。

波按：此句簡文較為簡單，句意謂我想要和齊國打仗，請問該用什麼陣法。

（3）戰（守）鄢（邊）城紊（奚）女（如）

整理者：「鄢城」，即「邊城」，指邊境的城。《墨子・號令》：「數使人行勞，賜守邊城關塞、備蠻夷之勞苦者，舉其守率之財用有餘、不足，塗郭術，平度量，正權衡，虛牢獄，實廥倉。」《鹽鐵論・擊之》：「往者，縣官未事胡、越之時，邊城四面受敵，北邊尤被其苦。」「鄢」，從「邑」，「雩」聲，即邊境之「邊」的專字。

波按：句意謂固守邊境的城池該怎麼辦？意即如何固守邊城。

（4）臣聆（聞）之：又（有）固悬（謀）而亡（無）固城；又（有）克正（政）
　　而亡（無）克戟（陳）

整理者：此簡殘存下半，上半所缺十七字，據《上博簡・曹沫》簡十三+十四補。

李零（《集釋》）：「正」讀「政」，「克政」指足以勝人之政，「克陣」指足以勝人之陣。

高佑仁（《集釋》）：「克」指克敵制勝、戰勝之義。「固城」指堅固的城墙。

波按：整理者所言「此簡殘存下半，上半所缺十七字」有誤，根據整理者公佈的竹簡信息和釋文信息，整理者此處注釋「上」「下」二字互乙，當是「此簡殘存上半，下半所缺十七字」。此句兩個「固」字和兩個「克」字需要靈活地理解，不能機械。前一「固」字當理解為「穩固」，後一「固」字理解為「堅固」；前一「克」字理解為「成功」，後一「克」字理解為「克勝」。「正」從上博簡整理者讀為「政」。

句意謂我聽說：有穩固的謀略但沒有堅固的城池，有成功的政治卻沒有克敵制勝的陣法。

（5）三弋（代）之戟（陳）聿（盡）麃（存）

整理者：「聿」，讀為「盡」，《上博四・曹沫》簡十四作「皆」。《助字辨略》卷三：「盡，皆也，悉也。」

波按：此句及後「或以克，或以亡」合在一起，意思是三代的陣法全部都還存在，但使用者有的克敵制勝了，有的被滅掉了。

（6）虘（且）臣之䎽（聞）之：少（小）邦尻（處）大邦之閈（間）

整理者：「尻」，《上博四·曹沫》簡十四整理者讀為「處」。高佑仁說：「依古籍的習慣，此字讀『居』較佳。《左傳·文公十七年》：『居大國之間，而從於強令。』《昭公三十年》：『以敝邑居大國之間』。」（《〈上海博物館藏戰國楚竹書（四）〉讀本》第一七一頁）

李零（《集釋》）：「𡰬」隸作「仉」，讀「處」。

高佑仁（《集釋》）：「𡰬」隸作「尻」，讀「居」「處」均可，而讀「居」較佳。「小邦居大邦之間」是指處於大邦與大邦之間的小國。

波按：隸定為「尻」之字，安大簡作「𥂋」，上博簡作「𡰬」，從字形看，此字無疑是「處」字，一般認為「尻」即「處」字。「處」「居」二字意思相近，聲音也不遠，無論是傳世文獻還是出土文獻，二字交叉使用的例子比比皆是。不過，楚簡中「居」字字形一般作「𨒌（上博八·命 4）」、「𨒀（清華一·楚居 6）」等，「居」、「處」二字的古文字字形區分還是相當明顯的。並且，在某種特殊情況下，二字並不能互用，即二字的互用現象是有具體的語境限制的，並不是無條件的。比如古籍中「居處」成詞的例子有很多，作為一個固定辭例，「居處」就不能讀成「居居」或「處處」，這是很顯然的道理。因此，基於上述考慮，我們認為在非必要的情況下，二字還是各自讀如本字比較好。此處「尻」字當徑作「處」，不當讀為「居」，「小邦處大邦之間」這種類似的文句，在先秦秦漢傳世古籍中，大概出現的頻率並不亞於「小邦居大邦之間」這種類似的文句，如《國語·魯語》「處大國之間」、《墨子·天志》「處大國不攻小國」等等。因此，高佑仁以古籍習慣作為例證，證據的有效性並不強；而且他自己翻譯此句時，就是把他認為的「居」翻譯成「處」的。如果讀為「居」，「居」字將依然解釋為「處在」，有文意的限制，「居」字在此也不可能解釋為「居住」。因此，「尻」讀為「居」在此並無必要，屬於多此一舉，直接讀為「處」就可以。「小邦處大邦之間」，句意謂小的國家處在大的國家之間。

此外，「虘」字上博簡、安大簡整理者都直接括讀為「且」，且各家無說。我們檢閱先秦秦漢古籍發現，「且臣聞之」這樣的套話確實非常常見，不過一般這種套話都是使用在前後文意有明顯的遞進關係之時。簡文此「虘臣之聞之」之前內容是回答莊公問陣，其後內容是回答莊公問守城，兩部分內容回答的不是一個問題，這樣「虘」字在此就有些可疑。我們懷疑，「虘」或當讀

為「嗟」，句讀為「嗟！臣之聞之」，簡 11 也有此句，我們認為也當讀為「嗟！臣之聞之」。「嗟」字一方面感歎前文所言，加強語氣，傳達一定的感情色彩，另一方面，也起到講話時舒緩語氣的作用。「虘」讀為「嗟」也有文獻例證，清華簡《耆夜》「虘士奮刃」即讀為「嗟士奮刃」。當然，這只是我們提供的一種新看法，是否正確，恐怕還需要更深入的研究。穩妥起見，我們今譯暫從安大簡整理者意見，仍然讀作「且」。「且臣之聞之」意即「而且我聽說」。

（7）啻（敵）邦立〈交〉陀（地）

整理者：「立陀」，《上博四·曹沫》簡十七作「交坔」。按：「立」「交」二字形近易訛，疑本簡「立」是「交」的訛誤。「坔」即「地」。「立〈交〉陀」當從上博簡讀為「交地」，指邊境與他國交接之地。《孫子兵法·九地》：「我可以往，彼可以來者，為交地。」杜牧曰：「川廣地平，可來可往，足以交戰對壘。」

質量復位（10 樓）：簡 10「敵邦立地」，整理者懷疑「立」是「交」之訛。按，「立」可能讀為「接」，傳世文獻中有立聲系與妾聲系間接通假的例證，如「汲」「泣」古通（《漢字通用聲素研究》P990）、「扱」「接」古通（《漢字通用聲素研究》P991）；「拉」「摺」古通（《漢字通用聲素研究》P983）、「蹉」「蹋」古通（《漢字通用聲素研究》P1031）。傳世古書中也有「接地」的表述，如《戰國策·秦策四》：「先帝文王、莊王，王之身，三世而不接地於齊，以絕從親之要。」《說苑·權謀》：「夫吳越接地鄰境，道易通，仇讎敵戰之國也。」「接」與「交」是一對同義的異文。

李零（《集釋》）：「交地」指兩個接壤之地。

陳劍（《集釋》）：「交地」指土地接壤。

淺野裕一（《集釋》）：「交地」指位置在兩國勢力的交叉點而常改變所屬國家之土地。

季旭昇（《讀本》）：國讓交接。

陳斯鵬（《集釋》）：「交地」指國與國之間領屬權不甚明確的地帶。

韓虎泰（《集釋》）：「交地」本為西周封建邦國時預留在各國封疆之間的空白地，各國不能任意佔有。春秋時期，「交地」不僅是列國爭奪的對象，同時也是各國之間的緩衝地帶。

波按：關於簡文「立地」是上博簡「交地」之訛，還是應從網友「質量復位」先生讀為「接」，我們暫時無法判斷，二說皆有道理。我們今譯暫從安大

簡整理者意見。「交地」一詞，上博簡各家討論不少，觀點也不一致，但也都是一家之說，我們簡單列舉如上，僅供參考。

　　按照安大簡整理者的意見，此句及下句「不可以先作怨」句意當為與敵對國家的土地有所交接，不可以先引發敵怨。

（8）不可〔㠯（以）先乍（作）惄（怨），疆墬（地）毋先而必取□〕

　　整理者：簡十自「不可」下殘缺，釋文據《上博四·曹沫》簡十七補。

　　李零（《集釋》）：「先作怨」指先動手發難。

　　淺野裕一（《集釋》）：「疆地」指鄰國支配的邊疆土地。

　　單育辰（《集釋》）：「怨」後加句號。

　　季旭昇（《讀本》）：不可以先挑起爭端。疆界地區不要先著急佔有。

　　陳斯鵬（《集釋》）：「疆地」指國與國執疆地帶。

　　波按：「疆地」應和「交地」不是一個概念，具體怎麼理解，恐怕還需要更多材料。「不可以先作怨」當與上句「敵邦交地」文意上相連接，單育辰先生已經注意到了這一點，認為「怨」後加句號，可從。「疆地」一句以下，分三個層次分別說明「所以距邊」、「所以拒內」、「所以為長」，層次結構清晰，當別為一句。「取」下殘一字，僅存殘筆，無法識別「疆地毋先取□焉」結合下句「所以距邊」，意思大概是說疆地不要先取□，所以用來捍拒邊境。

（9）所㠯（以）佢（距）鄩（邊）

　　整理者：「佢」，讀為「拒」或「距」，捍拒。《孫子兵法·九地》「是故始如處女，敵人開戶；後如脫兔，敵不及拒」，杜牧注：「如兔之脫走，不可捍拒也。」《漢書·高帝紀上》「沛公雖欲急入關，秦兵尚眾，距險」，顏師古注：「依險阻而自固以距敵。」「鄩」，原文右下作「⟋」，當是「鄩」之訛體，可與《上博四·曹沫》簡十七「鄩」字比較，參上注〔二六〕。《國語·吳語》「句踐用帥二三之勞，親委重罪，頓顙於邊」，韋昭注：「邊，邊境。」

　　淺野裕一（《集釋》）：「所以距邊」可能是指將曾經為魯國領土而後來被齊國奪取的邊陲地區，對其進行從齊國的支配中隔離、分割的政策。

　　波按：「距邊」暫從安大簡整理者意見。大概是指抗拒敵人、保衛邊境土地之義。句意見上條按語。

（10）毋忢（愛）貨賮（資）、子女

　　整理者：「賮」，從「貝」，「朕」聲，「資」之繁體。

李零（《集釋》）：「𢙑」，上「又」下「心」，疑「悉」之誤，讀「愛」，吝惜。

陳劍（《集釋》）：「𢙑」上所從「旡」形略有訛變。

高佑仁（《集釋》）：「𢙑」上所從為「旡」省略。「貨資」，貨物，財貨。「子女」，泛指美女。簡文意為將美女用為侍奉帝國的便嬖。

陳斯鵬（《集釋》）：「𢙑」釋「悉」。

波按：綜合各家意見，此句句意當為不要吝惜財貨物資和子女。

（11）㠯（以）事亓（其）伎（便）遱（嬖），所㠯（以）佢（拒）內

整理者：「伎」，從「人」，「攴（鞭）」聲，「便」字異體。「伎遱」，《上博四·曹沫》簡十八作「伎遱」，整理者把「伎」逕釋作「便」，注說：『遱』從卑，與『嬖』同為幫母支部字，可通假。『便嬖』，受寵者……這裡是指收買敵方的寵臣以為內應。」本篇簡二一作「遤遱」。「遤」，從「辵」，「攴（鞭）」聲，疑「踂」之異體。「遱」，從「辵」，「卑」聲，「躄（躃）」之異體。

李零（《集釋》）：「距」讀「拒」，拒守。

季旭昇（《讀本》）：這就是從敵人內部取得防衛的方法。

高佑仁（《集釋》）：「便嬖」指國君身邊寵臣。「距內」，意即利用「便嬖」的內應而抗守於敵國之內，收買敵國。

淺野裕一（《集釋》）：「所以距內」是對於齊國朝廷內部進行離間策略，由行賄齊國寵臣進而收買他們，使他們進行有利於魯國的言論或行動。

波按：《韓非子·難三第三十八》有「哀公有臣外障距內比周以愚其君」一句，其中「外障」、「距內」似可與簡文「佢邊」、「佢內」相對應。通過簡文文意，我們推測，「拒內」在此處的意思大概是說魯國不要吝惜貨資子女，要用這些東西和人去迷惑齊國寵臣，不要讓這些東西迷惑了魯國內臣，即拒絕內臣沉迷於此。內臣沉迷於貨資子女，則魯國將內亂，魯君要提前預防這種內部的混亂，是為「拒內」。「拒內」應該與前文「拒邊」聯繫起來考慮，「拒邊」按照我們上文的理解，是抵禦敵人、保衛邊境，則「拒內」或當為抵禦內亂之類的。據此，我們認為，「拒」可訓為「拒絕」，意譯為「消彌」；「內」意指「內亂」。「其」字在此則應該是指敵國，即齊國。

句意謂用以侍奉敵方寵臣，所以用來消彌內亂。

（12）成（城）章（郭）必攸（修），纏（繕）虘（甲）利兵

整理者：「纏虘利兵」，又見簡三四，讀為「繕甲利兵」。《左傳·隱公元年》

「繕甲兵，具卒乘」，楊伯峻注：「繕，修補也。甲兵，指武器。」（《春秋左傳注（修訂本）》第一冊第十三頁，中華書局一九九〇年）

李零（《集釋》）：「享」隸作「臺」，釋「郭」。「繇」隸作「緅」，從「庶」得聲，讀「繕」。「利」不破讀。

陳劍（《集釋》）：「緅」釋「纏」，讀「繕」。

蘇建洲（《集釋》）：「緅」釋「纏」讀「繕」是可以的。「利」讀「厲」。

高佑仁（《集釋》）：「廛」字從「庶」「土」。

季旭昇（《集釋》）：「庶」似可視為「廛」字聲符。

陳斯鵬（《集釋》）：「繇」字原釋隸定不誤，字從「庶」聲，可能是修繕之「繕」的異構。

俞紹宏（《集釋》）：「享」隸作「臺」，「郭」字初文。

波按：「纏」字簡文字形作「繧」，上博簡作「緅」，安大簡此字左邊稍有殘缺。此字上博簡整理者也讀為「繕」，各家基本信從此說，無異議。「利」字上博簡和安大簡整理者都沒有破讀，蘇建洲破讀為「厲」，實際上，此處破讀與否均可，「利兵」、「厲兵」在先秦古籍中都是常見詞，不過「利兵」多當理解為「鋒利的兵器」，也有少數可以理解為「使兵器鋒利」，後者與「厲兵」意思一樣。句意謂城牆一定要整修，修補鎧甲、磨礪兵器。

（13）必又（有）戰（戰）心㠯（以）戰〈獸（守）〉，所㠯（以）為倀（長）也

整理者：「必又戰心㠯戰」，《上博四·曹沫》簡十八作「必又戰心㠯獸」。「戰」，即古文「戰」。後「戰」當是「獸」之訛，讀為「守」。「所以為倀（長）也」，上博簡整理者注：「猶言『所以為上也』。」

李零（《集釋》）：「倀」讀「長」，「所以為倀也」即所以為上也。

淺野裕一（《集釋》）：「所以為長」指防備會遭受齊國侵害的國境地區之政策。「長」與簡35「毋長與父兄」的「長」字用法相同。

高佑仁（《集釋》）：「長」即好、佳。「所以為長也」理解為此為國君應有的作為。「必有戰心以守」防守時隨時都有即將應戰之心。「倀」讀「長」。「所以為長」，所以為領袖也。

連劭名（《集釋》）：「長」義同「常」，訓「久遠」。

波按：安大簡此句「以戰」之「戰」是上博簡「獸」字之訛，整理者已經指出來了，可從。因為簡文此句回答的是魯莊公「守邊城奚如」的問題，自然是回答「守」而不是「戰」，可見此字安大簡誤，上博簡不誤。「倀」字

安大簡整理者引用上博簡整理者注釋而沒有給出新的意見。上博簡各家從不同角度給出自己的意見。我們認為，從此段簡文的文意上來把握的話，「且臣之聞之」後三個並列的分句，即「所以拒邊」、「所以拒內」、「所以為長」，表達的內容具有相關性，應該是曹沫從三個不同的層面回答魯莊公「守邊城奚如」這個問題的。我們前面分析了，「拒邊」當指捍拒邊境、抵禦敵人，「拒內」當指消彌內亂。據此，我們認為「為長」當理解為「做長久打算」，即「為」訓實詞「做」、「謀劃」，「長」訓為「長久」。連劭名先生認為「長」義同「常」，訓為「久遠」，實際上沒必要強調「義同『常』」，「長」本身就有「長久」之義。連劭名先生訓為「久遠」還是很有道理的。

此句句意為必定要懷有抗戰之心用以守衛國家，這才是做長久打算。

（14）不和於邦，不可以〕出墬（舍）

整理者：簡十二自「出墬」以上殘缺，釋文據《上博四・曹沫》簡十八、十九補。「墬」，上博簡作「𤈦」，「𤈦」即古文「豫」，讀為「舍」。「墬」，從「土」，「𤈦」聲，「𤈦」當是「墬」的省變。「墬」見於蔡侯紳編鐘（《集成》二一〇），在此亦讀為「舍」，營舍，軍營的意思。陳劍指出：「且臣聞知」至「三教之末」一段文字，與下錄《吳子・圖國》有關：「吳子曰：昔之圖國家者，必先教百姓而親萬民。有四不和：不和於國不可以出軍；不和於軍，不可以出陳；不和於陳，不可以進戰；不和於戰，不可以決勝。是以有道之主，將用其民，先和而造大事。」簡文合《圖國》所說「教」的內容是「和」。「和」即下簡十九「不和則不𦍩（輯）」、簡二一「賞均聖中則民和之」之「和」，在此義為協調。簡文「三教」指「和於邦」「和於舍」「和於陳」，也就是《圖國》「四教」的前「三教」：「和於國」「和於軍」「和於陳」。《圖國》的「國」即簡文的「邦」，當是漢代人避劉邦名諱所改；「軍」即《左傳・成公十六年》「宋齊衛皆失軍」之「軍」，俞樾《群經平議》：「軍者，謂營壘也。」《國語・吳語》「至於軍」，韋昭注：「軍，所軍之地也。」與簡文「舍」同義。「三和」的內容，見下簡十三至十八。簡十九論「三和」「足以戰乎」，即《圖國》「四和」的「和於戰」。

李零（《集釋》）：「豫」是趨戰過程中臨時採取的隊形。「豫」在「陳」前，還沒有形成「陣」。此字也有可能讀「敘」，列次之意。

陳劍（《集釋》）：「豫」讀「舍」，軍隊駐紮（動詞）或軍隊駐紮之所（名詞）。

淺野裕一（《集釋》）：「豫」，從國內各地調集或動員而聚集、以行軍隊形向戰場移動的軍隊。此階段，其軍隊尚未分組成戰鬥隊形，仍處於會戰之前的預備狀態。

季旭昇（《集釋》）：「豫」指介於「邦」和「陣」之間的軍事佈置階段。

李強（《集釋》）：「豫」，預備。

連劭名（《集釋》）：「豫」指出戰前的誓師，宣佈賞罰條例。

波按：「豫」字安大簡和上博簡字形稍有不同，但二字形都釋為「豫」應該是沒有問題的，得到學者一致讚同。關鍵是如何理解此字。上博簡各家說法不同。我們細審簡文，此段「出豫」、「出陣」、「出戰」應該是一個程度逐漸遞進的過程，「出陣」即擺出戰鬥陣形準備打仗，「出戰」在此當指開始與敵人交戰，則「出豫」很有可能如同安大簡整理者和陳劍先生所言，讀為「出舍」，「舍」理解為「軍營」，「出舍」即離開軍營，意思和「出軍」差不多，「出軍」在此指的是軍隊離開駐紮之地前往戰場。這樣理解，簡文「不和於邦，不可以出舍」文意上較為貫通，意思為國家內部不和，是不可以出軍的。「出軍」僅僅是離開軍營前往戰場，最終未必會「出陣」「出戰」；同樣的，「出陣」之後，也可能受到某些因素的影響並不會交戰。由此可見，「出舍」、「出陣」、「出戰」在此是一個逐漸深入的過程。

此一段簡文意謂：國內不協和，不可以離開軍營；軍內不協和，不可以擺出陣形；軍陣不協和，不可以與敵方交戰。

（15）是古（故）夫戙（陳）者，三畜（教）之末

整理者：「三畜」，即「三教」。參看注〔三七〕（波按：即此段注14）。

高佑仁（《集釋》）：「三教」之本應為「為和於邦」，而非「三教」。

連劭名（《集釋》）：「教」，《荀子・大略》楊倞注「教謂戒令」。

波按：「末」與下句簡文「本」相對應，這裡指的是「三教」之中最末端的，即最不重要的。句意謂所以說「陣」是「和邦」、「和舍」、「和陣」這「三教」之中最不重要的。

（16）君必不巳（已）

整理者：「君必不已」，高佑仁說：「古籍中的『不已』大多解釋成『不停止』『不斷』之義。」（《〈上海博物館藏戰國楚竹書（四）〉讀本》第一七六頁）

李零（《集釋》）：「不已」，不滿足。

高佑仁（《集釋》）：「已」，停止。「不已」，不停止、不斷。

劉洪濤（《集釋》）：「不已」應該指對齊作戰。「君必不已」，意思是你一定要同齊國打仗。

波按：「不已」，當從整理者引高佑仁先生意見，作「不停止」。劉洪濤先生認為「不已」指對齊作戰，可從；但「君必不已」翻譯為「你一定要同齊國打仗」則有歧義，容易讓人理解為曹沫勸進魯莊公，讓其一定要開戰。實際上，要開戰的是魯莊公，而不是曹沫。按照劉洪濤先生的翻譯，應該加上假設詞做「如果你一定要同齊國打仗」，實際上，劉洪濤先生也正是這樣理解的，其在下句「則由其本乎」理解中，就把這句話的翻譯加上了「如果」（詳見下條集釋）。我們認為，這句話可以翻譯成「您一定不會停止（同齊國打仗）」，這樣文意上就不會有太大的歧解了。此外，我們認為，此處的「君必不已」當和簡6「君弗盡」意思一樣，詳見前文按語。

（17）則縣（由）亓朵（本）啻（乎）

整理者：「則縣亓朵啻」，《上博四·曹沫》簡二十「啻」作「虍」，高佑仁讀為「則由其本乎」，並解釋說：「『由』字有從、遵照之意。」又說：「『三教』之本應為『為和於邦』。」（《〈上海博物館藏戰國楚竹書（四）〉讀本》第一七六頁）按：高說可從。「三教」之「本」與「三教之末」對言，「本」「末」顯然是指「三教」中的第一教和第三教。《禮記·祭統》：「是故君子之教也，必由其本，順之至也，祭其是與？」

李零（《集釋》）：「縣」，用。「乎」後加問號。「朵」隸作「朵」，疑為「本」字異體。「朵」釋「虍（乎）」，後加問號。

高佑仁（《集釋》）：「縣」讀「由」，從。

邴尚白（《集釋》）：「縣」同「縣」，同「由」，自、從。

劉洪濤（《集釋》）：簡文意為，你如果一定要打仗，那就先把國政治理好吧。

俞紹宏（《集釋》）：「乎」下可加感歎號。

波按：「本」指前言「三教之本」的「為和於邦」，這一點得到學者們一致讚同。上博簡各家基本無異議。「乎」後安大簡整理者釋文採取上博簡整理者看法，認為加問號。我們認為，俞紹宏先生加感歎號似乎於文意更順暢一些。前言「君必不已」，有一個「必」字表肯定，後面似乎不宜再用反問句式，當用感歎句為佳。句意謂您一定不會停止對齊國的戰爭，那就從「為和於邦」這個根本做起吧！

今　譯

　　過了一年，魯莊公又開始向曹沫請教，說：「我想要和齊國打仗，請問該用什麼陣法？應該如何固守邊境城池？」

　　曹沫回答說：「〔我聽說：『有穩固的謀略但沒有堅固的城池，有成功的政治卻沒有克敵制勝的陣法。』三代的陣法全部都還存在，但使用者有的克敵制勝了，有的被滅掉了。〕而且我還聽說：『小的國家處在大的國家之間，與敵對國家的土地有所交接，不可以先引發敵怨。疆地不要先取□，所以用來捍拒邊境；不要吝惜財貨物資和子女，以用來侍奉敵方寵臣，所以用來抵禦內亂；城墙一定要整修，補繕鎧甲、磨礪兵器，必定要懷有抗戰之心用以守衛國家，這才是做長久打算。國內不協和，（軍隊）不可以離開軍營；軍隊內部不協和，不可以擺出陣形；擺出陣形（的時候）不協和，不可以與敵方交戰。您一定不會停止（同齊國打仗），那就從根本做起吧！』」

第四章

摹本及隸定

臧	公	曰	為	研	於	邦	女	可	敔
敔	舍	曰	毋	穗	民	豈	毋	敦	民
利	繼	汪	而	飤	型	罰	又	皋	而
群	臣	貴	俴	同	赶	髳	彔	毋	
賃	詩	於	又	之	曰	幾	俤	君	子

【13】

民　之　父　毋　此　所　已　為　和　於

邦

釋　文

臧（莊）公曰：「為龢（和）於邦女（如）可（何）⑴？」

蓜（曹）薎（沫）含（答）曰：「毋穫（獲）民旹（時）⑵，毋敓（奪）民利⑶。繼（陳）扛（功）而飤（食）⑷，型（刑）罰又（有）辠（罪），而〔賞簎（爵）又（有）德。凡畜〕⑸【十三】群臣，貴僉（賤）同芷（之）⑹，髟（施）彔（祿）毋貨（背）⑺。《詩》於又（有）之⑻，曰：『幾（愷）俤（悌）君子，民之父毋（母）⑼。』」此所弖（以）為和於邦。」

集　釋

（1）為龢（和）於邦女（如）可（何）

整理者：「龢」，《上博四·曹沫》簡二十作「和」。「龢」當是「和」字異體。

youren（28樓）：簡13「為和於邦如何」，所謂的「和」字字形特殊，左半從「人」形，與該書手其它的「和」字寫法不同，原整理者甚至予以依形隸定，書後「和」字文字編裡亦刻意將它置於最末（頁127）。「和」在楚簡不是什麼疑難字，也從來沒有從「人」的異體寫法，本處簡13的特殊構形顯然是受到下一字「於」的影響而致誤（即涉下而誤），開頭兩筆誤寫為「於」，而後硬改為「和」，遂導致出現此種特殊字形。

潘燈（72樓）：「youren」所言極是。受下文「於」的影響是肯定的。書手當時可能直接想寫「於」，寫完兩筆，發現「於」前面還有「和」，於是又接著寫「和」，遂出現此種特殊之形。通過和上博簡《曹沫之陣》書風的對比，我們越發覺得，安大簡《曹沫之陳》應該是由一位還不太熟練的抄手而為，其筆畫粗細、起伏變化不大，字形明顯缺乏一般楚簡的靈動飄逸之感。簡中多處添字及訛誤寫法，還有部分簡背似練習的字跡，似乎都說明了這些。

波按：「和」字上博簡作「」，是楚簡常見寫法，各家沒有討論；安大簡作「」，不是常見寫法，網友「youren」先生和潘燈先生都認為此字在此受下文「於（）」字影響而誤，形成現在這個樣子，似乎不確。安大簡整理者直接認為此字是「和」字異體，而沒有給出具體的解讀意見。我們認為，此字或許就是「和」字，只不過其左下方加一斜撇作飾筆，恰巧這一斜撇又與「禾」旁左上方的小斜撇相連，使得左側構形形體上黏連成類似「人」形的偏旁，這也是網友「youren」先生和潘燈先生誤認為此字受下文「於」字影響而訛誤的一個重要原因。實際上，如果按照兩位學者的說法，此字開頭兩筆是寫「於」，後來發現要寫的是「和」，就在開頭兩筆的基礎上繼續寫「和」。這樣理解有兩個問題，一是如果抄寫者寫了兩筆發現寫錯，是否會直接在錯誤的基礎上改寫成另一個字而不是刮削重寫，還有待討論；二是即使按照兩位學者的思路，抄寫者確實要在錯誤的兩筆基礎上繼續書寫，那麼抄手的最優解應該是盡量利用這錯誤的開頭兩筆，使之與要正確抄寫的字字形上盡量一致，而不是放置不管。「」字抄手如果把「口」形左側一筆與類似「人」形的斜豎筆黏合，共用筆畫，二筆共同構成「口」形的左側豎筆，這樣看起來此字比現在更像「和」的一般寫法。抄寫者沒這樣做，說明事實可能並不像二位學者推測的那樣。我們認為「口」旁左側斜豎筆是增加的飾筆，如此此字形則是在「和」字的正常寫法上多加了一飾筆而已，仍然是「和」字，而不是整理者所說的「和」字異體，也不是二位學者所說的誤寫。我們這樣推測，也是有根據的，而不是臆想。我們知道，楚簡中的「今」字，按照構形原理來說，正常的寫法應該作「（上博四《曹沫之陣》簡 2）」，但楚簡中更多是在正常的寫法左下方加斜豎筆作「（上博六《競建內之》簡 9）」，有的字形綴加的這一飾筆與上方斜撇黏連，作「（清華簡二《繫年》簡 103）」，這種寫法的「今」字，其左側綴筆和原先的斜筆黏連起來，就很像「人」形了，這種構形情況與此處的「」字規律一致。實際上，「今」字的這種構形，更為明顯的例子在本輯安大簡中就存在，本輯第一篇《仲尼曰》簡 1 整理者讀為「於人不信其所貴」之「於」，作「」，也當是「今」字字形，這點得到了各家共識，我們彼處也有詳細討論；此處「今」字綴加豎筆與中間兩橫不相連接而與上方斜筆黏連，字形看上去更像是左側從「人」而右側從半個「羽」的左右結構的字。所以，我們判斷一個字的構形時，字形的分析很關鍵，要搞清楚字形的構形來源，而不能僅僅「看圖識字」，覺得像哪個字

就妄下論斷。像上舉的「{字形}」字，我們只能看作是在「今」的基礎上綴加斜撇而成的「今」字，而不能如前所說從「人」從半個「羽」。這裡的「{字形}」字應該也是這種情況，看作誤寫的證據性並不強。

我們還有一條比較有說服力的證據，即在上博簡第七冊《凡物流形》甲篇簡 27 中，有「{字形}」一字，整理者及大多數學者一般將其釋作「和」。〔註2〕從字形來看，此字當是楚簡常見的「禾」字左下方加斜撇作飾筆而成，當直接隸定作「禾」，讀為「和」。上博簡「{字形}」字的存在，可以很好地成為我們「{字形}」字構形飾筆說的重要例證。

此外，安大簡第二輯《仲尼曰》簡5「又」字有作「{字形}」者，此字形顯然也是左下方綴加斜撇作飾筆而成，而我們上述列舉的「{字形}」字，所從「又」形也是添加斜撇作飾筆。「{字形}」和「{字形}」的關係，與我們上述例證中「{字形}」和「{字形}」的關係，具有一致的規律性。

總之，不管此處「{字形}」字該如何分析，由於有上博簡的對比和上下文文意的制約，此字釋為「和」還是沒有問題的，句意謂莊公說：「如何才能做到為和於邦？」

（2）毋稺（獲）民旹（時）

整理者：「毋稺民旹」，《上博四・曹沫》簡二十「毋」作「母」，「稺」作「穡」，整理者釋讀為「毋獲民時」。「稺」當是「穡」字異體。陳偉武說：「此簡『獲』與『攼（奪）』互文見義，疑當訓為『取』。佔用民時，正是強取的表現。」（參《試論簡帛文獻中的格言資料》，《簡帛》第四輯第二七五頁，上海古籍出版社二〇〇九年）陳說可從。《管子・臣乘馬》：「彼王者，不奪民時，故五穀興豐。」

李零（《集釋》）：「獲」有違誤之意。

陳斯鵬（《集釋》）：「穡」本字讀。

陳偉武（《集釋》）：「獲」疑訓「取」。

波按：「獲」字安大簡整理者取陳偉武說可從。「毋獲民時」，大概是說不要獲取民眾以時耕種收穫的權利，意即不要獲取民眾稼穡的時機。根據安大簡整理者引用《管子》文文意及先秦古籍常見的「奪民時」等的含義，「時」這裡應該特指農事方面的以時耕種收穫。

〔註2〕俞紹宏、張青松：《上海博物館藏戰國楚簡集釋（六）》第212～214頁。

（3）毋攽（奪）民利

整理者：「攽民利」，讀為「奪民利」。《尉繚子・治本》：「太上神化，其次因物，其下在於無奪民時，無損民財。」《國語・周語》：「不奪民時，不蔑民功。」《春秋繁露・五行逆順》：「勸農事，無奪民時。」

李零（《集釋》）：「攽」讀「奪」。

高佑仁（《集釋》）：「攽」，誤、失。

季旭昇（《讀本》）：不要奪取人民的利益。

子居（《集釋》）：「攽」讀本字，不必破讀。

俞紹宏（《集釋》）：表示「強取」是「攽」的本字用法，這一用法常用「奪」表示。

波按：現代漢語規範字裡面，已經不再使用「攽」字，其義項由「奪」承擔，故此處整理者「攽民利」讀為「奪民利」沒有問題。「毋奪民利」意即不要奪取民眾的利益。「利」大概是指民眾的便利、好處、財物之利等等，我們在此統一用「利益」概括，即對民眾有利的、有益的。此句「利」字，季旭昇先生《讀本》也是翻譯作「利益」。

（4）緟（陳）釭（功）而飤（食）

整理者：「緟釭」，「緟」是「紳」字的異體，「緟釭」亦見於簡二一。《上博四・曹沫》簡二一「紳釭」作「紳攻」，讀為「陳功」。高佑仁說：『陳功而食』古籍或作『量功而食』、『計功而食』，如《管子・君臣上》：『為人上者，量功而食之以足；為人臣者，受任而處之以教。』」（《〈上海博物館藏戰國楚竹書（四）〉讀本》第一七九頁）

李零（《集釋》）：「𥅓」字隸定為「緟」，讀為「申」。「申功而食」疑指論功行賞（以酒肉犒賞）。

陳劍（《集釋》）：「𥅓」釋「紳」，讀「陳」。

陳斯鵬（《集釋》）：「紳」讀「陳」。「食」有俸祿意。

周鳳五（《集釋》）：讀為「程功而食」。

高佑仁（《集釋》）：「紳」讀「陳」較佳。

季旭昇（《集釋》）：「陳功」指量功，指平時對臣子的考核。

俞紹宏（《集釋》）：「紳」也可讀「程」。

波按：「緟」字上博簡作「𥅓」，字形比安大簡右上多一「中」形，二字當屬一字，各家意見一致；至於破讀，有「申」、「陳」、「程」不同觀點。多數

學者讚同讀「陳」之說，我們在此從之。實際上，三種破讀的方法，其在文意上的表達，還是基本上相同的，「申功」、「陳功」或者「程功」意思大概都是說要按照功勞、功績來做什麼。我們認為，各家對「繡（縉）功」一詞的理解大概都沒問題，但是各家均忽略了「飤」字，或不言，或一致認為當破讀為「食」。只有陳斯鵬先生明確指出「食」有俸祿意。我們在做此句今譯的時候，明顯覺得此處「飤」破讀為「食」，於簡文文意尚有未安之處。我們認為，「飤」字在此當是「飼」意，「陳功而飤」的主語當是魯莊公，其對象當是有功之臣民，意為魯莊公按照功勞大小飼養有功勞之臣民，即給有功勞之臣民食物（俸祿、獎賞等）。不過，「飼」字出現得較晚，且「飼」、「食」、「飤」三者之間存在錯綜複雜的關係，先秦秦漢古籍中，三者經常通用。學者們將「飤」破讀為「食」，如果理解為「飼養」、「使……食」之義，也可以講得通。基於此，則古籍中的「量功而食」、「計功而食」之「食」，當均為「飼養」義。安大簡整理者所舉《管子·君臣上》「為人上者，量功而食之以足」，「食之」明顯是「飼養之」之義；此外，這個例子並不恰當，此句中的「量功而食」在句子中不承擔語法結構，當不是獨立的短語，句子應分析為「量功」和「而食之以足」，或「量功而食之」和「以足」。

（5）而〔賞簋（爵）又（有）德。凡畜〕

整理者：「而」下原簡殘缺，缺文據《上博四·曹沫》簡二一補出。《禮記·表記》：「周人強民，未瀆神，而賞爵刑罰窮矣。」

波按：此句諸家無說。句意大概是說賞賜有德者而給予相應的爵位，籠統地說，就是賞賜有德之人。「賞」「爵」意思略同。

（6）貴俴（賤）同屰（之）

整理者：「貴俴同屰」，讀為「貴賤同等」。

youren（29樓）：「等」字原整理隸定作「屰」，讀「等」沒有疑義，但字形非常清楚從二「之」，古文字「之」、「止」寫法有別，隸定應清楚區分。

李零（《集釋》）：「🌱」隸作「屰」，讀「待」。

陳劍（《集釋》）：「🌱」隸作上從「之」，讀「等」。

陳斯鵬（《集釋》）：「🌱」讀「之」。

季旭昇（《讀本》）：貴賤要用同一個標準。

高佑仁（《集釋》）：古籍用法中「等」與「貴賤」搭配最為常見。

俞紹宏（《集釋》）：「🌱」讀「之」文意也通。

波按：綜合各家意見，根據我們對上下文的理解，我們認為此處讀為「貴賤同之」較為合理。原因有三：一是對「同等」一詞的理解，在先秦文獻中，「同等」的意思大概是說名利等同，《大戴禮記·少間》記載孔子曾說過「同名同食曰同等」，並且通過分類舉例說明，得出「此唯不同等，民以可治也」的結論。可見，「同等」並不是治國理政的好辦法。此外，「同等」這種無差別的對待，也無法激發群臣理政的積極性，不符合人性。再有，《管子·五輔》中有「貴賤無分則爭，長幼無等則倍」，明確反對「貴」「賤」、「長」「幼」等無分、無等，「無等」是指沒有等級差別，即「同等」，各等級一樣。可見當時人們對「同等」是持反面意見的。二是下文「髟彔毋貸」，安大簡整理者讀為「施祿毋倍」，也是有問題的；我們認為當讀為「施祿毋背」，理解為「發放俸祿不要有違背」。兩句結合起來，實際上是說畜養群臣，無論其貴賤，都要按照規定的制度或依據對他們一視同仁，發放俸祿也不要違背既有的制度或規定。這裡的「同之」說的是貴賤之臣在統一標準下的一視同仁，即「貴」者和「賤」者，在面對同樣的功績時，要以一個標準來賞賜。「同之」強調的是「貴」「賤」之間獲得賞賜和待遇等方面的公平性、標準的一致性，而不是強調消除本有的「貴」「賤」這種區別。三是「等」字在楚簡中常見，用「𢎥」表示「等」似乎也不太符合楚簡的用字習慣。此句季旭昇先生的譯文較為符合簡文原意。

句意謂凡是畜養群臣，無論貴賤，以同樣的標準對待他們，發放俸祿不要違背這個標準。

（7）髟（施）彔（禄）毋貸（背）

整理者：「髟彔毋貸」，《上博四·曹沫》簡二一無「髟」，又見於簡四三背，從「髟」，「它」聲，即見於《說文》「鬄」字異體的「髢」，讀為「施」，給予，施捨。「彔毋貸」，陳劍讀為「禄毋倍」（參《戰國竹書論集》第一一七頁）。「施禄毋倍」，給予俸禄不要加倍。

海天游蹤（45樓）：簡14「髟（施）禄毋倍」，其中「施」的字形當與上博簡《仲弓》14+9「早（躁）使不行，妥尾【14】有成」的「尾」為一字。過去研究者將「妥尾」讀為「委蛇」，實不可信。一方面語法結構與「早使」不同，二方面「妥」與「委」讀音不近，不能相通……筆者曾認為「尾」當讀為「施」，現在看來可能是對的，《仲弓》簡文當讀為「妥施有成」。

youren（53樓）：簡14「施禄毋倍」，原整理者認為「施」字從髟、它聲，讀「施」，訓為給予、施捨，可信。原書所列上博簡之釋文未補上「施」字，

筆者認為據安大本而補足漏字，上博本應作「凡畜群臣，貴賤同等，施祿毋倍。《詩》於（固）有之，曰：豈弟君子，民之父母。」（波按：引文內容與原引文稍有出入）補上「施」字後，前後多是四字句，文句更為通順。「髟」見於簡14，又見於該簡之背，細審其差異，簡背「髟」表示飄逸秀髮的部件以波浪形呈現，而正面寫法寫成三道橫筆，簡背寫法比較正確。

　　李零（《集釋》）：「𩢏」隸作「價」，讀「負」。

　　陳劍（《集釋》）：「價」讀「倍」。

　　陳斯鵬（《集釋》）：「價」讀「背」。

　　邴尚白（《集釋》）：楚文字「倍」作「伓」，與「價」有別。「價」釋「負」，辜負、背棄。

　　周鳳五（《集釋》）：「價」讀「悖」。

　　季旭昇（《讀本》）：給予的報酬不要違背這個標準。

　　高佑仁（《集釋》）：「價」讀「負」為佳，但從文意看，讀「倍（背）」為佳。

　　侯乃峰（《集釋》）：「價」字從「不」「負」雙聲，「不」為綴加聲符。

　　俞紹宏（《集釋》）：「價」讀「背」、「倍」、「悖」文意也均可通。

　　波按：根據我們對上句「貴賤同之」句意的解讀，此處「施祿毋背」當以讀「背」為佳。安大簡整理者讀「倍」，訓為「加倍」，不確。「施祿毋背」這裡說的發放俸祿不要違背固有的制度或根據，而不是說不要加倍。並且，按照安大簡整理者理解，給予俸祿不要加倍，這樣理解文意上和上句「貴賤同之」就沒有必然的聯繫了，加不加俸祿和是否一視同仁沒有關係，有關係的是給貴者加倍、賤者不加倍。詳見上條按語。

（8）《詩》於又（有）之

　　整理者：「《詩》於又之」，李銳懷疑是「於《詩》有之」的倒文，高佑仁以為讀作「《詩》固有之」（《〈上海博物館藏戰國楚竹書（四）〉讀本》第一八〇頁）。

　　李零（《集釋》）：「𠦏」釋作「於」。

　　李銳（《集釋》）：「𠦏」釋讀「焉」，或為「於《詩》有之」之倒。

　　朱賜麟（《集釋》）：「於」在先秦古文多屬語詞，釋讀時省略亦無不可。

　　高佑仁（《集釋》）：「於」或可讀「固」。

季旭昇（《讀本》）：《詩經》早已說過。

波按：「《詩》於又之」之「於」具體該如何分析，存疑。意思大概是說《詩經》中有如下一句話。不過，先秦秦漢傳世古籍中「《詩》有之」、「《詩》有之曰」等語句有相關記載，如《管子・小問》、《晏子春秋・內篇・問下》等書均有記載。或許「於」字在此可從朱賜麟說法，可省略。

（9）幾（愷）佻（悌）君子，民之父毌（母）

整理者：「幾佻君子」，《上博四・曹沫》簡二二作「幾屖君子」，皆讀為「愷悌君子」。此句和下句，上博簡整理者注謂出自《詩・大雅・洞酌》「豈弟君子，民之父母」。《禮記》引《詩》作「凱弟君子，民之父母」。《說苑・政理》引《詩》作「凱悌君子，民之父母」。《韓詩外傳》《大戴禮記》《孔子家語》等作「愷悌君子，民之父母」。《上博二・民》簡一作「幾佻君子，民之父母」，與本簡同。

李零（《集釋》）：「𢿫」隸作「幾」。「㺌」隸作「佻」，讀「弟」。

陳劍（《集釋》）：「㺌」釋「屖」，即「遲（遲）」聲旁，可讀「弟」。

俞紹宏（《集釋》）：「𢿫」為「幾」省形。

波按：此句有傳世本《詩經》作對照，釋讀問題不大。句意謂安樂和易的有德君子，是民眾的父母。

今 譯

莊公說：「如何才能做到『為和於邦』？」

曹沫回答說：「不要獲取民眾稼穡的時機，不要奪取民眾的利益。按照功勞大小飼養有功勞之臣民，凡是畜養群臣，無論貴賤，以同樣（的標準）對待他們，發放俸祿不要違背（這個標準）。《詩經》裡面有這樣一句話，叫做『安樂和易的有德君子，是民眾的父母。』這就是『為和於邦』的辦法。」

第五章

摹本及隸定

臧	公	曰	為	和	於	僚	女	之	可

鼓 敫 曰 【14】 三 軍 大 出 君 自
蓰 必 又 二 牂 軍 毋 牂 軍 必
又 攣 連 夫= 毋 連 夫= 必 又 攣
大 官 之 帀 公 孫 公 子 凡 又
司 衛 伥 民 者 【15】 毋 角 筐 毋
從 軍 而 辟 同 都 而 蕎 於
邦 則 元 會 之 不 難 所 己 為
和 於 馀

釋 文

臧（莊）公曰：「為和於馀（舍）女（如）之可（何）？」

蓰（曹）敫（沬）曰：【十四】「三軍大出，君自衛（率），必又（有）二牂（將）軍(1)；毋（無）牂（將）軍，必又（有）攣（數）連（裨）夫=（大夫)(2)；毋（無）連（裨）夫=（大夫），必又（有）攣（數）大官之帀（師）、公孫、公子(3)。凡又（有）司衛（率）伥（長）民者(4)，【十五】毋角筐（爵）(5)，毋從（從）軍而辟（避）皋（罪)(6)。同（用）都（諸），而蕎（教）於邦，則元（其）會（合）之不難(7)。所己（以）為和於馀（舍）。」

集　釋

（1）三軍大出，君自衛（率），必又（有）二牉（將）軍

　　整理者：「二牉軍」，《上博四·曹沫》簡二五整理者注：「讀『二將軍』。上言『三軍出，君親率』，君所率為中軍，此當指左、右將或前、後將。」

　　高佑仁（《集釋》）：「二將軍」指兩位將軍。

　　吳曉懿（《集釋》）：「將軍」應指率領某君的統率。

　　波按：「二將軍」具體所指還有爭議，安大簡整理者引高佑仁說法可參考。「大出」或當指舉國軍隊集體出動之類的意思。句意謂三軍集體出動，君主親自率領，一定要有兩位將軍協助管理。

（2）毋（無）牉（將）軍，必又（有）譽（數）逮（裨）夫=（大夫）

　　整理者：「譽逮大夫」，「譽」見於戰國中山王鼎（《集成》二八四〇），用為「數」，簡文「譽」與之同。此句「逮大夫」和下句「逮大夫」，《上博四·曹沫》簡二五分別作「辟大夫」「俾大夫」，陳劍指出「辟大夫」「俾大夫」皆讀為《國語·吳語》的「嬖大夫」。《吳語》：「陳士卒百人，以為徹行百行。行頭皆官師，擁鐸拱稽，建肥胡，奉文犀之渠。十行一嬖大夫……」韋昭注：「三君皆云：『官師，大夫也。』昭謂：下言『十行一嬖大夫』，此一行宜為士。《周禮》：『百人為卒，卒長皆上士。』……十行，千人。嬖，下大夫也。子產謂子南曰：『子皙，上大夫。汝，嬖大夫。』」（參《戰國竹書論集》第一一八頁注四）

　　youren（4樓）：安大簡本在「出」字下多「大」字。上博本的「母」，原整理者李零先生讀「毋」，有幾位學者改讀成「每」（參《上海博物館藏戰國楚竹書（四）曹沫之陣研究》頁148～150），現在看來李零先生的讀法示（波按：當作「是」）正確的，因為安大簡正作「毋」。

　　李零（《集釋》）：原簡兩處「𣥂」隸作「毋」，讀為「無」。「數」，若干。「𤜷」釋「獄」。「獄大夫」疑掌軍中之刑罰。

　　陳劍（《集釋》）：「𤜷」釋「辟」，讀「嬖」。

　　陳斯鵬（《集釋》）：「𤜷」釋「辟」，讀「俾」。

　　邴尚白（《集釋》）：本篇表示禁止義的「毋」僅有簡62作「毋」，其他均作「母」。表示沒有意思均作「亡」。本簡二「𣥂」釋「母」，讀「每」。「嬖大夫」為將軍次一級。「嬖」或讀「裨」，「裨大夫」可能就是裨將軍，即偏將、副將。

朱賜麟（《集釋》）：「𣎴」釋「母」，讀「每」。簡文以「裨大夫」為優。

高佑仁（《集釋》）：楚簡「毋」讀「無」表示沒有，用例甚多。

波按：安大簡作「毋」之字，上博簡作「母」。安大簡未出之前，上博簡各家或認為此字讀「每」，或認為讀「無」。我們認為，從文意上來說，作「毋」作「每」均可，安大簡字形上看是「毋」無疑，則可直接以「無」解之。安大簡「連」字，整理者讀為「嬰」，我們認為不確。當從郱尚白先生和朱賜麟先生意見，讀為「裨」，「裨大夫」大概如郱尚白先生所言，為「裨將軍，即偏將、副將」。這裡的「裨大夫」和前文的「將軍」相呼應，「將」、「裨」搭配在古籍中常見。具體可參本書第九章集釋4。

句意謂沒有將軍的話，一定要有幾位副將。

（3）必又（有）𦏧（數）大官之帀（師）、公孫、公子

整理者：「𦏧大官之帀」，讀為「數大官之師」，上注〔五一〕（波按：即本段注2）所引《國語·吳語》的「官師」，即簡文的「大官之師」。

李零（《集釋》）：「大官之師」疑指士師。《周禮·秋官》有「士師」，為掌獄訟之官。

陳劍（《集釋》）：「大官之師」，大夫也。「公子」後加頓號，「率長」後加句號。

高佑仁（《集釋》）：「大官之師」是否是《管子》中的「官師」還不能確定，但其地位在嬰大夫之下，屬於「士」。

吳曉懿（《集釋》）：「大官之師」為「嬰大夫」的屬官，屬於「士」一級的軍事屬官，具體職司有待進一步探究。

孫思旺（《集釋》）：「三軍出，君自率」至此，所言是將領人選缺位釋的遞退原則。「大官之師」為《左傳》《國語》中的大夫「官師」。

波按：「大官之師」具體所指待考。句意謂沒有副將，一定要有幾位大官之師、公孫或公子。

（4）凡又（有）司衛（率）倀（長）民者

整理者：「有司」，官吏。「倀民」，讀為「長民」。「長」用為動詞，統治、統率的意思。《禮記·緇衣》引孔子說：「上好仁，則下之為仁爭先人。故長民者章志、貞教、尊仁，以子愛百姓，民致行己以說其上矣。」又曰：「長民者，衣服不貳，從容有常，以齊其民，則民德壹。」《國語·周語下》：「晉聞古之長民者，不墮山，不崇藪，不防川，不竇澤。」

李零（《集釋》）：「倀」讀「長」，疑五長、什長、卒長之類。

孫思旺（《集釋》）：「有司率長」，中層軍官。

俞紹宏（《集釋》）：「率」，順從。「長」，官長，指各部門官長及各層級官長。

波按：此句上博簡簡文編聯有問題，「凡有司率長」與「民者」不在同一簡上，各家沒有正確編聯，其解讀基本不足為憑。安大簡整理者訓「長」為「統率」，則「長」或當讀為「掌」，整理者所舉之例亦如此。或者，「長民」理解為「為民之長」，即「為長於民」的簡稱。「率」字在此安大簡沒有給出釋讀意見，我們認為當理解為「全」、「都」之義，而不是「率領」。「有司」就屬於「長民者」的一種，如果「率」理解為「率領」，則「有司率領長民者」，似乎邏輯上講不通。句意謂凡是有司及全部的長民者。此外，這裡的「長民者」應該是特指，特指軍隊中的長官，而不是普通意義上的民眾的長官。因為這段話針對的是「舍（軍營）」內部的事情。

（5）**毋角筐（爵）**

整理者：「角筐」，《上博四·曹沫》簡三七上作「角篗」。上博簡「角」字原文寫法與《上博四·曹沫》簡十六「繲」字所從「角」相似，唯前者「角」內筆畫作「又」形，《上博四·曹沫》簡三七上釋文將其釋作「図」，非是。「筐」，即「篗」的省寫，從「竹」，「雀」聲。「角筐」「角篗」皆應讀為「祿爵」。《史記·留侯世家》司馬貞索隱引《陳留志》所記商山四皓之一的「角里先生」，謂孔安國《秘記》「角里」作「祿里」。「篗」用為「爵」，還見望山一號楚墓簡二二、二三等，下簡三三有「進則彔（祿）筐（爵）又（有）祟（常）」之語，亦可參看。《禮記·王制》：「王者之制祿爵，公、侯、伯、子、男，凡五等。」鄭玄注：「祿，所受食。爵，秩次也。」古書中多見「爵祿」。或說「角」，競逐。《廣韻·覺韻》：「角，競也。」（程燕）

我蠻夷也（2樓）：但上博作「図」，文意較佳。……三軍邦家之「長」是該篇中反覆強調的重點之一，本段之前曾論「所以為長」的條件，本段之後又云「是故長不可不慎」，因此「長民者毋……」一段所論是領導者應避忌的事宜。「図」字《說文》釋為「下取物縮藏之」，《玉篇》云「手取物」，《廣韻》中二見，「女洽切」釋同《玉篇》，「尼立切」釋為「私取兒」，意正合。「図爵」即私取爵，整句意指長民者不可私自獨佔功勞。接著說「毋𢓇（從）軍，毋避罪」，則應是相反的狀況，即推諉塞責。

youren（4 樓）：從上下文的「毋從軍」、「毋避罪」來看，「角」所代表的應該是一個動詞。尤其是《曹沫之陣》亦見「祿爵」一詞（上博版見簡 50），其「祿」作「彔」，此處用「角」表示「祿」，恐有不妥。

海天游蹤（45 樓）：整理者將「角」讀為「祿」與下面的「從軍」對不起來。「角」的位置當是一個動詞。整理引一說讀為「角」，但古漢語的「角」作動詞是較量、競爭的意思，置於簡文不合。考慮到安大簡《曹沫之陣》書手的書法較為稚拙，而且出現不少錯字，如簡 6 的「盡」、11 的「邊」、簡 13 的「和」、簡 14 的「等」（誤為兩個「之」，一般是上「之」下「止」）、簡 17 的「謂」、簡 23 的「恆」等等，我們懷疑安大簡的「角」當是上博簡「図」的錯字。簡文的「從」寫得十分奇特，不確定是否是「從」，或就是「從」的錯字？簡文意思大約是說：凡是有司率領長民者，不可惜爵而不授，不可使軍隊從於長民者而避罪。

陳斯鵬（1119）：從用字習慣來看，本篇簡 14、33 之「祿」均以「彔」為之，此獨作「角」不無可疑；而更重要的問題是，從語法地位來看，這裡的「角筐」應該是謂詞性的結構，如讀為名詞性的「祿爵」，並不合適。相較而言，所引程燕先生說把「角」解釋成動詞，在語法上要合理些。但如果與上博本的異文結合起來看，則猶需另加考慮。……安大簡整理者把上博本的也釋作「角」，以就安大本，從而否認它跟「図」的聯繫。然而此說實頗可商，一方面，「角」及從「角」之字多見，從來不會將角內筆畫寫成「又」形；另一方面，過去將它釋為「図」的意見其實不易推翻。……安大本之「角」更可能是上博本之「図」的形近訛字。

李零（《集釋》）：「図筐」讀「攝爵」。

高佑仁（《集釋》）：「図」外部所從為「宀」，可能也兼聲。

波按：各家對安大簡整理者「角」釋為「祿」之說多有批評。確實，從此字語法位置來看，應為動詞較為適宜。我們認為安大簡整理者第二種說法（即程燕先生觀點）可從。至於此字和上博簡用字的不同，或當屬於另外探討的問題。此句句意謂不要追逐爵位。

（6）毋從从（從）軍而辟（避）皋（罪）

整理者：「从軍」，「从」字原文作「𠈌」。此字亦見於簡三二，與《合集》二七九號等「比」字寫法相似（見劉釗主編《新甲骨文編（增訂本）》第四九○頁）。此簡和簡三二之「𠈌」字，《上博四·曹沫》簡三七上、二九皆作「从」，

從二「从」，當是「从」字的繁文。《說文》「比」：「反『从』為『比』。」古文字往往正反無別。「ㄎㄎ」當是「从」的反寫。「从軍」即「從軍」，參軍。《史記·秦始皇本紀》：「軍歸斗食以下，什推二人從軍。」「ㄎㄎ」，或釋「比」，訓從。《荀子·儒效》：「先王之道，仁之隆也，比中而行之。」王念孫《讀書雜志·荀子二》：「比，順也，從也。」「辟辠」，讀為「避罪」。《漢書·匈奴傳上》：「其掾胡亞夫亦避罪從軍。」

youren（4樓）：「从」字上博本從四「人」，學者一般都依循李零先生讀為「御」（參高佑仁《上海博物館藏戰國楚竹書（四）曹沫之陣研究》頁 234～241），其實《曹沫之陣》本有「御」字（見簡 42），如果安大本的「从」字可信，則上博本的「众」，應當是「从」的繁文，古文字單複數無別。則上博《曹沫之陣》簡29上必須改讀為「必召邦之貴人及邦之奇士，从（從）卒事使兵」，「從卒」謂率領徒眾。

王寧（65樓）：「从」字寫法與普通的「从」字迥異，此當非「从」字。整理者指出此字上博簡本作「众」，兩相對比可知此字當即見於清華簡《湯處於湯丘》《湯在啻門》和《成人》中的所謂「仳」字的省寫，上博簡本的寫法是異體，並非是「众」，簡文中用為「華」或「譁」。《曹沫之陳》中均當讀「譁」，「譁軍」、「譁卒」是。

陳斯鵬（1119）：今安大簡與「众」相應之字作「ㄎㄎ」，整理者釋「从」，正可合證。特別是「毋从軍而辟（避）辠（罪）」一句，整理者舉出《漢書·匈奴傳上》「其掾胡亞夫亦避罪從軍」這樣的文例來相比參，對於釋「从」是一個有力的支持。稍微有點遺憾的是，這兩個「从」字寫得不太規範，應該認為是「从」的訛寫之體。陳哲君認為是二「人」形的兩撇從左下方被誤移至右上方，其說有理。雖則寫訛，但僅作二「人」形，仍有利於斷絕與傳抄古文中訛變成四「ㄇ」形的「吳（虞）」相比附的可能。

李零（《集釋》）：「众軍」讀「御軍」。

邴尚白（《集釋》）：「ㄎㄎ」讀「耀」。「毋耀軍」指不要炫耀軍力。

波按：「ㄎㄎ」字的隸定及解讀各家還有不同看法，安大簡整理者認為此字是「从」字的反寫，可從。句意謂不要通過參軍來躲避應有之罪。

（7）同（用）都（諸），而爻（教）於邦，則丌（其）會（合）之不難

整理者：「同」，《上博四·曹沫》簡三七上作「甬」。「同都」「甬都」，疑讀為「同都」或「通都」，猶言「通共」，是全部一起的意思。「合」，結集。《孫

子兵法・軍爭》「合軍聚眾」，曹操注：「聚國人，結行伍，選部曲，起營為軍陳。」梅堯臣注：「聚國之眾，合以為軍。」張預注：「合國人以為軍，聚兵眾以為陳。」《上博四・曹沫》簡二三下「合」作「會」，義同。這段話意謂：把沒有祿爵的人、沒有參過軍的人和逃避罪刑的人，一起在國內加以訓練，戰時把他們聚合成隊伍就不困難。或說「所以為和於舍」的條件有三：長民者不角逐爵位利祿、不庇護自己的兵卒而規避因罪處罰、同處於一都邑之中而且受教於邦（黃德寬）。

李零（《集釋》）：「甬」讀「用」。「都」為首都以外有先君宗廟之主的大邑，有別於國都和一般的縣。「邦」指國土範圍之內。

李銳（《集釋》）：「都」疑讀「諸」。

何有祖（《集釋》）：「都」可指美德。「都教」指推崇美德教化。

淺野裕一（《集釋》）：止將在國都定的教令施行於全國。

季旭昇（《集釋》）：「都」有「總」義。「都教」指總理教化。

禤健聰（《集釋》）：「甬」讀「勇」。「都」讀「者」。

連劭名（《集釋》）：「都」讀「著」，明表也。

波按：這句話理解起來歧義比較多，安大簡整理者就給出兩種不同的理解，不過根據上下簡文文意來說，似乎這兩種理解都不太好。上博簡由於簡文編聯問題，各家給出的解讀也都不太可信，不過其對某些字詞的釋讀，倒是有可取之處。此句上博簡作「甬都教於邦其合之不難」。我們認為，想要順暢地理解這句話，先要解決兩個問題：一是安大簡「毋從軍而避罪」，上博簡作「毋從軍，毋避罪」，如何理解這種差異；二是曹沫回答莊公「為和於舍」這段話的層次劃分問題。

我們先來分析第一個問題。我們細審上博簡「毋從軍，毋避罪」就會發現，「軍」、「毋」、「避」三個字之間的間隔相比同篇簡文中其他字的間隔來說，間隔距離很短，且「毋」字寫的相比前一「毋」字稍顯小了些，這說明「軍」和「避」之間的那個「毋」字，很有可能是抄手漏抄，後來抄手或讀者補上去的，最初抄寫的時候當作「毋從軍避罪」。我們甚至進一步認為，補這個字的人可能並不是抄手，而是後來的讀者。從安大簡來看，此句作「毋從軍而避罪」，上博簡「而」作「毋」，如果不是錯抄，是沒有辦法合理解釋兩處異文形成的原因的。我們認為，此句簡文當以安大簡為是，上博簡原簡文當作「毋從軍避罪」，少一個「而」字，意思與安大簡一致。但上博簡讀者在閱讀這句話的時

候，語感出現了問題，對句讀判斷出現失誤，其或以為「図祿」、「從軍」、「避罪」三者是並列成份，前二者其前皆有「毋」字，從這個角度來說，「避罪」顯然缺少一個「毋」字，於是補上此字；其不知「毋図祿」是與「毋從軍避罪」並列的，只是並列成份的字數不同而已，正是因為有安大簡佐證，我們才可以這樣大膽推測。

我們再來看第二個問題。我們認為曹沫此段話共有三個層次：第一層次從「三軍大出」到「必有數大官之師、公孫、公子」為第一層次，講的是君主率軍隊出征之事；第二層次即「凡有司率長民者，毋角祿，毋從軍而避罪」，講的是軍隊長官應做之事；第三層次即「同都而教於邦則其合之不難」，講的是集合民眾之事。三個層次是自上而下逐層遞進的，先講君主率軍出征怎樣，再講有司等長民者該怎麼做，最後是如何集合民眾，從「君主」到「長民者」到「民眾」，是逐步由上而下的深入過程。由此可知，「同都而教於邦則其合之不難」是一個獨立的層次，其和之前的「凡有司……避罪」一句，邏輯上是並列關係，而不是從屬關係。

基於上述理解，我們認為，「同都而教於邦則其合之不難」一句，「同」當讀為「用」。上博簡此字作「甬」，「用」、「甬」一字分化，且「用」「同」音近，通假的例子也很多。「都」或當從李銳先生讀「諸」。「諸」在此訓「之」，或以為作「之乎」。「同都」或「甬都」，讀為「用諸」。先秦秦漢文獻中，「用諸」、「舍諸」等辭例常見。「用諸」即「用之」、「用之乎」，意思是用他們，根據上下文文意，此處特指征用民眾為兵，「之」在此指的應該是民眾。「而」，在此訓為「而後」之義。此句當釋為「用諸，而教於邦，則其合之不難」，意思是徵用民眾，而後在邦內教導他們，那麼想要把他們集合起來就不是難事了。上博簡此句作「用諸，教於邦，則其合之不難」，少了「而」字，文意上沒有區別，依然可以理解為徵用民眾，在邦內加以教導，那麼想要把他們集合起來就不是難事了。簡文「合之」的目的，自然是為了增加兵力以與齊國開戰。曹沫這段話整體而言講的是「為和於舍」，即如何做到軍營內部協調的事。從最上層的君主率兵出征需要如何去做，到最基礎的徵兵工作，曹沫一一道來。如此理解，才能在簡文邏輯上有一個清晰的層次。

今　譯

莊公說：「如何才能做到『為和於舍』？」

曹沫回答說：「三軍集體出動，君主親自率領，一定要有兩位將軍協助管

理；沒有將軍的話，一定要有幾位副將；沒有副將，一定要有幾位大官之師、公孫或公子。凡是有司及全部的長民者，不要追逐爵位，不要通過參軍來躲避應有之罪。徵用民眾，而後在邦內教導他們，那麼想要把他們集合起來就不是難事了。這就是『為和於舍』的辦法。」

第六章

摹本及隸定

臧　公　或　釾　為　和　於　戰　女　之

可　會　曰　車　【16】　關　容　伍　關　容

兵　貴　位　至　飤　思　為=　夷　行　幺

行　之　後　句　見　尚　兵　牧　五　之

關　必　又　公　孫　公　子　是　胃　軍

紀　五　人　已　敬　【17】　天=　又　多　四

人　皆　賞　所　已　為=　蚓　毋　走　朕

天　走　釾　命　所　已　為=　毋　退　遷

車 吕 車 衛 徒 吕 徒 所 吕 同

死 於 民

釋　文

臧（莊）公或（又）䎽（問）：「為和於戠（陳）女（如）之可（何）？」

會（答）曰：「車【十六】閼（間）容伍=（伍，伍）閼（間）容兵⑴，

貴位至（重）飤（食）⑵，思（使）為㝬（前）行⑶。厽（三）行之遂（後），

句（苟）見耑（短）兵⑷，攸（什）五（伍）之閼（間），必又（有）公孫、

公子⑸，是胃（謂）軍紀⑹。五人吕（以）敔（禦），【十七】㤓=（一人）又

（有）多⑺，四人皆賞，所吕（以）為劬（搏）⑻。毋㞷（尚）腂（獲）天

〈而〉㞷（尚）䎽（聞）命⑼，所吕（以）為毋退。遷（將）車吕（以）車，

衛（率）徒吕（以）徒⑽，所吕（以）同死於民。」

集　釋

（1）車閼（間）容伍=（伍，伍）閼（間）容兵

整理者：《通典》卷一四九引《衛公李靖兵法》：「乃命諸將分為左右，皆
去兵刃，精新甲冑。幡幟分為左右廂，各以兵馬使長班布其次。陣間容陣，隊
間容隊，曲間容曲。以長參短，以短參長。回軍轉陣，以後為前，以前為後；
進無奔迸，退無趨走；以正合，以奇勝；聽音覩麾，乍合乍離。」（王文錦、
王永興、劉俊文等點校《通典》第三八一五頁，中華書局一九八八年）以上所
論雖是唐代軍隊隊形，但是對於理解「車間容伍，伍間容兵」以下一段簡文很
有幫助，可以參考。

李零（《集釋》）：「伍」為古代軍隊編制最低一級，由五人組成。「兵」，兵
器。

邴尚白（《集釋》）：「伍」的作用在承車之際。

波按：此句到底如何理解，尚存在較大的困難。僅從字面意思理解的話，
大概是說戰車之間容納「伍」，「伍」之間容納「兵」。

（2）貴位叁（重）飤（食）

　　整理者：「貴位叁飤」，《上博四‧曹沫》簡三十「位」作「立」。「位」，爵位。《國語‧魯語上》「夫位，政之建也」，韋昭注：「位，謂爵也。言爵所以立政事也。」「叁」，從「石」，「主」聲，戰國文字常見，多用為「重」。此「叁」字亦用為「重」。「飤」，讀為「食」，指俸祿。《周禮‧天官‧醫師》「歲終，則稽其醫事以制其食」，鄭玄注：「食，祿也。」賈公彥疏：「食即月俸，故以祿解食。」《大戴禮記‧千乘》：「國有四輔，輔，卿也。卿設如四體，毋易事，毋假名，毋重食。」《大戴禮記‧曾子制言中》：「不安貴位，不博厚祿。」《尉繚子‧原官》：「貴爵富祿必稱，尊卑之體也。」《禮記‧中庸》：「尊其位，重其祿，同其好惡，所以勸親親也。」《史記‧李斯列傳》：「斯上蔡閭巷布衣也，上幸擢為丞相，封為通侯，子孫皆至尊位重祿者，故將以存亡安危屬臣也。」「貴位重食」猶「貴爵富祿」、「尊位重祿」，是「貴爵重祿」的另一種說法，這裡指爵位高貴和俸祿豐厚的人。

　　李零（《集釋》）：「貴人」，指身份高的人。簡30首字（波按：即此處「立（位）」字）殘，也可能是「立」字。「厚」釋「厚」。

　　陳劍（《集釋》）：「厚食」與「蓐食」義同。「蓐」，厚也。「蓐食」用於戰陣指在作戰之前命士兵飽食。

　　陳斯鵬（《集釋》）：簡30首字（波按：即此處「立（位）」字）疑釋「位」。

　　李守奎（《集釋》）：「厚」釋「叁」，是楚之「重」字。

　　淺野裕一（《集釋》）：「厚食」待遇兵卒是為了使他們志願到三排中的前排。

　　高佑仁（《集釋》）：「貴位」見《大戴禮記‧曾子制言》「不得志，不安貴位」，意思與「重食」相近。

　　單育辰（《集釋》）：「貴位」與「重食」連讀為一句。

　　季旭昇（《集釋》）：「貴位重食」似應指一種身份，即地位較高、俸祿較多的人，這些人也應該在軍隊的前排，身先士卒。

　　波按：「貴位重食」，可參安大簡整理者說，即「指爵位高貴和俸祿豐厚的人」。這裡曹沫講話的內容是針對「為和於陣」，故我們推測這裡的「貴位重食」有可能特指軍中軍銜高、軍權大的軍隊人員。

（3）思（使）為寿（前）行

　　整理者：「寿行」，讀為「前行」。「寿」，或釋「踵」。「寿」與「踵」形音

皆近。《吳子・應變》：「募吾材士，與敵相當，輕足利兵，以為前行。」《呂氏春秋・仲秋紀・簡選》作「前陳」：「吳闔廬選多力者五百人，利趾者三千人，以為前陳。」高誘注：「陳，列也。」

陳劍（《集釋》）：「思」讀「使」。「前行」指復戰而使作前行者。

淺野裕一（《集釋》）：「前行」指戰列前、中、後三排中的前排。

高佑仁（《集釋》）：「前行」指軍陣前三行。

波按：「使為前行」的對象是前「貴位重食」，句意大概是說讓這些享受高官厚祿的軍事人員交戰時衝鋒在前，身先士卒。

（4）厽（三）行之遂（後），句（苟）見耑（短）兵

整理者：「三行」，見《左傳・僖公二十八年》：「晉侯作三行以禦狄，荀林父將中行，屠擊將右行，先蔑將左行。」《史記・晉世家》：「於是晉始作三行。荀林父將中行，先縠將右行，先蔑將左行。」服虔曰：「辟天子六軍，故謂之三行。」「苟」，猶「必」（參王叔岷《古籍虛字廣義》第一九二頁（波按：當為一九四頁），中華書局二〇〇七年）。「耑兵」，《上博四・曹沫》簡三十整理者讀為「短兵」，可從。銀雀山漢簡《孫臏兵法・威王問》：「長兵在前，短兵在□。」又《陳忌問壘》：「長兵次之，所以救其隋也。從（縱）次之者，所以為長兵〔□〕也。短兵次之者，所以難其歸而徼（邀）其衰也。」《威王問》整理者注：「古謂長柄兵器為長兵，如戈矛（有時也用以指弓弩）；謂短柄兵器為短兵，如刀劍。《司馬法・定爵》：『凡五兵五當，長以衛短，短以救長。』」（銀雀山漢墓竹簡整理小組《銀雀山漢墓竹簡〔壹〕》第五二頁注釋〔九〕，文物出版社一九八五年）

李零（《集釋》）：「句」讀「苟」。「耑兵」讀「短兵」，刀劍類兵器。

陳劍（《集釋》）：「三行」謂（前行、前軍）向敵軍三次前進。「行」當為動詞。

淺野裕一（《集釋》）：「三行」指戰列配置成前、中、後三行。

邴尚白（《集釋》）：「三行」指排列成三行。

蘇建洲（《集釋》）：「短兵」指拿短兵器的士兵。簡文大意是前行軍向敵軍三次前進，（已深入敵國腹地），這時碰到拿短兵器的士兵，眼看就要發生近身肉搏戰。

季旭昇（《集釋》）：「苟見」似乎可讀為「後見」。短兵是近身搏鬥的士卒，正常情況下應放在長兵之後。

季旭昇（《讀本》）：三行士卒之後，才是拿短兵的士卒。

波按：「三行」當從陳劍先生解讀。前言「使為前行」，又言「三行之後，苟見短兵」，可見這裡的「三行」不能理解為傳世文獻中所見的「中行」、「右行」、「左行」，否則「三行之後」不好理解。按陳劍先生理解為三次前進比較貼合簡文文意。「苟見短兵」，意思是說如果遇見短兵交接的情況。

（5）攴（什）五（伍）之關（間），必又（有）公孫、公子

整理者：「攴五之關」，高佑仁讀為「什伍之間」（《〈上海博物館藏戰國楚竹書（四）〉讀本》第一八六頁）。「什伍」，古代軍隊編制，五人為伍，十人為什，故稱什伍。

李零（《集釋》）：「攴」疑即「枚」字。

徐在國（《集釋》）：「攴」可讀「執」。

陳劍（《集釋》）：「攴」疑「審」。

李銳（《集釋》）：「攴」疑讀「什」。

蘇建洲（《集釋》）：「攴」讀「協」。

孟蓬生（《集釋》）：「攴」讀「慎」。

高佑仁（《集釋》）：「攴」讀「什」，「什伍」一詞在古兵書及古籍中常見。

周鳳五（《集釋》）：「攴」釋「騰」。

白於藍（《集釋》）：「攴」字待考。

波按：安大簡整理者隸定為「攴」之字，上博簡整理者隸定為「攴」，二者是一字，簡文字形構形也一致。此字釋讀，上博簡各家意見不統一。現在看來，釋讀為「什」，組成「什伍」一詞，比較可信。句意大概是說短兵交接的時候，十人之間或者五人之間，一定要有公孫、公子。

（6）是胃（謂）軍紀

整理者：「軍紀」，軍中法則，這裡指戰鬥隊形，也就是所謂陣形。

李零（《集釋》）：「軍紀」疑指軍隊編制。

高佑仁（《集釋》）：「軍紀」與今日所謂軍事紀律概念稍有不同。

波按：此句從安大簡整理者讀。句意謂這就叫做軍中法則。「軍紀」所指，當為「車間容伍」至「必有公孫、公子」一段，與後文三個「所以」句構成文意邏輯上的平衡。

（7）五人已（以）敔（禦），大=（一人）又（有）多

整理者：「大」，「一人」合文。「多」，戰功。《周禮·夏官·司勳》：「戰功

曰多。」《國語・晉語九》「下邑之役，董安于多」，韋昭注：「多，多功也……時安于力戰有功。」

李零（《集釋》）：「」隸作「万＝」，讀「萬人」，以下應接「以軍」。「敧」讀「伍」。

陳劍（《集釋》）：「」應當讀為「一人」。「多」，戰功。「一人有多，四人皆賞」，即一人立有戰功，要賞及四人。

邴尚白（《集釋》）：「五人以伍」似不辭。「敧」為「禦」本字，迎擊、拒禦，文獻或作「禦」「迎」。

高佑仁（《集釋》）：此處「五人以伍」應即五人為一伍。

王青（《集釋》）：以「多」釋戰功源自遠古狩獵後的論功行賞之俗。以「多」來稱呼戰功。

波按：「敧」字當從邴尚白、范常喜（見下句集釋）先生讀「禦」。從簡文文意來看，是說五個人抵禦敵人，一個人獲得戰功，剩餘的四個人跟著獲賞。其前「五人」就已經清楚得說明了「伍」這種關係，此處用不著再用「五人以伍」這種下定義的方式解釋這種組合關係；而讀為「五人以禦」，理解為五人一起做什麼事，然後一起承擔什麼結果，文意上自然比整理者的理解順暢得多。並且，從用字習慣來說，「敧」字讀為「禦」，更是比讀為「伍」，可靠得多。「一人有功，四人皆賞」當從陳劍先生解讀，理解為「一人立有戰功，要賞及四人」。

（8）所吕（以）為劻（搏）

整理者：「劻」，從「刀」，「叀」聲。《說文》「斷」之古文作「」，源於此類形體。「劻（斷）」，讀為「敦」。《爾雅・釋詁上》：「敦，勉也。」簡文謂因一人有功，而一併獎賞其他四人，目的是為了敦勉他們奮力作戰（黃德寬）。或說：「斷，決也，猶言裁定功過賞罰之標準。」（參陳劍《戰國竹書論集》第一一八頁注五）

海天游蹤（45樓）：簡18「所以為劻（敦）」、19「不親則不劻（敦）」，黃德寬先生讀「劻」為「敦」可從。

范常喜（1119）：我們認為「劻」應讀作「搏」，……簡文「五人吕（以）敧（禦），一＝（一人）又（有）多，四人皆賞，所吕（以）為劻（搏）。」意謂：五人共同進行抵禦，一人多功，四人都賞，為的是讓士兵搏聚、團結。如此獎賞應該是為了避免引起「二桃殺三士」的內部鬥爭，以讓士兵同心同

德。……」「所已（以）為劻（搏）」與其中的「所已（以）為毋退」「所已（以）同死」相平行，這三句大意應當分別為：「為的是讓士兵搏聚、團結」「為的是讓士兵不退卻」「為的是讓士兵同赴死」。這三句所述動作行為的發出者皆為「士兵」。整理者將「劻」讀作「敦」，將「所已（以）為劻」解作「目的是為了敦勉他們奮力作戰」。如此理解便使動作行為「劻」的發出者變成了將領，與後面兩句不相統一。我們將「劻」讀作「搏」，訓作搏聚，則有效避免了這種矛盾。

李零（《集釋》）：「劻」讀「斷」，決也，猶言裁定功過賞罰之標準。

朱賜麟（《集釋》）：「劻」釋「劃」，斷。

李強（《集釋》）：《廣雅·釋詁》：「斷，齊也」。

俞紹宏（《集釋》）：「斷」訓決也、齊也文意均通。

波按：「劻」當從范常喜先生讀為「搏」，訓為搏聚。或讀為「團」，訓為「團結」。「搏」、「團」同源。

（9）毋走（尚）腰（獲）天〈而〉走（尚）餌（聞）命

整理者：「毋走腰而走餌命」，《上博四·曹沫》簡六二兩「走」皆作「上」，陳劍採納沈培的意見，將「上」讀為「尚」，句意為「以聽命為上而不以俘獲多少為上」（《戰國竹書論集》第一一八頁注六）。

youren（4樓）：李鵬輝先生釋文「毋尚獲而尚聞命」，細審簡文，所謂的「而」應該是「天」的誤字，李文所公佈的圖版中已多次出現「而」字，此寫法與之不同，「天」、「而」的誤寫在楚簡中非常普遍。

李零（《集釋》）：「女」釋「女」讀「如」。「腰」隸定為「腰」，讀「獲」。「命」屬下讀。

沈培（《集釋》）：「上」似讀「尚」，句意為，以聽命為上而不以俘獲多少為上。

陳劍（《集釋》）：「女」釋「毋」。

高佑仁（《集釋》）：沈培說可從，「上」讀「尚」。

波按：「而」字原簡文作「天」，字形確為「天」字，網友「youren」先生所言當是。句意當從安大簡整理者。

（10）遷（將）車已（以）車，衝（率）徒已（以）徒

整理者：「遷車已車，衝徒已徒」，《上博四·曹沫》簡五十八「遷」作

「衒」。「遅」讀為「將」。「衒」，古文「率」字。「將」「率」義同。「將車以車，率徒以徒」，指率車則與車同在，率徒則與徒同在。

　　季旭昇（《讀本》）：率領戰車的人要跟戰車在一起，率領徒兵的人要跟徒兵在一起。

　　波按：此句除安大簡整理者和季旭昇先生外，各家沒有討論。安大簡整理者和季旭昇先生的意見大體一致，可從。

今　譯

　　莊公說：「如何才能做到『為和於陣』？」

　　曹沫回答說：「戰車之間容納『伍』，『伍』間容納『兵』。享受高官厚祿（的軍官），（交戰時）讓他們衝在最前面。三次前進之後，如果遇見短兵相接的情況，十人或五人的組合之間，一定要有公孫、公子，這就叫做軍中法則。五個人一起抵禦敵人，一個人獲得戰功，其他四人全都賞賜，這就是用以摶聚士兵的辦法。不要崇尚獲得多少而要崇尚聽聞命令，這就是能夠『退』的辦法。率領戰車的人要跟戰車在一起，率領徒兵的人要跟徒兵在一起，這就是與民同死的辦法。」

第七章

摹本及隸定

臧	公	或	釂	為	懃	女	〔可	會	曰〕

【19】

君	毋	嘼	自	袋	已	鄬	走	下

之	情	為	佖	夫	募	婦	之	獄	訟

君	必	身	聖	之	又	智	不	足	亡

所	不	中	則	民	懃	之

釋 文

臧（莊）公曰：「此三者，足已（以）【十八】戰（戰）孯（乎）？」

會（答）曰：「戒夤（勝）怠（怠）(1)，果夤（勝）忢（疑）(2)，辟（親）衒（率）夤（勝）叀（使）人(3)，不辟（親）則不刔（搏）也(4)，不和則不昍（輯）(5)，不義則不補（服）(6)。」

臧（莊）公或（又）釂（問）：「為懃（親）女（如）〔可（何）？

會（答）曰〕(7)：【十九】「君毋嘼（憚）自袋（勞）(8)，已（以）鄬（觀）走（上）下之情為（偽）(9)；佖（四）夫募（寡）婦之獄訟，君必身（親）聖（聽）之(10)。又（有）智（知）、不足，亡（無）所不中，則民懃（親）之(11)。」

集 釋

（1）戒夤（勝）怠（怠）

整理者：「戒夤怠」，讀為「戒勝怠」（顧王樂），指敬慎能戰勝懈怠（黃德寬）。《管子‧形勢》：「曙戒勿怠，後稺逢殃。」《六韜‧虎韜‧金鼓》：「凡三軍以戒為固，以怠為敗。」《說苑‧談叢》：「戒勝災。」《六韜‧文韜‧明傳》：「敬勝怠則吉。」

高佑仁（《集釋》）：「戒」，謹慎。

波按：此句上博簡簡文編聯有誤。簡文文意整理者引黃德寬先生說法可從。不過，「勝」在此訓為「戰勝」似乎並不妥貼，不如訓為「勝過」、「勝出」。句意謂戒慎勝過懈怠。

（2）果夎（勝）怠（疑）

整理者：「果夎怠」，《上博四·曹沫》簡三三「怠」作「矣」。邴尚白認為「果夎矣」應該讀為「果勝疑」，指「果斷能戰勝狐疑」（《〈上海博物館藏戰國楚竹書（四）〉讀本》第二二三頁注十）。或說「果」訓作果敢（黃德寬）。

李零（《集釋》）：「果」，果然。「果勝矣」作一句。

邴尚白（《集釋》）：「矣」讀「疑」。「果勝疑」，指「果斷能戰勝狐疑」。

季旭昇（《集釋》）：「果」，如果。

陳斯鵬（《集釋》）：「夎」字讀「乘」，義同「天下不乘」之「乘」。

波按：由於上博簡簡文編聯的問題，此句與上句「戒勝怠」未編聯到一塊，因而上博簡各家的說法都是建立在錯誤簡文文意基礎上的討論。不過，邴尚白先生的說法倒是可從，安大簡整理者已經引用。句意謂果斷勝過猶豫。

（3）辟（親）銜（率）夎（勝）叟（使）人

整理者：「辟銜夎叟人」，讀為「親率勝使人」。「親率」與「使人」相對（顧王樂）。

李零（《集釋》）：「夛」隸作「親」。「親率勝」後加句號。

邴尚白（《集釋》）：「矣」讀「疑」。「果勝疑」，指果斷能戰勝狐疑。

高佑仁（《集釋》）：「親率勝」從原釋後加句號。

季旭昇（《集釋》）：簡文意為如果勝利了，國君要親自領導處理勝利的安排。

陳斯鵬（《集釋》）：「夎」字讀「乘」，訓「守」。

子居（《集釋》）：「親率勝使人」作一句。

俞紹宏（《集釋》）：「親率」，學者解讀為「親自率領」或可從，是說親自率軍勝過別人率軍。「親」可指親力親為。「率」也有可能是副詞用法，一概、都，簡文是說凡事都要親力親為，這要勝過指使他人代勞。

波按：上博簡此句簡文編聯方面有問題。「親率」意為親自率領，「使人」意為支使別人。

（4）不釁（親）則不劅（摶）也

　　整理者：「劅」，上注〔六四〕（波按：即本書第六章注8）指出《說文》古文「斷」，讀為「敦」。簡文指不能親身率軍作戰就不能達到敦勉（兵士）的效果（黃德寬）。《上博四·曹沫》簡三三「劅」作「繂」。「繂」即「緈」。「敦」「緈」皆從「臺」聲。「緈」「劅（斷）」音近古通。《莊子·逍遙遊》「越人斷髮文身」，陸德明《釋文》注引司馬彪本「斷」作「敦」。上博簡注釋「繂」讀「敦」可從。或讀為「專」。《易·繫辭上》韓康伯注：「專，專一也。」

　　李零（《集釋》）：「繂」讀「敦」，淳厚。

　　李銳（《集釋》）：「繂」讀「庸」。

　　高佑仁（《集釋》）：「敦」，勸勉。

　　連劭名（《集釋》）：「敦」讀「淳」，「忠謹之貌也」。

　　俞紹宏（《集釋》）：「繂」可讀「融」，和樂。

　　波按：安大簡「劰」字，上博簡作「繂」。此字釋讀可參簡18「所以為摶」集釋之范常喜先生觀點，在此當讀為「不親則不摶也」，意即君主不親自率領軍隊就不能使之摶聚。

（5）不和則不畠（輯）

　　整理者：「畠」，原文作「𣎵」，《上博四·曹沫》簡三三作「𦣞」，主要不同之處在下方「儿」形部分的寫法。關於古文字「畠」的考釋，參看徐在國《說「畠」及其相關字》（簡帛研究網站，二〇〇五年三月四日）。「不和則不畠」亦見於下簡二三，「畠」皆讀為「輯」，和，同。《爾雅·釋詁上》：「輯，和也。」《管子·形勢解》：「君臣親，上下和，萬民輯，故主有令則民行之，上有禁則民不犯。君臣不親，上下不和，萬民不輯，故令則不行，禁則不止。」下簡四十二有「上下和且畠（輯）」之語，亦可以參看。或說「𣎵」，從「口」，「抑」聲，「畠」字異體。

　　潘燈（1樓）：「畠」在句中讀「輯」，之前我們對畠的瞭解產生過疑惑，有學者還寫過專文論證其字形，今觀安大簡中的「畠」，至少可以排除兩種認識，一是從「耳」說，還有一種就是從「巴」說。其實「畠」口下所從，當為「色」，乃作聲符。古音中，畠清紐緝部，色山紐職部，二字讀音接近。「色」或是在「印（或讀抑）」的基礎上產生的，故在下部跪著的人形（即卩）腿部上添一小斜橫，以示區別。這一點，安大簡已顯現得很清楚，毋庸質疑。

　　李零（《集釋》）：「𦣞」，此處讀「和輯」之「輯」。

高佑仁（《集釋》）：「𦎫」釋「戠」，讀「輯」。「𦎫」從沈培釋「祝」讀「篤」。

陳斯鵬（《集釋》）：「𦎫」下部的「兄」訛為「見」，字讀「恭」，恭順義。

張峰（《集釋》）：「𦎫」為「戠」訛書。

波按：「和」和「輯」在先秦傳世文獻中經常搭配出現，除了安大簡整理者所列舉之外，比較切合的例子還有《國語・周語》「和協輯睦於是乎興，財用番殖於是乎始，敦厖純固於是乎成」、《管子・五輔》「敦懞純固以備禍亂，和協輯睦以備寇戎」等等。此處簡文「和」可理解為「和協」，「輯」可理解為「輯睦」，大概是說不和協就不會輯睦。意思是說軍隊內部的和協是將士們能夠輯睦的前提條件。「和協」的重點在「協」，即軍隊內部的協調；「輯睦」的重點在「睦」，即軍隊內部協調後的親睦。簡42「上下和且輯」之「和」、「輯」，也應該是和協輯睦之義，意即上下和協而且輯睦。

（6）不義則不徆（服）

整理者：「不義則不徆」，《上博四・曹沫》簡三三「義」作「愍」，「徆」作「備」。「徆」當是「備」之異體。上博簡整理者讀「備」為「服」，可從。《論語・子路》：「上好義，則民莫敢不服。」

李零（《集釋》）：「義」，此處似是公平之義。

高佑仁（《集釋》）：「義」，公平、正義、適宜。

波按：「義」字暫從高佑仁先生理解為「正義」。句意謂不正義就不會服從。

（7）為慼（親）女（如）〔可（何）？曶（答）曰〕

整理者：「為慼（親）女」，《上博四・曹沫》簡三三「慼」作「親」。「慼」，從「心」，「斳（新）」聲，當從上博簡讀為「親」。「為慼女」後據上博簡補「可曶曰」三字。

高佑仁（《集釋》）：本篇「親」分兩類，從「木」者為「親愛」義，不從「木」者為「親自」義。這裡為「親自」義。

俞紹宏（《集釋》）：高佑仁說值得重視。「為親如何」之「親」為親力親為之義。

波按：高佑仁說可從。不過這裡的「為親」可作專有的概念名詞，今譯不必翻譯。

（8）君毋嘼（憚）自獒（勞）

整理者：「嘼」，《上博四・曹沫》簡三四作「戁」，整理者注：「同『憚』，是畏難之義。」按：「嘼」即「單」字古文，當從上博簡讀為「憚」。

youren（41樓）：簡20「君無憚自勞」的「勞」是個屬於「將錯就錯」的
訛字，「衣」旁上半的寫法與「火」完全不像，若不是有上博簡可供對照，恐
怕很難釋出。

李零（《集釋》）：「戁」讀「憚」，畏難。

高佑仁（《集釋》）：「自勞」，諸事躬身而作，不假他人之手。

波按：安大簡釋「勞」之字原簡文作「」，字形確實和正常寫法的「勞」
字稍有不同，當是書寫之訛。根據簡文前後文文意，尤其是前文「不親則不
搏」、「親率勝使人」和後文「君必身（親）聽之」等，我們認為「自勞」的
意思當是親力親為所產生的勞苦，即君主「親率」之「勞苦」。「自」理解為
「親事親為」，「勞」是「勞苦」之義。「自勞」前用的動詞是「憚」，說明其
後不是一件輕鬆的事情。高佑仁先生的解讀，當是對「自」的解讀，不當是
「自勞」，否則放在簡文「毋憚自勞」中解釋不通。此句句意當為君主不要畏
難親為的勞苦。

（9）己（以）酄（觀）丄（上）下之情為（偽）

整理者：「酄」，《上博四·曹沫》簡三四作「觀」。「酄」，從「邑」，「觀
（觀）」聲，當從上博簡讀為「觀」。「為」，上博簡讀為「偽」，可從。「情偽」
見《大戴禮記·文王官人》：「慎維深思，內觀民務，察度情偽，變官民能，歷
其才藝，女維敬哉。」

高佑仁（《集釋》）：「情偽」，真誠與虛偽。

波按：「觀」，觀察。「情偽」，實情與虛假。句意謂用以觀察上下各方的真
實情況和虛假情況。

（10）伮（匹）夫暴（寡）婦之獄訟，君必身（親）聖（聽）之

整理者：「獄訟」，《上博四·曹沫》簡三四作「獄詷」。上博簡「詷」，或
認為讀為「訟」，或認為乃「訟」之訛。本簡「訟」所從的「公」下兩橫為飾
筆，與陶文「公」（《陶錄》三·二一二·三）相同。

youren（50樓）：「訟」字上博簡作「詷」，我在碩士論文裡是以聲韻通假
的角度將「詷」通為「訟」（當時還有一些學者是將「詷」讀如字，與「痛」
聯繫），現在看到安大簡，字正作「訟」，「訟」與「詷」更可能是字形上的訛
誤關係。安大簡原整理者指出這種寫法的「公」又見於《陶錄》3.212.3，這個
說法非常重要。在原有的「公」字上增加兩道橫筆，在古文字中非常罕見，值
得留意的訊息有：一、兩道橫筆除了可放在「公」字下（如安大簡之寫法），

也可放在「公」字上（參《陶錄》1054～1060），這種「＝」放在「八」形上的寫法，應該就是上博簡本誤寫成「詞」的關鍵因素。二、《曹沫之陣》寫魯莊公與曹沫的對話，以及曹沫對兵法的瞭解，文本應來源自魯國，而前述特殊寫法的「公」，正是齊魯文字的特色（參《齊魯文字編》頁137～138），這是《曹沫之陣》來源自魯國的一個重要旁證。

李零（《集釋》）：「𤰞」釋「訟」。「身」，親自。

季旭昇（《集釋》）：「𤰞」釋「詞」，讀「恫」，「痛也」。

陳斯鵬（《集釋》）：「𤰞」隸作「詞」，讀「訟」。

何有祖（《集釋》）：「𤰞」隸作「詞」，讀「訟」。

李守奎（《集釋》）：「𤰞」為「訟」誤書。

高佑仁（《集釋》）：「詞」「訟」二字可通。

于智博（《集釋》）：「𤰞」為「訟」字訛書。

波按：安大簡作「𤰞」之字，上博簡作「𤰞」，二字當是音近通假關係，而不是訛誤，訛誤之說沒有證據。網友「youren」先生認為安大簡此字下兩橫上移而形成上博簡的寫法，也不可信。「公」字下方所從非口，而是圓圈；「同」下所從是「口」，二者字形區分嚴格。「訟」，邪母東部字；「詞」，定母東部字。二字韻部一致，聲母稍有距離。但「誦」與「訟」古音一致，一般又認為「同」「用」「甬」一字分化，因而邪母字和定母字也有通假的可能。此外，關於安大簡「訟」字為何下加「＝」，各家沒有合理的解釋。我們發現，在古文字中，有不少東部字經常綴加兩點或兩小橫的情況，典型者如內史亳豐同之末字「同」下加兩點，再如璽彙1714「共」字下加兩橫等等。學界一般認為是綴加的無意義的飾筆或存疑，我們認為這些綴加兩小點或兩橫的東部字，或許不是偶然現象，值得進一步研究。「身」字讀「親」，訓為「親自」，李零先生已經理解為「親自」。

句意謂有關匹夫寡婦的獄訟之事，君主您一定要親自審問。

（11）又（有）智（知）不足，亡（無）所不中，則民𢝊（親）之

李零（《集釋》）：「則民親」，那麼民眾就會親近他。

連劭名（《集釋》）：「中」讀「忠」。後文「賞均聽中」，「中」亦讀「忠」。

俞紹宏（《集釋》）：中，恰當、得體。

波按：「有知」與「不足」相對，大概是兩種地位等各方面差別很大的人。對待這兩種人，君主要做到沒有什麼不恰當，這樣民眾就會親信。或者理解為

「有知不足」是就「匹夫寡婦之獄訟」而言，這樣的話，「有知不足，無所不中」大概是說關於這些獄訟，可以有不知道的，但知道了就一定要做到沒有不恰當的做法。

今　譯

莊公說：「這三個方面，足夠用來交戰嗎？」

曹沫回答說：「戒慎勝過懈怠，果斷勝過猶豫，親自率領勝過支使下人。不親自率領就不會搏聚，不和協就不會輯睦，不公平就不會服從。」

莊公又問說：「『為親』要怎麼做？」

曹沫回答說：「君主您不要畏難親為的勞苦，（凡事親力親為）用以觀察上下各方的真實情況和虛假情況。有關匹夫寡婦的獄訟之事，君主您一定要親自審問。對待『有知』和『不足』這兩種人，君主您要做到沒有什麼不恰當，這樣民眾就會親信您。」

第八章

摹本及隸定

人	能	絢	三	軍	凶	衛	受	又	智
舍	又	能	則	民	宜	之	叡	臣	餂
之	嬹	又	倀	三	又	衛	逐	邦	又
君	此	三	者	所	吕	【22】	戰	也	是
古	長	三	可	不	慭	也	不	緟	則
不	遄	不	和	則	不	昌	不	兼	畏
則	不	葯	睪	欲	少	吕	多	少	則
惕	設	垀	成	則	惕	會	【23】	是	古
衛	不	可	凶	牸	則	不	行	戰	又
昌	道	勿	兵	吕	克				

釋　文

臧（莊）公或（又）餂（問）:【二十】「〔為和女（如）可（何）？」

　　會（答）曰：毌〕辟（嬖）於这（便）遱（嬖）⑴，毌倘（黨）於父群（兄）⑵，賞埄（均）聖（聽）中⑶，則民和之。」

　　或（又）餌（問）：「為義女（如）之可（何）？」

　　會（答）曰：「繻（陳）社（功）上叚（賢）⑷。能紿（治）【二一】百人，囟（使）倀（長）百人⑸；能紿（治）三軍，囟（使）衛（帥）⑹。受（授）又（有）智，舍（予）又（有）能⑺，則民宜（義）之。叔（且）臣餌（聞）之：婞（卒）又（有）倀（長），三軍又（有）衛（帥），邦又（有）君⑻，此三者，所已（以）【二二】戰（戰）也。是古（故）長不可不慙（慎）也。不婞（卒）則不迊（恆）⑼，不和則不昌（輯）⑽，不兼（嚴）畏則不勞（勝）⑾。采（卒）欲少已（以）多⑿。少則惕（易）設（察）⒀，圬（氣）成（盛）則惕（易）會（合）⒁。【二三】是古（故）衛（帥）不可囟（使）牪=（疑，疑）則不行⒂。戰（戰）又（有）昂（顯）道⒃，勿兵已（以）克⒄。」

集　釋

（1）於这（便）遱（嬖）

　　整理者：此簡「於这遱」以上殘缺，缺文據《上博四·曹沫》簡三五補。

（2）毌倘（黨）於父群（兄）

　　整理者：「倘」，《上博四·曹沫》簡三五作「倀」，整理者注：「讀『長』，指凌駕。」「倘」當從上博簡讀為「長」。

　　激流震川 2.0（47 樓）、侯瑞華（0905）：上博簡《曹沫之陳》簡35「毌嬖於便嬖，毌倀於父兄」，過去諸家都將「倀」讀為「長」。現在安大簡《曹沫之陳》簡21作「毌倘於父兄」。整理報告注釋云：「『倘』，《上博四·曹沫》簡三五作『倀』，整理者注：『讀為長，指凌駕。』『倘』當從上博簡讀為『長』。」「倘」字从人、尚聲，應該讀為「黨」，是袒護、偏袒的意思。《墨子·尚賢中》：「不黨父兄，不偏貴富，不嬖顏色」，正可與簡文內容相印證。「長」聲與「尚」聲相通，文獻中有很多例證。又古文字中有「長」、「尚」雙聲之字，見於楚簡的如《清華簡一·楚居》簡2的「戃（倘）羊（徉）」。《論語·公冶長》的「申棖」，《史記·仲尼弟子列傳》作「申黨」。因此上博簡的「倀」也應該依照安大簡讀為「黨」，兩處的異文屬於通假關係，可以統一起來。

　　李零（《集釋》）：「長」，凌駕。

劉寶俊（《集釋》）：「倀」從「人」「長」會意，與《說文》訓「狂」的「倀」是同形字。

俞紹宏（《集釋》）：「毋倀於父兄」就是不要頂撞父兄。

波按：安大簡「倘」字，上博簡「倀」字，均應從侯瑞華先生觀點，讀為「黨」，訓為「偏袒」、「袒護」。簡文下文「賞均聽中」，就是對「毋嬖於便嬖，毋黨於父兄」的概括說明。「嬖」有「佞愛」之義，「毋嬖於便嬖」是說不要佞愛便嬖之人；相應地，「毋黨於父兄」是說不要偏袒自己的父兄。能夠做到這兩點，就是做到了「賞均聽中」，即賞賜能夠均衡、聽訟能夠持中。

（3）賞坓（均）聖（聽）中

整理者：「賞坓聖中」，《上博四·曹沫》簡三五整理者釋讀為「賞坓（均）聖（聽）中」。《說苑·指武》：「聽獄不中，分財不均。」或疑「聖中」與「賞均」對言，「聖」讀為「讁」。上古音「聖」屬書母耕部，「讁」屬端母錫部，二字韻部陽入對轉，聲母關係密切。例如「讁」所從的聲旁「啻」即屬書母。所以「聖」可以讀為「讁」。「讁」，《說文·言部》：「罰也。」「中」，適當。

youren（54 樓）：「聖」字原整理者提出兩個通讀可能，第一是延續上博簡原整理者的看法，讀成「聽」，第二是讀為「讁」，指罰。這裡的「聖」應該還是要讀作「聽」比較理想，簡 20 猶有「君必親聖（聽）之」，用字讀法均同。

李零（《集釋》）：「坓」讀「均」。

李銳（《集釋》）：「均」疑讀「恂」，《方言（一）》：「恂，信也」。

波按：「聖」、「聽」一字分化，此處「聖」當從安大簡整理者讀為「聽」。此句簡文意即賞賜能夠均衡、聽訟能夠持中。這與簡文上文文意上相黏連，不宜再作他解。詳見上條按語。

（4）緡（陳）糺（功）上臤（賢）

整理者：「緡糺」，見於前簡十三，作「緡糺」，讀為「陳功」。《史記·日者列傳》：「試官不讓賢陳功。」「止臤」，《上博四·曹沫》簡三六整理者注：「讀『上賢』，古書亦作『尚賢』。」參《吳子·料敵》：「凡料敵……有不占而避之者六……四曰陳功居列，任賢使能。」陳劍認為可與簡文參讀（《戰國竹書論集》第一二二頁注七）。

李零（《集釋》）：「緡」讀「申」。「止臤」讀「上賢」，古書亦作「尚賢」。

陳劍（《集釋》）：「緡」釋「紳」讀「陳」。

邴尚白（《集釋》）：「陳功」，陳述功績。

李強（《集釋》）：「紳功尚賢」的主語為國君。「紳」釋作「授官」。

俞紹宏（《集釋》）：「上賢」，使賢能者上，即任用賢能者。

波按：根據簡文下文曹沫建議魯莊公根據人的才能分別授官等情況來看，這裡的「陳功上賢」應該是下文的總括句。由此，我們認為，俞紹宏先生的意見可從。古籍中的「尚賢」一般指的是「尚慕賢良」或「推崇賢良」，主觀色彩比較濃厚，和此處簡文所要表達的感情色彩似乎不太吻合。從「陳功（擺出戰功）」這種客觀事實來看，「上賢」似乎理解為「以賢者為上」這種實際行動比較好，「尚慕賢良」大概更多是停留在思想認識的層面，未必實施。「上」在此是使動用法，理解為「使……上」，「上賢」即使賢者上，也就是說只要有賢良，就使之上位，有所任用。其實，在傳世先秦秦漢古籍中，「上賢」一詞也是經常出現的，如《大戴禮記・保傅》「上賢而貴德」，《逸周書・常訓解》「上賢而不窮」等等。此外，「上」、「尚」二字無論是在傳世古籍還是出土文獻中，二字相通假的情況十分常見。我們上述討論或許求之過深了，有點鑽牛角尖。我們的意思是想說，此處簡文「上賢」不必破讀，也是完全講得通的，沒必要讀為「尚賢」。

「陳功上賢」，意思大概是說陳述功績，上用賢良。

（5）能紿（治）百人，囟（使）倀（長）百人

整理者：「倀」，《上博四・曹沫》簡三六整理者讀為「長」。陳劍說此句「長」即上博簡二八「卒有長」之「長」（《戰國竹書論集》第一二二頁注八）。

李零（《集釋》）：「紿」均隸作「紿」，讀為「治」。本簡讀「使」之字隸作「吏」，讀為「使」。「長百人」者為卒長。

高佑仁（《集釋》）：百人為「卒」。

陳斯鵬（《集釋》）：「弁」與「兄」類似，是將口形上部的橫筆拉長所致，這種寫法是「史」向「弁」形訛的一種過渡狀態。本篇此類字形均讀為「使」。

張峰（《集釋》）：原簡「史」訛為「弁（弁）」。

波按：句意為能夠治理百人，就使他成為百人之長。或以為「倀」讀為「掌」，訓「掌管」，意思是能夠治理百人，就讓他掌管百人。

（6）能紿（治）三軍，囟（使）衒（帥）

整理者：「囟衒」，《上博四・曹沫》簡三六作「思衒」，讀為「使帥」。以上文「能治百人，使長百人」例之，「囟（使）衒（帥）」之下，當省略了「三軍」二字。

李零（《集釋》）：「銜」讀「帥」。

李銳（《集釋》）：「銜」讀「率」。

高佑仁（《集釋》）：「使帥」，派將帥。

子居（《集釋》）：簡文讀為：「陳功尚賢，能治百人，使長百人，能治三軍，使帥授右。」

俞紹宏（《集釋》）：「使帥」，使之成為三軍之帥，即使之率三軍。

波按：「能治三軍，使帥」，意謂能夠治理三軍，使之成為三軍之帥。「帥」也可從李銳先生讀「率」，那樣句意就變為能夠治理三軍，使率領三軍。此句當與上句簡文聯合起來理解，「使長百人」和「使帥」之「長」「帥」詞性應該一致，或同理解為使動用法，或同時破讀為動詞「掌」「率」。

（7）受（授）又（有）智，舍（予）又（有）能

整理者：「舍」，沈培、陳斯鵬讀為「予」（參陳斯鵬《上海博物館藏楚簡〈曹沫之陣〉釋文校理稿》，簡帛研究網站，二〇〇五年二月二十日）。

李零（《集釋》）：「舍」即「舍」，有安置義。「又知舍有能」作一句。

陳劍（《集釋》）：「受」屬下讀「授」。「智」不破讀，後加逗號。沈培「舍」讀「予」。

陳斯鵬（《集釋》）：「智」不破讀。「舍」讀「予」。

連劭名（《集釋》）：「舍」讀「與」。

俞紹宏（《集釋》）：「舍」讀「予」「與」，以及「智」不破讀文意也均可通。

波按：與「授有智」相對應，作「予有能」文意上較好。「授」、「予」義同。句意謂有智者授之，有能者予之。

（8）捽（卒）又（有）倀（長），三軍又（有）銜（帥），邦又（有）君

整理者：「捽」，《上博四·曹沫》簡二八作「肀」。「捽」，從「力」，「肀」聲，疑是力卒之「卒」的專字。古代軍隊百人為「卒」，其長官稱「長」。《周禮·夏官·司馬》：「凡制軍……百人為卒，卒長皆上士。」「銜（帥）」，《上博四·曹沫》簡二八整理者注：「指三軍之將，《論語·子罕》『三軍可奪帥也』的『帥』就是這個意思。」

李零（《集釋》）：「卒」，古代軍隊編制的基本單位。「卒」之長叫「卒長」。「銜」讀「帥」，三軍之將。「邦」，指國土範圍之內。

淺野裕一（《集釋》）：「卒」應係指部隊。

波按：「卒」字釋讀，安大簡整理者之說可從。「卒長」、「三軍之率」、「邦君」，三者明顯是一種邏輯上由下級向上級逐層遞進的關係。句意謂卒有長官，三軍有統率，邦國有君主。

（9）不𣎻（卒）則不迵（恆）

整理者：「不𣎻則不迵」，《上博四·曹沫》簡四八作「不眾則不亙」。單育臣認為「卒」典籍多有「終」「止」義，「卒」「恆」義近，「不卒則不恆」似言「如果沒有終了就沒有恆久」（參《曹沫之陳〉文本集釋及相關問題研究》第六六頁，吉林大學碩士學位論文，二〇〇七年）。《易·恆》：「不恆其德。」《史記·淮陰侯列傳》：「為德不卒。」

李零（《集釋》）：「眾」或可讀「依」。

李銳（《集釋》）：「眾」讀「愛」。「衣」與「愛」古通。

周鳳五（《集釋》）：簡文讀為「不衣則不亟」。

季旭昇（《集釋》）：這裡「不卒」指國君「為親、為和、為義」不卒，則事不恆久。

白於藍（《集釋》）：「眾」用法待考。

高佑仁（《集釋》）：「眾」即「卒」，終、盡。「不卒」，不終。「不恆」，不恆久。

波按：綜合各家意見，句意謂不終卒就不能恆久。

（10）不和則不昌（輯）

整理者：「昌」，《上博四·曹沫》簡四八作「茸」，均讀為「輯」。參看注〔七一〕（波按：即本書第五章集釋5）。

李零（《集釋》）：「𧎮」隸作「莒」讀「輯」。

徐在國（《集釋》）：「𧎮」從「昌」，讀「輯」。

高佑仁（《集釋》）：「𧎮」釋「茸」，讀「輯」。

陳斯鵬（《集釋》）：「𧎮」隸作從「艸」從「兄」，讀「恭」，恭順。

高佑仁（《集釋》）：「𧎮」隸作上從「艸」，下從「祝」，讀為「篤」。

波按：安大簡作「𧎮」之字，上博簡作「𧎮」，此字上博簡各家討論頗多，現在看來，徐在國先生的意見是對的。句意謂不和協就不會輯睦。

（11）不兼（嚴）畏則不叕（勝）

整理者：「兼畏」，疑讀為「嚴畏」。「兼」「嚴」音近古通。《說文·𨸏部》「𪩘，崖也。從𨸏，兼聲。讀若儼」，即其證。《尉繚子·攻權》：「不嚴畏其心，

不我舉也。」陳偉武說：「『嚴畏』猶言『敬畏』。」（參《兵書新注商兌》，《古漢語研究》一九九五年第二期）

海天游蹤（43樓）：「兼」讀為「嚴」聲韻都不密合，「兼」還是讀「謙」為好。

陳劍（《集釋》）：「不和則不輯不兼畏於民」如何斷句理解尚待考。

陳斯鵬（《集釋》）：「畏」讀「威」。

高佑仁（《集釋》）：「兼」讀「謙」，謙虛、謹慎。「畏」，敬服。

子居（《集釋》）：簡文是說天下打算兼併之的就少了。

波按：此句上博簡同樣存在簡文編聯問題，上博簡各家說法都不可信。按照現今通行的王力先生的上古音系統來看，「兼」字上古音屬於見母談部，「嚴」字上古音屬於疑母談部，「謙」字上古音屬於溪母談部字。三字聲母同屬牙音，韻部同在談部，上古音都十分接近，網友「海天游蹤」先生認為安大簡整理者的破讀聲韻都不密合，恐怕是有問題的。安大簡整理者讀為「嚴畏」並引陳偉武先生相關觀點讀為「敬畏」，可從。

句意謂不敬畏就不會戰勝。

（12）㤘（卒）欲少㠯（以）多

整理者：「㤘欲少㠯多」，《上博四·曹沫》簡四六下「欲」作「谷」，當從本簡讀為「欲」。據文意，此句「㠯多」與下文「圬成」相當。簡文「㠯」與「气」上半寫法十分相似，頗疑「㠯」是「气」的省誤。如此，此句應該釋寫作「㤘（卒）欲少㠯〈气（氣）〉多」。「氣多」與「氣盛」同義。古代「盛」有「多」義（見《廣雅·釋詁二》）。參看下注〔九〇〕（波按：即此章集釋14）。

汗天山（20樓）：「少以多」似乎可以講通。「少」指士卒要挑選精兵，「多」是指士卒的士氣旺盛。類似表述，如《黃帝內經·標本病傳論篇》：「夫陰陽逆從，標本之為道也，小而大，言一而知百病之害，少而多，淺而博，可以言一而知百也。」

李零（《集釋》）：「卒欲少以多」疑指卒欲少而精，以質量彌補數量。

邴尚白（《集釋》）：「卒欲少以多」似指士卒要用少數來率領、指揮多數。

李強（《集釋》）：「欲」，需要、應該；「以」，率領、統率。句意為士卒應該以少數來統率多數。

單育辰（《集釋》）：「以」為轉折連詞，義如「而」。

連劭名（《集釋》）：「少」，年少。「卒欲少以多」，卒欲年少而且數量眾多。

俞紹宏（《集釋》）：「多」疑或讀「疑」。簡文是說，士兵要少而數量適當。

波按：此句安大簡、上博簡均作「㠯」，二處同時訛誤的可能性不大。安大簡整理者「㠯」為「气」之訛之說證據不足，「汗天山」先生的意見有道理。「少以多」大概是說數量雖少但給人的感覺很多，即氣勢很大；簡文下文「少則易察」對應此處士卒少，「氣盛則易合」對應此處氣勢盛大，即「多」。「少」和「多」在此指的不是同一層面的問題，「少」指的是士卒，「多」指的是由這少數精挑細選出來的士卒所形成的氣勢，即「多」。

句意謂士卒要精選而氣勢要盛大。

（13）少則惕（易）訬（察）

整理者：「訬」，《上博四・曹沫》簡四六下作「較」，李銳讀為「察」（《〈曹沫之陣〉釋文新編，簡帛研究網站，二〇〇五年二月二十五日）。「訬」與「較」所從聲旁相同，也當讀為「察」。「少則易察」是對上「卒欲少」的說明，「少」指卒少。

金宇祥（69樓）：訬字右半疑是「烈」，可讀為「厲」，意為勉勵，與前後句表達士氣可能較符合。安大簡此句對應《上博四・曹沫之陳》簡46，上博該字左半從車，右半疑也是「烈」。

李零（《集釋》）：「較」，所從與「察」「淺」等同字。

陳劍（《集釋》）：「較」左從「車」，右從楚簡用為「察」「淺」「竊」等字之聲符，讀為何字待考。

陳斯鵬（《集釋》）：「較」讀為「轄」。

李銳（《集釋》）：「較」讀「察」。

蘇建洲（《集釋》）：「較」讀「遷」，也不排除可讀「詐」。「較」讀「潛」，指暗中行動。

淺野裕一（《集釋》）：「較」隸作「較」，明白。

單育辰（《集釋》）：「較」讀「察」。

連劭名（《集釋》）：青年人天真無邪，易於瞭解，故曰「少而易察」。

俞紹宏（《集釋》）：「較」或從「羑」得聲，讀「附」，依附。

波按：安大簡作「訬」之字，上博簡作「較」，此字上博簡各家爭議頗大，優劣參半。此字釋讀我們暫從安大簡整理者意見。「察」，或當訓為「察知」。句意謂士卒少就容易察知。大概是說士兵少了長官就容易掌握每個士兵的性格特點和作戰能力等關鍵的軍事素質，這樣就能容易指揮作戰。

（14）𡉣（氣）成（盛）則惕（易）㑹（合）

整理者：「𡉣」，從「士」，「气」聲，當是士氣之「氣」的專字。《上博四・曹沫》簡四六下「𡉣」作「圪」，從「土」，「气」聲。「成」，讀為「盛」。「氣盛」，氣勢盛大。《文選・張景陽〈七命八首〉》：「氣盛怒發，星飛電駭，志陵九州，勢越四海。」古代戰爭勝敗，往往取決於士氣。《左傳・莊公十年》記齊伐魯，戰於長勺，曹劌（沫）對魯公曰：「夫戰，勇氣也。一鼓作氣，再而衰，三而竭。」《尉繚子・戰威》：「民之所以戰者，氣也。氣實則鬥，氣奪則走。」「合」，交戰。《孫子兵法・勢》「凡戰者，以正合，以奇勝」，杜佑注：「以正道合戰，以奇變取勝也。」《上博四・曹沫》簡三八「㑹」作「會」，與「合」同義。

李零（《集釋》）：「𡉣」釋「圪」。「圪成則惕口」，「圪」也有可能屬上讀。

陳劍（《集釋》）：「圪」讀「壘」而存疑。

陳斯鵬（《集釋》）：「𡉣」隸作「坫」，讀「管」。「圪」「成」連讀為「氣盛」。

李銳（《集釋》）：「𡉣」從陳斯鵬隸定，疑讀「自」。「𡉣」釋「圪」

蘇建洲（《集釋》）：「圪」或讀「既」。「既成」即完成了上句所說的「易潛」或「易遷」。

淺野裕一（《集釋》）：「圪」，土地稍微突出的樣子。簡文是指將戰敗走散的士兵召集到一處而組織密集隊形。

單育辰（《集釋》）：「圪」讀「既」。

朱賜麟（《集釋》）：「圪成」即「氣盛」。

季旭昇（《集釋》）：「圪」或可讀「迄」，屆也，至也。卒少則易察，到成功時也好處理。

于智博（《集釋》）：「𡉣」隸作「𣱺」。

子居（《集釋》）：「圪」似當讀為「迄」。

俞紹宏（《集釋》）：簡文意為，與大國結交已經完成了，治政就容易了。「𡉣」或也可讀「氣」，氣候、氣氛、風氣、習俗。簡文是指結交大國形成氣候了，國家就容易治理了。

波按：此句簡文上博簡簡文因編聯有問題，各家歧解頗多。「合」字安大簡整理者訓為「交戰」，在此於文意並不好理解。「合」可訓為「聚合」、「集合」，意思是士卒們氣勢盛大其必勝之心就容易聚合到一起。「易合」與其前「易察」

可相對比理解。如上條按語，「易察」指的大概是軍隊長官容易察知士卒的詳情，則這裡的「易合」是說軍隊長官能夠容易地攏聚人心，使得人心齊，從而人雖少但心往一處使。

（15）是古（故）銜（帥）不可囟（使）牪=（疑，疑）則不行

整理者：「牪」，此字亦見前簡三，在此疑讀為「倦」。上古音「牪」屬疑母元部，「倦」屬群母元部，二字韻部相同，聲母都是喉音，故可通用。「倦」，疲勞。《易·繫辭下》：「使民不倦。」

李銳（《集釋》）：「行」，陳（陣）也。

邴尚白（《集釋》）：「不行」指行列不整、陣形混亂。

孟蓬生（《集釋》）：「牪（疑）則不行」與傳世典籍中的「疑事無功」意思相近。簡文意思是所以將帥不能夠使之猶豫，猶豫就不能成事。

俞紹宏（《集釋》）：「帥」指軍隊的指揮官。「帥不可使疑」可理解為不可使帥生疑，以及帥不可使別人生疑。

波按：此句當從孟蓬生先生解讀。簡文多次強調「果勝疑」、「疑戰敗，疑陣死」等觀念，說明「疑」在軍中是很危險的行為。此句上博簡前後文也編聯有問題，所以各家討論也很多，但大部分沒有參考價值，今僅列舉部分學者說法。關於「牪」字解讀，可參本篇簡3「牪尔正江，不牪而或興」一句各家注釋和我們所下的按語。

（16）戩（戰）又（有）昰（顯）道

整理者：「昰（顯）道」，偽古文《書·泰誓下》「天有顯道，厥類惟彰」，孔安國傳：「言天有明道，其義類惟明，言王所宜法則。」

波按：此句簡文各家無說。句意謂戰爭有顯明的大道，這個顯道就是「勿兵以克」。

（17）勿兵已（以）克

整理者：「勿兵以克」之「勿」，或疑「利」之省。

質量復位（9樓）：「勿」可讀為「勉」，傳世和出土文獻中可見二字通假的例證……訓為「勉勵」。「勉兵以克」意為勉勵士卒克敵制勝。

陳斯鵬（1119）：從字形看，釋「勿」完全沒有問題。……今安大本明確作「勿」，是否可以證成上博本整理者之釋讀意見呢？實恐不然。因為曹蔑對所謂「勿兵以克」有具體的解釋，即「人之兵不砥礪，我兵必砥礪；人之甲

不堅，我甲必堅」等等，都是強調以軍事實力和戰備水平取勝的，實際上恰恰是對「兵以克」的極力主張，而絕不可能是對「兵以克」的否定。筆者不能同意上博本整理者意見的根本理由在此。倘若以安大本「勿」字為正，則仍然不能解決簡文自相矛盾的問題。……安大本二「勿」字應當是「易」的形近訛字。

李零（《集釋》）：「勿兵以克」似是不戰而屈人之兵的意思。

孟蓬生（《集釋》）：「勿」義為「無」。

陳斯鵬（《集釋》）：「勿」似可釋「刀」。

淺野裕一（《集釋》）：本篇「兵」均指兵器。

高佑仁（《集釋》）：「毋」表禁止或阻止義，相當於「別」、「莫」。「兵」，釋作軍事武力最為妥當。

波按：「勿兵以克」或當從李零先生解讀，意為不戰而屈人之兵，大概翻譯為不要通過交兵就能克敵制勝。陳斯鵬先生認為「勿」字當是「易」的形近訛字，大概也不太可信。上博簡「勿」字作「⚏」，與常見的「勿」字寫法稍有不同，而與常見的「易」字形體確實比較接近，存在訛誤的可能性；但此字上博簡各家均釋為「勿」，並不認為是「易」之訛，可見此字釋「勿」是公認的。安大簡此字作「⚏」，是常見的「勿」字寫法，此種字形與「易」訛誤的概率就沒上博簡那種字形大了。綜合上博簡和安大簡這兩種字形來看，二者同時訛誤為「易」的可能性並不高。此外，陳斯鵬先生之所以認為是訛誤，其根本原因在於對簡文文意的理解出現了偏差。我們認為，「戰有顯道，毋兵以克」說的是戰爭的顯要大道就是不戰而屈人之兵，即《孫子兵法・謀攻》「不戰而屈人之兵，善之善者也」。至於簡文對此的介紹是「人之兵不砥礪，我兵必砥礪；人之甲不堅，我甲必堅」等等，陳斯鵬先生以為「都是強調以軍事實力和戰備水平取勝的」。實際上，強調軍事實力和戰備水平大概正是為了不戰而屈人之兵。例如我們現如今社會，大國擁有核武器的目的是為了起到震懾作用，而不是為了使用它去戰爭，不到迫不得已，有核國家是不會主動使用核武器的。同樣的道理，曹沫要求莊公積極戰備，也是為了向齊國顯示強大的軍事實力，達到不戰而屈人之兵的效果。同時，「不戰而屈人之兵」、「勿兵以克」等，這些軍事思想在先秦軍事理論思想中，都是一貫而行的，都是指戰爭的最高境界。簡文「勿兵以克」其前有「戰之顯道」這一限定語，則將其理解為「不戰而屈人之兵」顯然比較合適。

今　譯

　　莊公又問說：「『為和』要怎麼做？」

　　曹沫回答說：「不要佞愛便嬖之人，不要偏袒自己的父兄，賞賜能夠均衡、聽訟能夠持中，那麼民眾就會和附於您。」

　　莊公又問說：「『為義』要怎麼做？」

　　曹沫回答說：「陳述功績，上用賢良。能夠治理百人，就讓他成為百人之長；能夠治理三軍，使之成為三軍之帥；有智謀的人，授予他們相應的官職和爵祿；有才能的人，也給予他們相應的待遇，那民眾就會稱義於您。而且我聽說「卒」有長官，「三軍」有統率，「邦」有君主。這三者，是戰爭所必備的。所以長民者不可以不慎重。不終卒就不能恆久，不和協就不會輯睦，不敬畏就不會戰勝。士卒要精選而氣勢要盛大，士兵氣勢盛大（其必勝之心）就容易聚合起來。所以將帥不能夠使之猶豫，猶豫就不能成事。戰爭有顯明的大道，這個顯道就是不通過交兵就能克敵制勝。」

第九章

摹本及隸定

　　臧　公　曰　勿　兵　已　克　纍　女　會

　　曰　人　之　兵　不　砥　萬　我　兵　必

【24】砥　萬　人　之　虜　不　叚　我　虜

　　必　叚　人　叀　士　我　事　夫゠　人　事

　　夫゠　我　事　牀　軍　人　事　牀　軍　我

君	身	進	此	戰	之	昷	道	也	臧
公	曰	既	【25】	成	嗇	矣	出	帀	又
幾	虜	會	曰	又	臣	馹	之	三	軍
出	元	遅	連	父	雉	不	焉	縣	邦
駿	之	此	出	帀	之	幾	也	臧	公
或	馹	曰	三	軍	【26】	漸	果	又	戰
成	虜	會	曰	又	臣	馹	之	三	軍	未
成	戕	未	可	吕	出	餘	行	坙	淒
塹	此	漸	果	之	幾	也

釋　文

　　臧（莊）公曰：「勿兵吕（以）克絫（奚）女（如）？」

　　會（答）曰：「人之兵不砥萬（礪）⑴，我兵必【二四】砥萬（礪）。人之
虜（甲）不殴（堅），我虜（甲）必殴（堅）。人叓（使）士，我事（使）夫=

（大夫）（2）。人事（使）夫=（大夫），我事（使）牁（將）軍。人事（使）牁（將）軍，我君身（親）進。此戩（戰）之昱（顯）道也。」

臧（莊）公曰：「既【二五】成嗇（教）矣，出帀（師）又（有）幾啎（乎）（3）？」

含（答）曰：「又（有）。臣猒（聞）之：三軍出，元（其）遟（將）、連（褌）父胜（兄）不䳐（薦）（4），縣（由）邦馭（御）之，此出帀（師）之幾也（5）。」

臧（莊）公或（又）猒（問）曰：「三軍【二六】漸（斬）果又（有）幾啎（乎）（6）？」

含（答）曰：「又（有）。臣猒（聞）之：三軍未成戡（陳）（7），未可㠯（以）出馀（舍）（8），行坒（阪）淒（濟）槷（險）（9），此漸（斬）果之幾也。」

集　釋

（1）含（答）曰：人之兵不砥萬（礪）

整理者：「砥萬」，讀為「砥礪」。《六韜·虎韜·軍用》：「修治攻具，砥礪兵器。」

youren（54樓）：「曰」字先誤寫成「甘」，再將錯就錯寫成「曰」。

高佑仁（《集釋》）：「砥」、「礪」均為磨刀石。「砥礪」引申為磨難。

波按：簡文「曰」字作 ，字形確與正常寫法的「曰」有所區別。網友「youren」先生之說有道理。此句聯同下句，句意謂敵國之兵器不磨礪，我國之兵器一定要磨礪。意思是說自己要磨礪兵器，保持戰備狀態，隨時準備出戰。

（2）人戈（使）士，我事（使）夫=（大夫）

海天游蹤（46樓）：「事（使）」的處理方式似不妥。研究古漢語的學者一般把「任用」、「役使」義的「事」、「使」看作同源詞而非同一個詞。而且據考察，楚簡中「史」、「事」二字的用法已有較為明確的分工，「事」一般不用為或很少用為「使」。因此簡文此處「事」如字讀即可，與開頭的「戈」都是「任用」、「役使」的意思。

波按：此處「事」字，上博簡作「戈」，可見安大簡整理者的隸定可從。句意謂敵國派使士卒，我國要派使大夫。

（3）既成箸（教）矣，出帀（師）又（有）幾壹（乎）

　　整理者：「幾」，危險。《爾雅・釋詁下》：「幾，危也。」郭璞注：「幾猶殆也。」《說文・絲部》：「幾，微也，殆也。從絲，從戍。戍，兵守也。絲而兵守者，危也。」《墨子・脩身》：「本不固者末必幾。」王念孫認為此「幾」字訓為「危」（見《讀書雜志・墨子弟一》「幾」字條）。下簡二七「漸果有幾乎」「戰有幾乎」、簡二八「既戰有幾乎」等之「幾」，義與此同。或說「幾」讀為「機」，指時機（黃德寬）。

　　李零（《集釋》）：「幾」讀「忌」，忌諱。

　　陳劍（《集釋》）：「幾」讀「機」，機會、時機。

　　高佑仁（《集釋》）：「幾」讀「忌」。

　　淺野裕一（《集釋》）：「幾」讀「禁忌」之「忌」。

　　高佑仁（《集釋》）：「成教」讀「承教」，接受教誨、教令。

　　季旭昇（《集釋》）：「幾」讀「機」。

　　高佑仁（《集釋》）：「幾」讀「機」。

　　子居（《集釋》）：「幾」讀如字，本就有「危」意。

　　波按：根據我們對下文「出師之幾」內容的理解，我們認為此處「幾」當從陳劍、黃德寬等先生讀「機」，訓為「時機」。「成教」高佑仁先生說可從，此外，「成」讀如字也可，「成」有「完成」之義，「成教」即已經聽聞了教導。

　　句意謂我已經聽聞了您的教導，請問出動軍隊有時機嗎？

（4）三軍出，元（其）遅（將）、遉（禆）父殘（兄）不鳸（薦）

　　整理者：「鳸」，《上博四・曹沫》簡四二整理者讀為「薦」，陳劍、陳斯鵬讀為「存」。

　　李零（《集釋》）：其忌在將帥出身卑賤，又無父兄薦舉，必須由國家遙控。

　　陳劍（《集釋》）：「其」指對方、敵軍。「鳸」讀「薦（存）」。簡文講對方之將「由邦御之」，亦即其將不得專制於軍中。

　　高佑仁（《集釋》）：「父兄不存」，子弟擔任將軍未必不適任。「父兄不薦」，指所派將軍得不到父王和兄長的支持。

　　孫思旺（《集釋》）：春秋時期編制意義上的軍「將」，係由核心貴族卿出任，絕不存在身份尊卑的問題。

　　連劭名（《集釋》）：「遉」讀「羌」，指卿。「薦」，進也。「御」，制也。卿帥沒有威信，將士不聽指揮，由國內遙控，此為出師之忌。

俞紹宏（《集釋》）：「父兄不存」是說出征的三軍將士們父親、兄弟不存，說明男丁缺乏。

波按：上博簡諸家將「幾」讀為「忌」，由此一般認為「其將卑」、「父兄不存」、「由邦御之」三者是出師之忌。我們不認同這種解讀。首先，我們上句簡文從陳劍先生，將「幾」讀為「機」，理解為「時機」，則此三句當與「出師之忌」沒有關係。其次，陳劍先生認為此句與下文「三軍散果」等皆是指敵軍而言，我們認為也不太貼合文意。簡文沒有跡象標明此幾處是在討論敵軍如何，且若理解為敵軍如何，則「由邦御之」不好理解。按照陳劍先生的理解，「由邦御之」指敵方之將不得專制於軍中。如此，則「由邦御之」是對敵方有利的方面，不是我方出師之「機」。最後，根據我們對簡文文意的理解，我們認為，「亓遅遵父群不薦緐邦駭之」當讀為「其將、裨父兄不薦，由邦御之」。將、裨，即軍中之將軍和裨將（副將）；不薦，即不相互舉薦，意即不任人唯親；御，主也，即軍中將、裨的舉薦或任用，由國家主決。此處及上博簡「裨」字均作「遵」，同從辵卑聲，所從「辵」可能受其前「遅（將）」字的類化作用。

此外，此句簡文與簡15「將軍」、「裨大夫」相呼應，應該結合起來理解。簡15云「三軍大出，君自率，必有二將軍；無將軍，必有數裨大夫；無裨大夫，必有數大官之師、公孫、公子」，講述的是「三軍大出」，與此句「三軍出」一致。簡15從「君」到「將軍」，再到「裨大夫」，最後到「大官之師」、「公孫」、「公子」，是一個軍事統領權依次遞補的過程，顯然「將」的軍事統領權在「裨」之上，而「大官之師」、「公孫」、「公子」或許並非軍事系統內部的軍事人員，尤其是「公孫」、「公子」，是一種血統身份的標誌，而並非軍事職位的稱呼，大概是三軍大出，軍中無人之時，作為君主直系後代的公孫、公子就臨時替補而上。而此句簡文說「三軍出，其將、裨父兄不薦」，單舉「將」、「裨」而不及「大官之師」、「公孫」、「公子」等，其原因大概就在於此。總之，兩處簡文的背景都是在講「三軍出」，「將」、「裨」應該統一起來理解。

句意謂三軍出戰，軍隊的將軍和裨將不通過父兄之間相互舉薦，而由國家主決之。

（5）緐（由）邦駭（御）之，此出市（師）之幾也

整理者：「駭」，《說文》「御」字古文「馭」之異體，從「馬」「攴」，「午」聲。陳劍說：「原第三七簡下注釋引《六韜·龍韜·立將》：『臣聞國不可以從

外治，軍不可以從中御。』謂『自古兵家最忌中御之患』，可移以說此處簡文。」（《戰國竹書論集》第一一九頁注三）

波按：此句各家解讀及按語見上條按語。

（6）三軍漸（斬）果又（有）幾唇（乎）

整理者：「漸果」，《上博四·曹沫》簡四二作「戠果」，簡四三作「戠果」。陳斯鵬、郗尚白、高佑仁等認為「戠」是古文「捷」，可從。上古音「捷」屬從母葉部，「漸」屬精母談部，二字聲母發音部位相同，韻部陰入對轉，音近可通。疑「漸果」當從上博簡讀為「捷果」，是快捷果敢的意思。本篇簡二五至二七記魯莊公提出了三個問題：一、出軍；二、出陣；三、出戰。「捷果」屬於第二個問題，疑指隊伍要快速果斷地出陣迎敵。或說「漸果」「戠果」「戠果」均讀為「散果」，猶殺敵制勝。「戠」「戠」應釋「散」，《方言》：「殺也。東齊曰散。」《左傳·宣公二年》「殺敵為果」，孔疏：「能殺敵人，是名為果，言能果敢以除賊。」（黃德寬）

李零（《集釋》）：「戠裏」疑讀「散裏」，可能是指打破敵人包裹的辦法。

陳劍（《集釋》）：「𢧵」疑讀「散」。

陳斯鵬（《集釋》）：「𢧵」應從周鳳五釋為「捷」。

淺野裕一（《集釋》）：「散果之幾」應是關於軍隊集散的禁忌。

單育辰（《集釋》）：「𢧵」釋「捷」，與三體石經古文「捷」只是上部一「木」二「木」的差異。

朱賜麟（《集釋》）：「戠」有殺伐義。「戠果」指以突擊行動殺敵致果。

季旭昇（《集釋》）：「散果」指兩軍將戰，一方趁敵方尚未完成作戰態勢的搶攻行為。

陳斯鵬（《集釋》）：「散裏」為一反義複合詞，猶言聚散，泛指軍隊調運行進。

蘇建洲（《集釋》）：「𢧵」釋「散」，字形所從的「又」「邑」為飾符。

金俊秀（《集釋》）：「𢧵」為「散」字異體，讀為「殺」。

朱曉雪（《集釋》）：「𢧵」釋「捷」可從。「𢧵」上部最初從「屮」，後來左右各加一飾筆。

禤健聰（《集釋》）：「散果」讀「散戕」，為同義並列複合詞，意指擊伐。

謝明文（《集釋》）：「𢧵」釋「捷」，上本從「屮」，聲化從「杭」。

波按：「漸果」一詞，安大簡整理者據學者解讀上博簡的意見，讀為「捷」，認為「捷果」指的是快捷果敢的意思。並認為「出師有幾乎」、「漸果有幾乎」、「戰有幾乎」三段有邏輯上的關係，分別對應「出軍」、「出陣」、「出戰」，「漸果」對應「出陣」，指的是隊伍要快速果敢地出陣迎敵。

此句簡文除安大簡整理者之外，各家沒有討論；上博簡各家討論則頗多。「漸果」，《上博四・曹沫》簡四二原作「🔲」，一般隸定為「𢧵」，各家破讀意見不統一，除了讀為「捷」外，還有不少學者讀為「散」，訓詁更是有多種說。安大簡整理者採用其中一種說法，其觀點並非定論。我們認為，「漸果」在此似當讀為「斬果」，「斬」和「果」在此當為同義複詞，即訓為「斬殺敵人」。關於這個問題，我們有以下三點說明：

一是從訓詁上講，「斬」有「斬殺」之義，這在古籍中是常訓，古籍中常見「斬首」、「斬敵」等搭配。「果」字亦有類似的意思，如《左傳・宣公二年》「殺敵為果」，《國語・周語中》「故制戎以果毅」，韋昭注「殺敵為果」等。《上博簡》「𢧵」字，無論讀為「捷」或「散」，也都有「殺敵」一類的意思。可知，「捷果」、「散果」、「斬果」，其所表達的意思是一致的，即「斬殺敵人」。

二是能夠「斬殺敵人」在戰國時代是一種很重要的戰功和戰果，也是戰爭領導者所極力追求的，因而魯莊公在此就斬殺敵人的方法或道理向曹沫請教。整理者以為「幾」是「危險」之義，則軍隊行軍「快捷果敢」是一個褒義詞，莊公不應該問「三軍快捷果敢有危險嗎」這樣的問題。且簡文前後文反復強調「果勝疑」（簡19）、「疑陣敗，疑戰死」（簡28）、「毋使民疑」（簡35）等，可見「疑」是不利於三軍的因素，相應的「快捷果敢」尤其是「果敢」，自然是三軍的制敵法寶。從這個角度來說，「三軍快捷果敢有危險嗎」這種釋讀，句意在此不合適。

三是我們回過頭來看簡文，其中莊公四次以「幾」問曹沫，分別是「出師有幾乎」、「漸果有幾乎」、「戰有幾乎」、「既戰有幾乎」，整理者認為前三處有邏輯上的關係，但不言第四處，顯然沒有說服力。我們分析這四處簡文得知，「出師」、「戰」、「既戰」這些都是抽象的具有結果導向性質的戰略行為，以「出師」為例，「出師」是比較抽象籠統的，說的不是具體可操作的「如何出師」，其「出師」的目的導向則是取得勝利；「戰」和「既戰」仿此。「漸果」如果理解為「快捷果敢」，則是一種具體的實實在在的行為。魯莊公作為一國之君，三軍的最高指揮者和戰爭結果的承擔者，其不會關心三軍出陣是否「快捷果

敢」，他關心的只會是「斬殺敵人」多少，「戰」、「既戰」的結果如何，是否「出軍」等問題。「出師」、「斬果」、「戰」、「既戰」，都是結果導向型的問題，「快捷果敢」則是過程性的問題，二者是目的和手段的關係。因此，「斬果」可與「出師」、「戰」、「既戰」並列存在，「快捷果敢」不能與之並列。

（7）三軍未成戟（陳）

整理者：「三軍未成戟」，可參《吳子·料敵》：「吳子曰：凡料敵，有不卜而與之戰者八……八曰陳而未定，舍而未畢，行阪涉險，半隱半出。」

波按：句意謂三軍尚未練成陣形。

（8）未可已（以）出獥（舍）

整理者：「獥」，即「豫」，讀為「舍」。參看前注〔三七〕（波按：即本書第三章集釋14）。「未可以出豫（舍）」當從上博簡作「未豫（舍）」，即《吳子·料敵》的「舍而未畢」（黃德寬）。

李零（《集釋》）：「豫」或讀「敘」。

高佑仁（《集釋》）：「舍」，安營紮寨。

張峰（《集釋》）：「」所從的「象」訛書為「兔」。

波按：「獥」可從安大簡整理者讀「舍」，訓讀從高佑仁先生。句意謂三軍尚未成陣，不可以出軍駐紮。

（9）行坥（阪）淒（濟）墊（險）

整理者：「行坥淒墊」，《上博四·曹沫》簡四三作「行𡎜淒墬」，整理者讀為「行阪濟障」。「坥」，從「土」，「反」聲，「阪」之異體。「淒」，讀為「濟」，涉也。《大戴禮記·五帝德》「西濟于流沙」，孔廣森補注：「濟，涉也。」《漢書·霍去病傳》「濟居延」，顏師古注引張晏曰：「淺曰涉，深曰濟。」「墊」，從「土」，「㪂」聲，疑讀為「險」。「行阪濟險」與《吳子·料敵》「行阪涉險」義近。

蜻枯（11樓）：簡27「墊」可與清華簡《命訓》簡11「𩇕」比較，均從韽聲，簡本《命訓》對應今本之字為「斂」，「墊」讀為「險」應無問題。上博簡作「墬」讀「障」，與「險」義近。

藤本思源（48樓）：《郭店·緇衣》簡26「韽」，過去多分析為從「章」，「僉」聲。我們認為可分析作：從「僉」聲，從「㪂」省聲。安大簡《曹沫之陣》簡27「墊」在上博簡本中寫作「墬」（簡43）。「墬」一般認為是「障」之異體，從安大簡異文看，「墬」當分析為從「阜」，「墊」省聲。簡文「行坥淒

墲」，安大簡整理者讀作「行阪濟險」，與《吳子・料敵》「行阪涉險」義近，可信。反觀《緇衣》「籲」所從的「章」亦當是「歅」之省，故郭店簡「籲」字應看作是個雙聲符的字。

李零（《集釋》）：「塦」即「阪」，山坡。「淒」讀「濟」。「墲」即「障」，水岸。

高佑仁（《集釋》）：「濟」，渡。「障」，岸邊的堤防。

陳霞光（《集釋》）：「濟」讀「棲」。

波按：安大簡「塦」字，上博簡作「墲」。一般來說，從「歅」聲之字，楚簡中常與「僉」聲字通假。「歅」字或當看作從欠聲、從贛省聲，與「僉」音近可通。且《吳子・料敵》有「行阪涉險」辭例，安大簡整理者讀為「險」更合理一些。當然，上博簡此字作「墲」，上方明顯是從阜從章之字，下方從土，認為此字是「障」字異體也沒有問題，文意上也講得通。我們認為，上博簡此字或許是涉上「塦」字而造成的偏旁類化現象，實際上此處此字本不從「阜」，因與「塦」字整齊化而改為從「阜」。從聲音上來說，談部「僉」聲字與陽部「章」聲字關係並不密切。

句意謂從山坡出軍、涉入險地。意思大概是說只有行軍至險要處，才可能斬獲更多敵軍。

今　譯

莊公說：「不通過交兵就能克敵制勝，該如何做？」

曹沫回答說：「敵國的兵器不磨礪，我國的兵器一定要磨礪。敵國的衣甲不夠堅固，我國的衣甲一定要堅固。敵國派使士卒，我國要派使大夫。敵國派使大夫，我國要派使將軍。敵國派使將軍，我國要君主您親自上陣。這就是開戰的『顯道』啊。」

莊公說：「我已經聽聞了您的教導，請問出動軍隊有時機嗎？」

曹沫回答說：「我聽說：三軍出戰，軍隊的將軍和裨將不通過父兄之間相互舉薦，而由國家主決之，這就是出戰的時機啊。」

莊公又問說：「三軍斬獲戰果有時機嗎？」

曹沫回答說：「有。我聽說：三軍尚未練成陣形，不可以出軍駐紮，行軍要至於山坡、渡過險地，（尋找有利的地形）。這就是斬獲戰果的時機。」

第十章

摹本及隸定

臧　公　或　䎽　曰　戩　又　幾　虐　倉

曰　【27】又　亓　达　之　不　避　亓　還

之　不　專　亓　啟　節　不　疾　此　戩

之　幾　是　古　悆　戜　歇　参　戩　死

臧　公　或　䎽　曰　既　戩　又　幾　虐

【28】倉　曰　又　亓　賞　誙　叝　不　信

亓　賍　赶　叝　不　中　死　者　弗　丩

戜　者　弗　䎽　既　戩　而　又　㤅＝　此

既　戩　之　幾

釋　文

臧（莊）公或（又）䎽（問）曰：「戩（戰）又（有）幾虐（乎）？」

　　酓（答）曰：【二七】「又（有）。亓（其）迲（去）之不遬（速），亓（其）
邎（就）之不専（迫）⑴，亓（其）啟節不疾⑵，此戠（戰）之幾。是古（故）
忢（疑）戟（陳）敯（敗），奜（疑）戠（戰）死⑶。」

　　臧（莊）公或（又）歆（問）曰：「既戠（戰）又（有）幾啚（乎）？」
【二八】

　　酓（答）曰：「又（有）。亓（其）賞䋣（輕）叔（且）不信⑷，亓（其）
賏（誅）賍（重）叔（且）不中⑸。死者弗丩（收），䠷（傷）者弗歆（問），
既戠（戰）而又（有）悹=（悹心）⑹，此既戠（戰）之幾。」

集　釋

（1）亓（其）迲（去）之不遬（速），亓（其）邎（就）之不専（迫）

　　整理者：「亓邎之不専」，《上博四・曹沫》簡四四整理者把「邎」讀為「就」，
陳劍把「専」讀為「傅」，訓為傅著之「著」（《戰國竹書論集》第一一九頁注
五），學者多從陳說，邴尚白說：「古兵書中『傅』字的這種用法頗常見……均
指軍隊迫近、接觸。」（《〈上海博物館藏戰國楚竹書（四）讀本〉》第一九五頁）
字或作「薄」。《吳子・應變》：「敵近而薄我，欲去無路。」

　　李零（《集釋》）：「専」讀「附」。「不附」，似指猶猶豫豫，欲戰不戰。

　　陳劍（《集釋》）：「専」讀「傅」，訓為「傅著」之「傅」。

　　陳斯鵬（《集釋》）：「専」讀「迫」，近。

　　邴尚白（《集釋》）：諸例中的「傅」均指軍隊迫近、接觸。

　　高佑仁（《集釋》）：簡文謂敵方發動攻擊的時間點不夠迅速果決，乃我方
作戰之機。

　　白於藍（《集釋》）：「専」讀「迫」可從。

　　張崇禮（《集釋》）：「速」「迫」「疾」為義近的形容詞。

　　王連成（《集釋》）：此簡中的「不」字皆應讀「丕」。「専」，除。

　　連劭名（《集釋》）：「専」讀「迫」，急也。

　　俞紹宏（《集釋》）：「薄」可訓「迫」，簡文中「専」或可讀「薄」。

　　波按：「専」讀「傅」或「迫」都可以，從古籍用字習慣來看，一般使用
「迫」字。此句及下句簡文，「不速」、「不迫」、「不疾」這三種行為的主體
「其」，陳劍先生認為是指敵軍，還是很有道理的。敵軍撤退的時候不迅速，
敵軍來進攻的時候不急迫，敵軍行動遲緩不疾，這正是我軍出戰的時機。不

過，如果把「其」理解為敵方，也有一個問題，即本篇簡文討論「幾」的情況很多，有些並不適合看作討論敵軍的，有些可以看作討論敵軍的，這樣就容易引起理解上的混亂。我們認為，不如將「其」理解為一般法則，即曹沫回答的種種情況，既不是針對敵軍而言的，也不是針對我軍而言的，而僅僅就一般軍事理論進行的述說，具有一般普遍性。具體到此句簡文，意思大概是說軍隊撤退的時候不迅速，進攻的時候不急迫，行動遲緩不疾，這正是出軍迎戰他們的好時機。

（2）亓（其）啟節不疾

　　整理者：「啟節不疾」，行動遲緩，節奏不急速，與上文「去不速」（脫離戰鬥不迅速）、「就不専（迫）」（前往交戰不促迫）為敵方猶疑不定，缺乏戰鬥信心的三種情況，為「戰之機」（黃德寬）。《上博四·曹沫》簡四四作「堅節」，整理者注：「讀『啟節』，疑指『發機』。《孫子·勢》：『是故善戰者，其勢險，其節短。勢如彍弩，節如發機。』又《孫子·九地》：『帥與之深入諸侯之地，而發起機。』」不確。

　　李零（《集釋》）：「啟節」疑指發機。

　　張新俊（《集釋》）：戰國時期「殷」「啟」有別，「殷」下從「邑」。「殷節」讀「勢節」。

　　張崇禮（《集釋》）：「殷節」可能是指對士卒、軍隊的調整與控制。

　　劉雲（《集釋》）：「節」或可讀「次」，「次」有行列、隊列義。「殷次」可以理解為調整隊伍的行列。

　　孟蓬生（《集釋》）：「殷」讀「祭」，傳信也。「其祭節不疾」或指命令之傳遞不及時。

　　蘇建洲（《集釋》）：「疾」，盡力、努力。「殷」可能讀「隱」或「依」，收藏、佔據、保護。「節」可能是兵符、國之符節。還有一種可能：「殷」讀「運」。「其運節不疾」，運用號令賞罰之節不疾速、不明快，表示賞罰不分明。

　　王連成（《集釋》）：「啟」，《周禮·地官·鄉師》賈公彥注曰「軍在前曰啟」。「節」，節奏，即前鋒部隊的運動速度。

　　雷黎明（《集釋》）：「節」引申表示「箭」。「啟節不疾」當指作戰時開弓射箭不迅速，為三種作戰禁忌之一。

　　俞紹宏（《集釋》）：「殷節不疾」或指不能迅速及時地調正戰場的作戰節奏、進程；或指戰場上應對不同陣形與戰法時節奏遲緩。

波按：此句上博簡各家爭議比較大，安大簡整理者作「啟節不疾」，訓為「行動遲緩」，我們暫從之。

（3）是古（故）忝（疑）戦（陳）敗（敗），参（疑）戰（戰）死

整理者：「忝戦」「参戰」，《上博四·曹沫》簡四四作「矣戦」「矣戰」，整理者讀為「疑陳」「疑戰」，並引《六韜·龍韜·軍勢》以為證：「用兵之害，猶豫最大。三軍之害，莫過狐疑。」《穀梁傳·莊公十年》：「十年春，王正月，公敗齊師於長勺。不日，疑戰也。疑戰而曰敗，勝內也。」本簡「忝」「参」二字皆從「矣」聲，也應讀為「疑」。

王連成（《集釋》）：「疑」，遲疑。

波按：上述「不速」、「不迫」、「不疾」三句簡文，其共同點就是「疑」，即猶猶豫豫、遲疑不決。「遲疑」是戰場上的大忌，這也是本篇簡文極力強調的需要避免的一大缺點。

句意謂所以戰陣遲疑不決就會失敗，戰鬥猶猶豫豫就會身死。

（4）亓（其）賞巠（輕）叔（且）不信

整理者：「亓賞巠叔不信」，讀為「其賞輕且不信」。《管子·法法》：「審而不行，則賞罰輕也。重而不行，則賞罰不信也。」此句《上博四·曹沫》簡四五作「亓賞識叔不中」。「識」，從「戉（歲）」聲。據古文字，「歲」從「戉」聲，故從「歲」聲之字與從「戉」聲之字古通（參《古字通假會典》第六一八頁）。疑上博簡「識」應讀為「姽」。《說文·女部》：「姽，輕也。」

好好學習（44樓）：「其賞輕且不信」，上博本作「其賞識且不中」，我們曾將上博本「識」讀為「闕」（有通假之例），訓為缺少。今見安大本「輕」字，可證前說很有成立的可能。

youren（54樓）：「賞輕且不信」，上博本作「賞識且不中」，李家浩先生認為「識」當讀「姽」，據《說文》訓為「輕」。案：「姽」字古籍中僅見字書，實際用例付之闕如，筆者認為上博簡原整理者李零先生將「識」讀為「淺」的意見比較正確，「輕」、「淺」均有少義。「歲」字上古音心紐、月部，「淺」上古音清紐、元部，音韻相近，可以通假。

李零（《集釋》）：「識」隸作「識」，疑讀「淺」。

連劭名（《集釋》）：「歲」義同「越」，簡文用為過度之義。

波按：安大簡作「輕」之字，上博簡作「識」，二者為何種關係暫無定論。句意謂軍隊中的賞賜輕而且不守信。

（5）亓（其）貶（誅）玨（重）叔（且）不中

整理者：「其貶玨叔不中」，《上博四・曹沫》簡四五作「亓誣室叔不設」，讀為「其誅重且不察」（參《〈上海博物館藏戰國楚竹書（四）〉讀本》第一九六頁注十）。據此，「其貶玨叔不中」當讀為「其誅重且不中」。「誅」指懲罰。《禮記・曲禮上》「齒路馬，有誅」，鄭玄注：「誅，罰也。」《尉繚子・原官》：「明賞賚，嚴誅責。」「畐」，可徑釋為「中」，豎畫上穿。或說該字從「工」從「中」，是「中」字異體，「工」乃加注的聲符。「中」，適當，準確。《論語・子路》：「刑罰不中，則民無所錯手足。」《尉繚子・戰威》：「刑賞不中，則眾不畏。」《群書治要》卷三十七引「賞」作「誅」。

李零（《集釋》）：「辱」隸作「砍」，釋為「厚」。

李守奎（《集釋》）：「辱」從「石」，「主」聲，隸作「䂬」，釋「重」。

高佑仁（《集釋》）：「誅」，懲罰、懲治。

連劭名（《集釋》）：「厚」讀「後」，不及時也。

俞紹宏（《集釋》）：「誅」，懲罰、責罰。「辱」字可能從「又」從「石」，或可視為從「又」「庶」省聲，為「度」字，這裡可讀為「庶」，繁庶。

波按：上博簡「辱」字單從字形看，確實像是從石從又之字。不過從安大簡此字從貝從主之字來看，上博簡此字當是從石主聲之字無疑，只不過「主」形上部與「石」形共用筆畫，導致字形看起來似從「又」。

句意謂軍隊中的懲罰重而且不適當。

（6）死者弗丩（收），斟（傷）者弗誾（問），既戰（戰）而又（有）怠=（怠心）

整理者：「死者弗丩，斟者弗誾」，讀為「死者弗收，傷者弗問」。參《國語・越語上》：「於是葬死者，問傷者。」《新序・善謀下》：「死者未收，傷者未瘳。」「怠=」，「怠心」合文，讀為「怠心」，指懈怠之心。

李零（《集釋》）：「收」指收屍，「問」指慰問。「殆心」，指危懼之心。

陳劍（《集釋》）：「字」讀「怠」。

陳斯鵬（《集釋》）：「字」隸作「怠」。

高佑仁（《集釋》）：「收」為棺殮。「殆」，懈怠。

波按：此句解讀可從安大簡整理者意見。句意謂不給戰死的人收屍，不慰問戰傷者，已經開戰了卻產生了怠惰之心。

今　譯

莊公又問說：「開戰有時機嗎？」

曹沫回答說：「有。軍隊撤退的時候不迅速，進攻的時候不急迫，行動遲緩不疾，這正是出軍迎戰他們的好時機。所以戰陣遲疑不決就會失敗，戰鬥猶猶豫豫就會身死。」

莊公又問說：「已經開戰了，還有時機嗎？」

曹沫回答說：「有。軍隊中的賞賜輕而且不守信，軍隊中的懲罰重而且不適當。不給戰死的人收屍，不慰問戰傷者，已經開戰了卻產生了怠惰之心。（敵方軍隊）這種情況就是已經出戰的時機。」

第十一章

摹本及隸定

臧　公　或　臨　曰　復　　　　【29】　散　戰　又

道　辠　會　曰　又　三　軍　大　散　毋

貽　而　賞　毋　皋　百　告　而　改　元

遲　君　女　辟　衛　乃　自　怠　吕　敓

於　萬　民　弗　表　疸　墾　　　【30】　毋　大

飲　死　者　收　之　瓩　者　臨　之　善

於	死	者	為=	生	者	君	必	聚	群
又	司	而	見	之	曰	二	公	子	孚
之	襐	不	才	子	才	募	人	虡	戢

【31】

啻	不	訓	於	天	命	反	币	㡀
遵	戢	必	訝	邦	之	貴	人	及	邦
之	可	士	從	斄	醫	兵	毋	遉	先
常	之	凡	貴	人	凶	〔尻	将	立	一

行〕	【32】	退	則	見	亡	進	則	彔	筐
又	常	幾	莫	之	堂				

釋　文

　　臧（莊）公或（又）䤵（問）曰：「遈（復）【二九】敗（敗）戢（戰）又（有）道啻（乎）⑴？」

　　酓（答）曰：「又（有）。三軍大敗（敗），毋賊（誅）而賞，毋辠（罪）

百眚（姓）而改（改）亓（其）遲（將）。君女（如）辟（親）銜（率），乃自
愆（過）已（以）敓（悅）於萬民（2），弗表（杜）佥（危）墬（地）（3），【三
十】毋火飤（食）（4）。死者收之，戁（傷）者餌（問）之，善於死者為生者。
君必聚群又（有）司而見之，曰：『二厽（三）子亭（勉）之（5）。褙（禍）不
才（在）子（6），才（在）募（寡）人，虘（吾）戲（戰），【三一】啻（適）
不訓（順）於天命（7）。』反（返）帀（師），酒（將）邍（復）戲（戰）（8），
必訋（召）邦之貴人及邦之可（奇）士（9）。从婒（卒）怣（撚）兵（10），毋
邍（復）先常之（11）。凡貴人凶（使）〔尻（處）峀（前）立（位）一行〕（12）。
【三二】退則見亡（13），進則彔（禄）筐（爵）又（有）常，幾莫之竺（當）
（14）。」

集　釋

（1）邍（復）敗（敗）戲（戰）又（有）道𣆪（乎）

整理者：「邍敗戲」，讀為「復敗戰」。據後面簡文「復盤戰」「復故戰」和
「復戰」，「復」當是「再」的意思。《上博四·曹沬》簡四六整理者注說「復
敗戰」「指挽救『敗戰』」，不確。

李零（《集釋》）：「復敗戰」，指挽救「敗戰」。「復」與陣形潰亂有關，以
下「復」含義同。「復盤戰」、「復甘戰」、「復故戰」都是講處於不利的情況下
應當採取的補救措施。

陳劍（《集釋》）：「復敗戰之道」指已經打了敗戰之後，要再戰鬥即「復戰」
的辦法。後文「復盤戰」、「復甘戰」、「復故戰」類同。「盤戰」等之具體含義
不明。

淺野裕一（《集釋》）：「復敗戰」亦即三軍大敗後重建態勢的方法，好像在
主張重編戰敗兵而組織密集隊形。

高佑仁（《集釋》）：「復」，返。「復戰」即返戰，即整頓再戰。「𨖭」聲化
從「畐」。

董珊（《集釋》）：三軍大敗以後的再戰為「復敗戰」。「復戰」就是再戰的
意思。

波按：「復敗戰」之「復」大概當如陳劍先生所說，是戰敗後尋求「復戰」
的辦法，即戰敗後如何做才能再次戰鬥並取得勝利。確實，「復敗戰」在此用
白話文很難直譯，或當意譯為戰敗之後恢復戰力再戰。

（2）君女（如）鈝（親）衒（率），乃自怰（過）吕（以）敚（悅）於萬民

　　整理者：《司馬法・嚴位》：「凡戰，勝則與眾分善；若將復戰，則重賞罰；若使不勝，取過在己；復戰，則誓以居前，無復先術，勝否勿反，是謂正則。」與簡文意近。

　　李零（《集釋》）：「自過」指引咎自責。「敚」讀「悅」。

　　朱賜麟（《集釋》）：「敚」讀「說」，解釋疑慮。

　　子居（《集釋》）：「自過」，即自罪自責意，所以能「悅於萬民」。

　　俞紹宏（《集釋》）：三軍大敗的情況下無論如何萬民是「悅」不起來的。「敚」或讀「脫」，開脫，免。簡文意思是說君主自擔三軍大敗的責任而為萬民開脫，即不把失敗之則推到民眾身上。

　　波按：「敚」字釋讀俞紹宏先生意見有一定的道理，不過我們揣摩文意，似乎讀為「脫」也不是很好。因為其前假設戰敗之戰的將領是「君」，君主親自率領軍隊打了敗仗，其責任本來就在君主，君主為此主動承擔責任開脫百姓罪責，是理所當然的，這不會使百姓感到鼓舞和振奮。讀為「悅」，這裡指的是百姓因君主的自我悔過而感到心中振奮喜悅，而不是對打敗仗的喜悅。

　　句意謂如果戰爭是君主您親自率領的，您就要自我悔過用以取悅於萬民。

（3）弗表（杜）伲（危）墬（地）

　　整理者：「表」，從「衣」，「土」聲，疑讀為「杜」，拒絕。《戰國策・趙策四》燕封宋人榮蚠為高陽君章「今得強趙之兵，以杜燕將」，鮑彪注：「杜，猶拒。」「伲」，從「疒」從「圭」，「圭」在古文字裡或用作「跪」，故「伲」為雙聲字，在此讀為「危」。「弗杜危地」的意思是說，國君率兵打仗，不拒絕行走危險之地。《尉繚子・戰威》：「夫勤勞之師，將不〈必〉先己……有登降之險，將必下步。」與簡文義近。《上博四・曹沫》簡六三上「弗表伲墬」作「弗琤疜墬」。「琤」，從「玉」，「夅」聲，據《郭店・語三》簡五十從「夅」的「䢚」，《論語・述而》作「據」，疑「琤」應該讀為「拒」，與「表（杜）」同義。或說「表」「琤」均讀為「據」。《新序・善謀下》：「今已據敖倉之粟，塞成皋之險，守白馬之津，杜太行之阪，距蜚狐之口，天下後服者乃先亡矣。」

　　質量復位（12樓）：簡30「弗表危地」之「表」可讀為「徒」，訓為「步行」。「弗徒危地」意為不要行走於危險之地。上博簡《曹沫》簡63上「弗琤危地」之「琤」可從孟蓬生先生讀為「躇」，訓為「蹈」。「徒」與「躇」是一對近義的異文。

侯瑞華（1112）：「表」分析為從「土」、「衣」聲。這樣的話，「表」在簡文中可以讀為「依」。……簡文的「弗表（依）危地」當指不要靠近危險之地。

李零（《集釋》）：「𤳇」隸作「㘴」，待考，疑是據、處之義。

孟蓬生（《集釋》）：「㘴」字不識，讀「躡」或「龡」。「弗㘴危地」，不躡危地，不履危地。

陳斯鵬（《集釋》）：「㘴」讀「邇」，接近。

魏宜輝（《集釋》）：「㘴」在這裡表示「臨近」或「進入」的意思，似讀「涉」。「涉」，進入、陷入。

李銳（《集釋》）：「㘴」讀「狎」，近也。

淺野裕一（《集釋》）：「㘴」隸作「臻」。

周鳳五（《集釋》）：「㘴」讀「避」。

高佑仁（《集釋》）：「㘴」讀「狎」，近也。「毋狎危地」即不要靠近危險之地。

季旭昇（《集釋》）：「危地」或指田獵遊玩之地。

董珊（《集釋》）：「㘴」讀「躡」，句意為不去危險的地方，也就是不去戰場。

陳斯鵬（《集釋》）：「㘴」讀「狎」「躡」義均可通，且各有所據。

禤健聰（《集釋》）：「㘴」釋「枷」，這裡讀「據」。

波按：安大簡作「表」之字，上博簡作「㘴」。上博簡此字各家討論頗多。一般認為讀「狎」、「躡」等葉部字。不過，安大簡此字當從整理者分析，從衣土聲，當是魚部字。安大簡整理者此字讀為「杜」，訓「拒絕」，從簡文文意來看，可從。簡文「毋杜危地」，意思是不要拒絕進入危地。簡文前後文意思是說曹沬勸誡君主親自率領打了敗仗之後，不要做於萬民不利的事情，「毋杜危地」說的應該是勸誡君主不要拒絕進入危險的地方，暗含的意思是君主不要安享逸樂，要與民共苦，下文「毋火食」說的是一個意思，即君主親自率軍而打了敗仗，就不要再生火做飯，暗含是意思是君主要在飲食方面有所節制，以便讓萬民看到自己誠信悔過的表現。

（4）毋火飤（食）

整理者：「火飤」，讀為「火食」。《六韜・龍韜・勵軍》：「軍皆定次，將乃就舍，炊者皆熟，將乃就食，軍不舉火，將亦不舉，名曰止欲將。」《群書治要》卷三十一引「將亦不舉」作「將亦不火食」。《尉繚子・戰威》：「夫勤勞之

師，將不〈必〉先己。暑不張蓋，寒不重衣，險必下步，軍井成而飲，軍食熟而後飯，軍壘成而後舍，勞佚必以身同之。」《群書治要》卷三十七引「軍壘成而舍」之後有「軍不畢食，亦不火食」兩句。

李零（《集釋》）：「灰」釋「亦」。

陳劍（《集釋》）：「灰」釋「火」，其前一字隸作「毋」。「毋火食」即君「自過」措施之一。

邴尚白（《集釋》）：簡文是說若「三軍大敗」，國君應引咎自責，斷火寒食，以示儉樸。

董珊（《集釋》）：「母（毋）火食」即減損膳食。

高佑仁（《集釋》）：「毋火食」即不升火煮飯。簡文是指饑餓罪己。

張通海（《集釋》）：「灰」釋「火」。

連劭名（《集釋》）：「亦」讀「奕」。「毋奕食荒」，不能輕視饑荒。

波按：安大簡「灰」字，上博簡作「灰」，此字乃是「火」字無疑，非「亦」字。楚簡「火」「亦」二字形近，但也區分明顯：「火」字上部一橫平直，「亦」字上方非平直筆畫。當然，二字也有偶然混訛的情況，比如上博簡《緇衣》簡10「亦」字，就作「灰」形，訛為「火」。「毋火食」一句上博簡下文編聯有問題，導致不少學者對此字的解讀出現了問題，像連劭名先生，讀為「毋奕食荒」，後接「荒」字，從安大簡簡文來看，明顯有誤。倘若不是簡文編聯問題，這句話應該沒有理解上的歧義。可見，簡文的正確編聯是正確理解簡文的前提條件，尤其對於沒有外在物質線索的竹簡的編聯，正確的編聯尤為重要。

（5）君必聚群又（有）司而見之，曰：『二厽（三）子孛（勉）之

整理者：「群又司」，讀為「群有司」。《禮記·祭統》：「尸飲九，以散爵獻士及群有司，皆以齒。明尊卑之等也。」《周禮·夏官·祭僕》：「既祭，帥群有司而反命。」「孛」，即「挽」，讀為「勉」。

youren（54樓）：「聚」字右上從「攴」，總釋文未隸出。

李零（《集釋》）：「群有司」指軍中的負責官吏。「厽」隸作「厽」讀「參」。楚簡「勉」「免」字多作「孛」，疑即「娩」本字。

陳劍（《集釋》）：「二厽子」讀「二三子」。

高佑仁（《集釋》）：「二三子」猶言「諸公」「諸位」。簡文「二三子」即指前文的「群有司」。

連劭名（《集釋》）：「告」義同誓。

波按：綜合安大簡整理者及上博簡各家意見，此句句意為君主您一定要聚集諸位大臣並且面見他們，說：「你們要勉勵啊。」

（6）褐（禍）不才（在）子

整理者：「褐」，《上博四·曹沫》簡二三上作「佲」，皆讀為「過」。

波按：此句簡文較為簡單，各家無說。「子」在此訓「你們」，指的是上文的「二三子」。句意謂戰敗之禍的罪責不在你們。

（7）虔（吾）戩（戰），啻（適）不訓（順）於天命

李零（《集釋》）：「吾戰」屬下讀。「啻」讀「敵」，「訓」讀「順」。

周鳳五（《集釋》）：「吾」讀「逆」。簡文斷讀為「逆戰，敵不順天命」。

季旭昇（《集釋》）：「啻」讀「適」。「吾戰適不順天命」，表示前者戰敗係不順天命，今者反省改過，則可以順天命，復敗戰也。

淺野裕一（《集釋》）：「吾戰敵不順於天命」意為重新確認戰爭目的之正當性的行為。

陳斯鵬（《集釋》）：「吾戰」後應點斷。

高佑仁（《集釋》）：「敵不順於天命」指敵方不能順承天命，乃我方進攻之絕佳時機，是勉勵之詞。

波按：安大簡此句整理者沒有注釋。上博簡各家說法可供參考。我們綜合各家觀點，認為此句當讀為「吾戰，適不順於天命」，意思是咱們這場戰爭，恰巧沒有順應上天之命。暗含的意思是咱們的失敗是沒有順應天命，而不是實力不行，只要咱們重整旗鼓，抓準時機，順應天命，就能夠復敗戰。

（8）反（返）帀（師），牆（將）遉（復）戩（戰）

整理者：「將復戰」，與上注〔一〇九〕（波按：即本章集釋2）所引《司馬法·嚴位》「若將復戰」之「將復戰」用語相同。

李零（《集釋》）：疑「返師將復」指回營休整。

淺野裕一（《集釋》）：「返師將復」係指回到戰場、再度作戰的意志。

邴尚白（《集釋》）：「反師將復戰」指我軍回師再戰。

單育辰（《集釋》）：單引號指與「復戰」後，「戰」後加句號。

董珊（《集釋》）：「戰」屬下讀，單引號至簡50「祿爵有常」。

高佑仁（《集釋》）：「返師將復戰」指回師稍作休息，又要出兵應戰。

白於藍（《集釋》）：簡27與簡23上綴合為「寡人，吾戰敵不順於天命，反師。將復戰，【51下】則祿爵有常」。

　　波按：此句上博簡由於簡文編聯問題，導致各家說法不一，很多說法都是建立在錯誤編聯基礎上的解讀。我們認為，安大簡整理者的句讀及解讀可從。此句句意為君主您返回軍隊，將要再次出戰。

（9）必訋（召）邦之貴人及邦之可（奇）士

　　李零（《集釋》）：「貴人」指身份高的人。「訋」讀「約」，約束規定。

　　孟蓬生（《集釋》）：「訋」讀「詔」，教導。

　　邴尚白（《集釋》）：「訋」讀「召」。

　　單育辰（《集釋》）：「訋」讀「召」，招攬。

　　季旭昇（《集釋》）：「貴人」身份較「貴位」為高，當指皇親國戚、君王親信之類。

　　高佑仁（《集釋》）：「訋」原釋說可從，讀「召」音義也皆通。「貴人」意涵仍須再研究。「可士」也可讀「騎士」，具體意義尚須進一步證明。

　　孫思旺（《集釋》）：「奇士」，意即卓爾不群之士。「貴人」指的是大夫階層未任將帥職位者。

　　俞紹宏（《集釋》）：「士」後或可加冒號。

　　波按：「訋」字可從安大簡整理者讀為「召」，訓「召集」。句意謂一定要召集邦中的貴人和奇士。

（10）从猝（卒）瞥（撚）兵

　　整理者：「从猝瞥兵」，《上博四·曹沫》簡二九作「眾采（卒）叀（使）兵」。關於「从」字的釋寫，參看前注〔五五〕（波按：即本書第五章集釋6）。「从卒」，猶言「从軍」，參軍。「瞥兵」，疑讀為『撚兵』，猶言「執兵」。《說文·手部》：「撚，執也。」或釋「比猝瞥兵」，讀為「比卒按兵」。「比」「按」義近。《後漢書·江革傳》「每至歲時，縣當案比」，李賢注：「案驗以比之，猶今兒閱也。」《上博四·曹沫》簡二九「叟」疑「弁」之訛，當讀為「撚」或「按」。

　　李零（《集釋》）：「𢎨」隸作「众」，簡文中疑讀「御」。「御卒使兵」為一句。

　　林素清（《集釋》）：疑「众」為「旅」字古文之形訛。

　　陳劍（《集釋》）：「众」釋讀「御」不能肯定。

　　陳斯鵬（《集釋》）：「众」從重「从」，疑即「从」字繁構，可徑釋為「从（從）」

　　蘇建洲（《集釋》）：疑「𢑟」為「旅」字古文之形訛。「𢑟」此處讀「武」。此字似可讀為「御」。

　　何有祖（《集釋》）：「𢑟」可讀為「耀」。「耀」有炫耀展示之意。「耀軍」指展示軍實。「耀」又有光耀之意。

　　邴尚白（《集釋》）：「伙」讀「擢」，選拔。

　　高佑仁（《集釋》）：「𢑟」由「旅」字古文訛變，讀「御」。

　　蘇建洲（《集釋》）：「𢑟」釋「从」。

　　金俊秀（《集釋》）：「𢑟」即「褟」字，可讀為「狄」「翟」。

　　范常喜（《集釋》）：「𢑟」即「从」字。

　　孫思旺（《集釋》）：「从卒」，部屬、普通士兵。

　　連劭名（《集釋》）：「虞卒使兵」，「虞」讀「扈」，《廣雅・釋詁一》「扈，使也」。

　　俞紹宏（《集釋》）：「𢑟」可能是「旅」異體，從四人，以會人多之意，可以隸作「伙」。「御」掌控、使用。

　　波按：安大簡「𢑟」字，上博簡作「𢑟」。此字上博簡各家解讀頗多，但迄今暫無定論。相比來說，我們認為安大簡整理者說法可暫從。意即參軍執兵。

（11）毋遑（復）先常之

　　整理者：「毋遑先常之」，《上博四・曹沫》簡二九作「母遑夁棠」。分別讀為「毋復先常之」「毋復前常」。季旭昇說：「『毋復前常』……不要再依照先前作戰的慣例。」（《〈上海博物館藏戰國楚竹書（四）〉讀本》第二〇四頁注十一）「先」「夁（前）」同義。「毋復先常之」與上注〔一〇九〕（波按：即本章集釋2）所引《司馬法・嚴位》「無復先術」義近。

　　邴尚白（《集釋》）：「前當」指與敵相對之前頭正面的意思。「使兵毋復，前當」，義為指使軍隊不要逃回，以貴人、奇士、擢卒等尖銳部隊為前頭正面。

　　孫思旺（《集釋》）：「從卒吏兵，毋有前常」，講的是普通士兵的徵用原則。

　　波按：「毋復前常」意思大概就是說不要再像之前那樣。

（12）凡貴人凶（使）〔尻（處）夁（前）立（位）一行〕

　　整理者：「凡貴人凶（使）」後所缺五字，據《上博四・曹沫》簡二四下補。

　　李零（《集釋》）：「貴人」指身份較高的人。「凶」讀「思」。「尻」隸作「仉」釋「處」。「立」讀「位」。

陳劍（《集釋》）：「思」釋文擴注「使」，其與「使」是否表示語言中的一個詞還可以進一步研究。不排除他們是音義皆近的一對詞。

李銳（《集釋》）：簡文讀為：「凡貴人，使處前位，一行，後，則見亡。」

沈培（《集釋》）：「囟（思）」讀「使」可靠。

子居（《集釋》）：簡文是說「貴人」得放最前面，放後面就跑了。

孫思旺（《集釋》）：「凡貴人使處前位」，這一條則是同一層級的位次排列辦法，也即要使地位較高的人居於較前的位置。

俞紹宏（《集釋》）：「思」可讀「使」。

波按：此句安大簡簡文有殘缺，句意不完整；上博簡簡文完整且編聯無誤。我們比較讚同孫思旺先生的說法，認為此句當是說凡是貴人要讓他們居於軍隊的靠前的官位。

（13）退則見亡

整理者：「退則見亡」，《上博四·曹沫》簡二四下作「迻（後）則見亡」。「迻」是《說文》「後」字古文。「退」「後」義近。季旭昇說：「見，被動詞，猶今語『被』，說見楊樹達《詞詮》，『見亡』謂『被滅亡』。」（《〈上海博物館藏戰國楚竹書（四）〉讀本》第二〇四頁注十二）

李零（《集釋》）：簡文是說貴人居後容易潰亡。

俞紹宏（《集釋》）：「見」或表被動含義。「見亡」，被滅亡。貴人們後退就要被殺。

波按：安大簡「退則見亡」或上博簡「後則見亡」，意思大概是說不能讓貴人居於後面的位置，或不能讓貴人地位後退，否則的話軍隊就有面臨被滅亡的風險。我們認為，「貴人」之所以「貴」，就在於其對戰爭的勝負有關鍵的作用，對軍隊作戰有利的人才是軍隊的貴人。因此，李零先生說法比較可信。

（14）進則彔（禄）笪（爵）又（有）常，幾莫之豎（當）

李零（《集釋》）：「勝則爵禄有常」，指得勝後賜賞爵禄當有常法。「幾」讀「忌」。

陳劍（《集釋》）：「進」意為軍隊前進。

李銳（《集釋》）：「常」讀「賞」。

高佑仁（《集釋》）：本篇「賞」字均從「尚」「貝」，「常」讀「常」較佳。

俞紹宏（《集釋》）：「常」讀「賞」似不合楚簡用字習慣。

波按：此句簡文安大簡整理者沒有給出注釋，上博簡各家有討論。我們認為，「進」的主語當是「賢人」，「爵祿有常」指的當是軍中的其他人。簡文的意思大概是說貴人如果得到晉升，那麼軍隊就有希望打勝仗，這樣軍中諸位就能夠保持常有的爵位和俸祿，意即不會被滅國。「幾莫之當」，意思是說大概沒有誰能和貴人相提並論。「貴人」之所以「貴」，「貴」在其對戰爭的勝負起著關鍵作用，對打勝仗有巨大的幫助。如果其作用僅僅像普通人那樣，就稱不上「貴人」了。

今　譯

莊公又問說：「戰敗之後恢復戰力再戰有什麼方法嗎？」

曹沫回答說：「有。三軍大敗之後，不要誅殺和責備將士，而要賞賜有功之人。不要因罪責罰百姓而撤換他們的將帥。戰爭是君主您親自率領的，您就要自我悔過用以取悅於萬民。君主您不要拒絕進入危險的地方，不要生火做飯。為戰死者收屍，慰問戰傷者，妥善辦理戰死者的後事，是為了激勵活著的人。君主您一定要聚集諸位大臣並且面見他們，說：『你們要勉勵啊，戰敗之禍的罪責不在你們，在我自己。咱們這場戰爭，恰巧沒有順應上天之命。』君主您返回軍隊，將要再次出戰，一定要召集邦中的貴人和奇士，讓他們參軍執兵，不要再像之前那樣對待他們。凡是貴人讓他們居於軍隊官職前面的位置，如果他們的地位降低，那麼軍隊就會面臨被滅亡的風險，如果他們職位得到晉升，那麼大家就能保持爵祿不變。大概沒有誰能夠和貴人相提並論了吧。」

第十二章

摹本及隸定

【33】

-179-

命	於	軍	中	曰	纏	虜	利	兵	纍
曰	酒	戰	測	斯	尼	則	已	盤	邊
行	凡	遮	車	虜	命	之	毋	行	盟
曰	酒	戰	凶	為	耇	行	牒	人	坴
告	曰	元	【34】	遅	衛	既	飲	較	連
皆	載	曰	酒	暨	行	乃	命	白	徒
纍	飲	牂	兵	各	載	尔	贊	既	戰
酒	博	為	之	毋	恖	毋	凶	民	怂
及	【35】	尔	龜	筮	皆	曰	勞	之	改
顫	尔	敓	乃	遊	元	爐	盟	曰	遷

戝　必　怸　亓　所　此　遑　盤　戲　之

道

釋　文

　　戝（莊）公或（又）餌（問）曰：「遑（復）盤（便）戲（戰）又（有）
道〔虖（乎）(1)？」

　　含（答）曰：「又（有）。既戲（戰）遑（復）餘（舍），虖（號）命（令）
於軍(2)】【三三】中，曰：『纏（繕）廈（甲）利兵，絮（明）日酒（將）戲
（戰）(3)。』測斯（死）尼（度）則〈剔（傷）〉(4)，已（以）盤（便）遱（就）
行(5)，凡遬〈遻（失）〉車廈（甲），命之毋行(6)。盟（明）日酒（將）戲
（戰），囟（使）為冇（前）行(7)。𥚹（諜）人來（來）告曰(8)：『亓（其）
【三四】遉（將）衒（帥）既飤（食）(9)，較（車）連（輦）皆載(10)，曰酒
（將）睦（早）行(11)。』乃命白徒纍（早）飤（食）戕（供）兵(12)，各載
尔（爾）贊（藏）(13)。既戲（戰）酒（將）塼（搏）(14)，為之毋恖（怠），
毋囟（使）民悆（疑）(15)。及【三五】尔（爾）龜簭（筮）(16)，皆曰殇（勝）
之。改（該）頤（禱）尔（爾）敳（鼓）(17)，乃遘〈遻（軼）〉亓（其）牗（服）
(18)。盟（明）日遑（復）戝（陳），必怸（過）亓（其）所(19)。此遑（復）
盤（便）戲（戰）之道。」

集　釋

（1）遑（復）盤（便）戲（戰）又（有）道〔虖（乎）〕

　　整理者：「遑盤戲又道〔虖〕」，《上博四・曹沫》簡五十作「遑（復）盤戰
又（有）道虖（乎）」。「盤」，從「皿」，「𠬸」（從「又」，「胖」聲）聲，「盤」
之異體。或說此字就是「盤」字（黃德寬）。「復」，再，參注〔一〇八〕。「復
盤戰」即「再盤戰」。《左傳・襄公二十三年》：「齊後還自營，不入，遂襲莒。
門于且于，傷股而退。明日，將復戰，期于壽舒。」此「將復戰」與簡文用語
相同。據下文「以盤遱行」之「盤」讀為「便」（見下注〔一二三〕），疑「盤
戰」之「盤」也應該讀為「便」。古代兵書往往以「便」指地形便利，如《六

韜‧豹韜‧林戰》：「使吾三軍分為衝陳……斬除草木，極廣吾道，以便戰所。」又：「林戰之法……林間木疏，以騎為輔，戰車居前，見便則戰，不見便則止。」據下文簡五二「明日復陳」，「盤戰」應該是指陣地戰。從這一點來說，把「盤戰」讀為「便戰」也是合理的。「便戰」指在地形便利的陣地作戰。

滕勝霖（0817）：黃德寬先生釋作「盤」。我們認為黃說可從……「盤」字左上的「舟」（ ）逐漸分離成一撇筆加「肉」旁，……「盤」字右上「攴」旁中的「卜」有時會寫成一折筆……「盤」所從的「舟」寫成「肎」在本篇中不是個例，這可能與抄手的個人習慣有關。

淺野裕一（《集釋》）：「盤」讀「瘢」，傷痕。「復盤戰」為重新建立戰敗、受損的軍隊之方法。

邴尚白（《集釋》）：「盤」，迴旋、迴繞。「盤戰」，疑指與敵軍周旋，戰況膠著之義。

單育辰（《集釋》）：讀「盤」為「返」。

朱賜麟（《集釋》）：「盤戰」疑是盤桓糾纏、戰局僵持之義。

季旭昇（《集釋》）：「復盤戰」當係前一日戰況膠著，次日繼續奮力作戰。

董珊（《集釋》）：「盤戰」讀「偏戰」，為兩軍對壘之戰。

高佑仁（《集釋》）：「復盤戰」即指在「盤戰」大敗之後要讓軍隊重新整頓的辦法。

俞紹宏（《集釋》）：董珊說或可從，「盤戰」可能就是一場兩軍對壘的攻堅戰。

李家浩（20210804）：像這種寫法的「虖」，還見於清華大學藏戰國竹簡，在《祭公》裡用為「烏呼」之「呼」，在《繫年》裡用為人名「子虎」之「虎」……清華簡整理者大概認為「虖」的下部「介」字形所從「八」是「飾筆」。我認為上博簡兩種用法的「虖」，應該從季先生意見也都釋作「虎」，分別從上博簡整理者意見讀為「乎」「虎」。……「復盤戰」即「再盤戰」……疑「盤戰」之「盤」也應該讀為「便」。古代兵書往往以「便」指代地形便利。……「盤戰」應該是指陣地戰。……「便戰」是指在地形便利的陣地作戰。

波按：「盤戰」具體含義所指，安大簡整理者和上博簡各家解讀紛歧較大。從後文「明日將戰」、「明日復戰」等來看，此處「盤戰」或當如邴尚白、朱賜麟、季旭昇諸先生所言，可能是指膠著之戰。不過這種解讀也只是一家之說，沒有堅實的證據。此處「盤戰」的解讀我們暫存疑。安大簡所缺之字，整理者

據上博簡補為「唇」，此字原簡作「」，安大簡整理者所補字形顯然不準確，我們從李家浩先生觀點，改作「虒」。

句意謂再次『盤戰』有什麼方法嗎？

（2）畣（答）曰：「又（有）。既戳（戰）返（復）豫（舍），虒（號）命（令）於軍中

整理者：此殘簡，「又道」後所缺十二字，據《上博四．曹沫》簡五十補。

李零（《集釋》）：「復豫」屬上讀，疑指重整隊形。「豫」或讀為「敘」。「」隸作「虖」，讀「號」。

陳斯鵬（《集釋》）：「」釋「虎」，讀「呼」。

淺野裕一（《集釋》）：「既戰」一句意謂軍隊戰鬥過一次仗，而「復豫」係指軍隊戰敗後從戰場撤退而恢復為行軍隊形。

董珊（《集釋》）：古稱軍隊住宿一夜為一舍，「豫」讀「舍」。「復舍」是重新安營紮寨。

高佑仁（《集釋》）：「復舍」，屯駐營寨。

季旭昇（《集釋》）：「虒」為「虎」字繁化，在「虎」下加飾筆而成，讀「號」。

俞紹宏（《集釋》）：字形「唇」楚簡多用作「乎」「呼」「虐」「號」。

李家浩（20210804）：「畣」是「答」的古文。「答曰」前省略的主語是「曹沫」。以下曹沫回答的「復盤戰有道」的內容，並不是曹沫本人的軍事思想。從有關軍事情況看，《曹沫之陣》是一篇戰國早期的作品，只是其作者託名「曹沫」而已。本文個別地方說曹沫怎麼樣，只是就簡文文意而言的，並非認為曹沫本人就怎麼樣。……「舍」在這裡是壘舍、軍營的意思。

波按：此句簡文安大簡缺少，上博簡各家解讀頗多。我們認為「既戰復舍」可從董珊先生說法，意思是已經交戰完之後，重新安營紮寨。「」從李零、季旭昇等先生讀「號」，「號令於軍中」即向軍中發佈軍令。

（3）纏（繕）虜（甲）利兵，䀄（明）日牆（將）戳（戰）

整理者：「纏虜利兵」，又見簡十一，讀為「繕甲利兵」，參上注〔三五〕（波按：即本書第三章集釋 12）。《左傳．成功十六年》：「旦而戰，見星未已。子反命軍吏察夷傷，補卒乘，繕甲兵，展車馬，雞鳴而食，唯命是聽。晉人患之。苗賁皇徇曰：『蒐乘、補卒，秣馬、利兵，脩陳、固列，蓐食、申禱，明日復戰。』」「繕甲利兵」或作「繕甲厲兵」。《史記．張儀列傳》：「張儀去，西

說趙王曰……大王之威行於山東，敝邑恐懼懾伏，繕甲厲兵，飾車騎，習馳射，力田積粟，守四封之內……」

李零（《集釋》）：「𦀚」隸作「綌」，讀「繕」。

陳劍（《集釋》）：「曰」下之語至「戰」。

淺野裕一（《集釋》）：「繕甲利兵」意味著士兵的裝備或兵器損傷的狀況。「明日將戰」係指重整軍隊翌日將再度交戰。

陳斯鵬（《集釋》）：「綌」，從「糸」「庶」聲，可能為「繕」字異構。

高佑仁（《集釋》）：「繕甲利兵」指修補甲冑，磨礪兵器。

李家浩（20210804）：「繕甲利兵」或作「繕甲厲兵」。

波按：「繕甲利兵」可從高佑仁先生意見，「明日將戰」可從淺野裕一先生意見。句意為修補甲冑，磨礪兵器，明日將再度交戰。

（4）測斯（死）厇（度）則〈剔（傷）〉

整理者：「測斯厇則」，《上博四·曹沫》簡五一上作「則戠厇剔」。「戠」即「斯」之異體，「厇則」之「則」乃「剔」形近而誤。「厇」是古文「宅」，白於藍讀為「度」（參《〈曹沫之陣〉新編及相關問題探討》，《中國文字》新三十一期第一二一、一二六頁，臺北藝文印書館二〇〇六年），可從。「測斯厇則」「則戠厇剔」，應讀為「測死度傷」。上古音「斯」屬心母支部，「死」屬心母脂部，二字聲母相同，韻部關係密切。《釋名·釋喪制》：「死，澌也，就消澌也。」像這樣以從「斯」的「澌」為「死」的聲訓，還見於《白虎通義·崩薨》、《風俗通義·怪神》、《說文》「死」、《禮記·曲禮》《檀弓》鄭玄注等。《廣雅·釋詁一》：「測，度也。」「度」有計之義。《禮記·少儀》「不度民械」，陸德明《釋文》：「度，計也。」「測死度傷」句意謂統計死傷人數。古書有「測度」連用的例子。《禮記·禮運》：「人不藏其心，不可測度也。」

質量復位（12 樓）：「測斯（死）厇（度）則」之「則」不是「剔」的形近誤字，按照用字習慣，其可讀為「賊」。「賊」有「傷」的意思（《故訓匯纂》P2184）。傳世古書中可見「賊傷」的表述，如《墨子·號令》：「詐為自賊傷以辟事者，族之。」《易林·井之蠱》：「無事召禍，自取災殃；畜狼養虎，必見賊傷。」「賊傷」當是同義連用。「賊」與「傷」是一對同義的異文。

李零（《集釋》）：「戠」隸作「戠」。「戠厇」待考。「剔」讀「傷」。

陳劍（《集釋》）：「戠」左從「斯」省聲。「戠厇」讀「廝徒」，謂炊烹供養雜役。

白於藍（《集釋》）：「**戕尼**」釋「戕宅」，讀「揆度」。「揆度傷亡」，指揆度傷亡情況。

李銳（《集釋》）：「剔」讀「煬」，炊也。簡文大意是說炊烹者準備好豐盛的食量。

淺野裕一（《集釋》）：釋讀簡文為「旗旄傷亡」。

董珊（《集釋》）：「廝徒傷亡」是指有廝徒傷亡，但車士仍可作戰的戰車。

陳斯鵬（《集釋》）：「**戕**」左從「仌」「丌」，「旗」異體，右從「戈」，為戰旗之專字。「則旗」是修飾整飭旗幟的意思。「宅」讀「度」。「度傷」義為審查我方將士的傷勢。

高佑仁（《集釋》）：「戕」易「斤」為「戈」。「剔」讀「佯」，此言廝徒佯裝以盤戰方式前進，不要懈怠，也毋使敵軍懷疑。

連劭名（《集釋》）：「其托」讀「寄託」。

李家浩（20210804）：我懷疑「戕」可能就是「斯」字的異體。「尼」是古文「宅」，白於藍先生讀為「度」，可從。「剔」常見於戰國文字，多用為「傷」……疑是刀傷的專字。……「則斯宅傷」應該讀為「測死度傷」。……句意謂統計死傷人數。

波按：此句安大簡作「測斯尼則」，整理者認為「則」為「傷」之形訛，讀為「測死度傷」。網友「質量復位」先生認為「則」讀「賊」，「賊」在古籍中有「賊傷」之義。我們認為，「則」「剔」二字楚簡字形不近，形近而訛的可能性不大。不過，抄寫者因上「測」字而誤筆的可能性挺大的。「則」讀「賊」訓「賊傷」，雖然文意上講得通，但「測死度賊」這樣的用法似不符合古籍的用字用詞習慣。總的來說，有上博簡的佐證，我們認為簡文讀為「測死度傷」應該是可信的，「則」或是上博簡「剔」字形訛，但或當是涉上「測」字而誤，非「則」字形近而訛。此句上博簡作「則戕尼剔」，各家討論頗多，但我們認為都不太可信，釋讀還是從安大簡整理者說。句意謂統計死傷人數。

（5）呂（以）盤（便）遷（就）行

整理者：「呂盤遷行」，《上博四·曹沫》簡五一上作「呂盤遷行」。「盤」即「盤」之異體，參上注〔一一九〕（波按：即本章集釋1）。「盤」，讀為「便」。上古音「盤」「便」均屬並母元部，可通。馬王堆漢墓帛書《戰國縱橫家書》第二一章二三二行「盤」作「皈」，從「缶」，「反」聲，而從「反」聲之字可以讀為從「便」聲之字，如郭店楚墓竹簡《窮達以時》：「百里轉鬻五羊，為

伯牧牛，擇板箠而為命卿，遇秦穆。」白於藍認為「板」應該讀為「鞭」（《郭店楚墓竹簡考釋（四篇）》，《簡帛研究二〇〇一》上冊第一九五頁，廣西師範大學出版社二〇〇一年）。「以便」是古今漢語常用語。「𢧵」，古文「戚」，類似的寫法見於三體石經、《汗簡》、《古文四聲韻》等（徐在國《傳抄古文字編》下冊第一二六八頁，線裝書局二〇〇六年）。「𢧵行」與注〔一二一〕所引《左傳・成公十六年》晉苗賁皇所說「脩陳」相當。上古音「戚」屬清母覺部，「脩」屬心母幽部，二字聲母都是齒頭音，韻部陰入對轉。「戚」從「尗」聲，「脩」從「攸」聲，在古書裡有從「尗」聲之字與從「攸」聲之字相通的例子（參《古字通假會典》第七四〇頁「倏」「叔」、「鯈」「跾」、「滌」「潃」條）。疑簡文「戚」應讀為「脩」。這種用法的「脩」一般作「修」，是整飭、整理的意思。「行」「陳」義同。《史記・晉世家》「三年……悼公弟楊干亂行，魏絳戮其僕」，裴駰集解引賈逵曰：「行，陳也。」「脩行」亦見於銀雀山漢簡《孫臏兵法・官一》簡四一一：「脩行連削，所以結陳也。」（銀雀山漢墓竹簡整理小組《銀雀山漢墓竹簡〔壹〕》釋文注釋第六八頁，文物出版社一九八五年）張震澤認為「削」讀為「旓」，解釋此兩句說：「此謂修治行列，旗旓相連，如此結陣則陣容嚴整……《淮南子・兵略》：『吏卒辨，兵甲治，正行伍，連什陌，明鼓旗。』即此『脩行連旓』之意。」（張震澤《孫臏兵法校理》）第一一五頁注四一，中華書局一九八四年）「以便脩行」意謂：以便於整頓軍隊行列。

文獻足徵（67樓）：簡三四「就行」疑不勞改讀。「就行」和「就戰」結構類似，即行軍。《吳子》：「一鼓整兵，二鼓習陳，三鼓趨食，四鼓嚴辦，五鼓就行。」下文講在什麼條件下行軍或停止，不涉及整頓行列問題，讀為「修行」太奇怪。

質量復位（68樓）：讀為「就」從用字上看確實要好一些，不過這個「就行」似乎可以理解為「就列」，也就是「排好隊列」。

激流震川 2.0（76樓）：「盤」應當讀為「班」。……簡文意指按照班次就位於行列。

李零（《集釋》）：「𠫑」釋「亡」。

李銳（《集釋》）：「𠫑」似即「以」字，屬下讀。

淺野裕一（《集釋》）：「槃就行」可能意味著將損傷的部隊（槃）補充到「行」，進而回復戰力。

　　高佑仁（《集釋》）：「就行」，進入行列，本簡指已歸入編好戰鬥行列的戰士。

　　季旭昇（《集釋》）：「盤」釋為安，謂命廝徒炊烹備餐，以安就行之士。

　　董珊（《集釋》）：「盤」讀「偏」。此處是古代戰陣的組織單位，徒兵以五十人為偏，戰車以二十五乘為偏。「就」，集、成。「行」，戰陣之行列。

　　陳斯鵬（《集釋》）：「傷」下一字釋「以」，屬下讀。

　　高佑仁（《集釋》）：「就」，開始進入、到。「行」，行列。「就行」，指進入行列。

　　白於藍（《集釋》）：「盤就行失車甲」讀作「擊蒐行失車甲」，指聚斂作戰過程中走失的車甲。

　　連劭名（《集釋》）：「盤」讀「旋」，反。「行」，軍列。

　　俞紹宏（《集釋》）：「盤」可解為食器。

　　李家浩（20210804）：「盤」，在此應該讀為「便」。……「以便脩行」，意謂：以便於整頓軍隊行列。

　　波按：「已盤邊行」可讀為「以便就行」，「邊」字直接讀為「就」，從二位網友意見。句意為便於士兵們回到軍隊之中。「行」當從連劭名先生訓為「軍列」。「就」是「各就各位」之「就」，「就列」是說通過上文「測死度傷」之後，那些還能夠戰鬥的士兵要回到軍隊之中繼續參加明日的戰爭。上博簡此句各家說法頗多，但因此句下文簡文編聯問題，諸家說法大多有問題。

（6）凡遫〈逹（失）〉車麌（甲），命之毋行

　　整理者：「凡遫車麌」，《上博四·曹沫》簡三一作「〔凡〕逹車麌」。「遫」，疑「逹」之誤，「逹」實是「迭」字，讀為「失」（李家浩《讀〈郭店楚墓竹簡〉瑣議》，《中國哲學》第二十輯《郭店楚簡研究》第三四四至三四六頁，遼寧教育出版社一九九九年；《甲骨卜辭「𡗜」與戰國文字「逹」》，待刊）。「凡失車甲，命之毋行」是說：凡是在「盤戰」中丟失車甲的士兵，命令他們不要參加「脩行」的活動。

　　李零（《集釋》）：「逹」隸作「遊」，讀「失」。「毋」隸作「毋」。

　　陳劍（《集釋》）：「前失車甲」理解為「先前（打敗仗中）失去車甲之人」，皆即「命之毋行」的「之」字所指代者，亦即下文「使其為前行」者。

　　李銳（《集釋》）：「遊」讀「秩」，訓「積」。「秩車甲，命之毋行」當同於收兵。

高佑仁（《集釋》）：「失」，損害、損失。「〔字〕」釋「母」讀「毋」。「命之毋行」即失去車甲者「命之毋行」，在原地等待救援。

子居（《集釋》）：「失車甲」，即為有過，故使處前行。

李家浩（20210804）：「𨒅」在楚國文字屢見，多用為「失」。據我研究，「𨒅」實是「迭」字。……「毋」在早期本作「母」，後來為了在字形上加以區別，把「母」所從兩點連成一筆，於是分化出一個「毋」字來。……凡是在「盤戰」中丟失車甲的士兵，命令他們不要參加「脩行」的活動。

波按：「凡」字上博簡缺失，故上博簡各家對此字的解讀多不可信。此句簡文結合我們對其前簡文的理解，意思大概為凡是在上次戰鬥中丟失車甲的將士，命令他們不要回到軍列之中。

（7）盟（明）日牆（將）戰（戰），凶（使）為牆（前）行

李零（《集釋》）：「〔字〕」疑是「盟」字之省，「盟」字內含「明」「日」，或以合文讀為「明日」。

高佑仁（《集釋》）：「〔字〕」上從的「日」為「囧」之訛，其下可能是「血」。字即「盟」。簡文中讀「明日」。

朱賜麟（《集釋》）：「旦日」專指拂曉天明的時候。

俞紹宏（《集釋》）：「〔字〕」可隸作「晅」，「盟」字省。

李家浩（20210804）：簡文「晅」亦讀為「明」。……明天將要復戰，使那些丟失車甲的士兵在前邊打頭陣，戴罪立功。這實際是對那些丟失甲兵的士兵的一種懲罰。

波按：此句安大簡整理者沒有注釋。安大簡「盟日」字，上博簡作「〔字〕=」，即「明日」合文。句意謂第二天將要戰鬥的時候，讓這些沒有回到軍列中的將士處於軍列前行。

（8）䚟（諜）人柒（來）告曰

整理者：「䚟」，《上博四·曹沫》簡三一整理者隸作「親」，注說：「疑同『睯』（見《玉篇》《廣韻》等書），這裡疑讀為『間諜』之『諜』。」「諜人」，間諜，暗探。《左傳·莊公二十八年》：「子元以車六百乘伐鄭，入于桔柣之門……諸侯救鄭，楚師夜遁。鄭人將奔桐丘，諜告曰：『楚幕有烏。』乃止。」

李零（《集釋》）：「䚟」疑同「睯」，疑讀「間諜」之「諜」。

陳劍（《集釋》）：此「諜人來告」云云當是出自己方有意安排，蓋佯告以士卒敵方傷亡慘重、不順於天命而將回師敗逃，藉以鼓舞士氣。

高佑仁（《集釋》）：間諜潛入敵方搜集情報，「喋」字可以從見。

李家浩（20210804）：據簡文此句，「諜人」的用例大大提前。……派出的「諜人」回來報告他偵探到的客方軍事情況。

波按：句意謂派往敵方的間諜前來我軍報告。

（9）亓（其）遅（將）衙（帥）既釰（食）

整理者：「亓遅衙既釰」，《上博四·曹沫》簡三二作「亓遅衙圭剔」。「亓遅衙既釰」，讀為「其將帥既食」，將帥已經吃完。《上博四·曹沫》簡三二整理者把「圭剔」讀為「盡傷」，聯繫上下文，略顯突兀，不如「既釰」順暢。疑「剔」是「釰」字之訛，讀為「食」。

連劭名（《集釋》）：「遅」從「羊」聲，讀「羌」。「羌帥」即卿帥。

李家浩（20210804）：疑此句「剔」是「釰」字的訛誤，讀為「食」。古代兵書多強調將帥與士兵同甘共苦……客方「其將帥盡食」，言外之意是客方士卒還未食。說明客方將帥與士卒不能同甘共苦，明天「復盤戰」，客方士卒不會為其將帥賣命奮戰。

激流震川 2.0（75 樓）：上博簡從易從刂之字可讀為「餘」。……亦可讀「餉」、「饟」。「盡餉／饟」即「盡食」之義。……如此理解，可將安大簡與上博簡的異文統一起來。

波按：安大簡「既釰」，上博簡作「圭剔」，如安大簡整理者所言，上博簡整理者將此二字直接讀為「盡傷」而沒有注釋說明。安大簡整理者認為「剔」是「釰」之訛，恐怕也沒有什麼證據，只是一種猜測。不過，安大簡整理者對文意的把握還是可信的，此句安大簡當理解為將帥已經吃完。至於安大簡「既釰」和上博簡「圭剔」是何種關係，恐怕還得進一步考慮。

（10）軑（車）連（輦）皆載

整理者：「軑連皆載」，《上博四·曹沫》簡三二作「載連皆栽」，均讀為「車輦皆載」。「軑」，從「攴」，「車」聲，古文字「攴」「戈」二旁通。《周禮·地官·鄉師》「大將軍旅會同，正治其徒役與其輂輦」，鄭玄注：「輦，人輓行。所以載任器也，止以為蕃營……故書『輦』作『連』。鄭司農云：『連讀為輦。』」又《小司徒》「乃頒比灋于六鄉之大夫，使各登其鄉之眾寡、六畜、車輦」，賈公彥疏：「車，謂革車及大車；輦，人輓行。」「車輦」包括馬駕的輜重車、牛駕的輜重車和人輓的輜重車。

李零（《集釋》）：「戠連皆栽」待考。

陳劍（《集釋》）：「戠連皆栽」讀為「車輦皆載」。

范常喜（《集釋》）：「戠」讀「車」不誤。「栽」讀「戈」，訓「傷也」。

淺野裕一（《集釋》）：「戠」讀「車」，在此指以戈武裝的士兵們乘坐的戰車。「車連」指繫住馬和車身的繩索。「皆栽」指戰車破損或顛覆而繩索斷裂，此時馬和車身散亂的狀態。

蔡丹（《集釋》）：銀雀山漢墓《孫臏兵法》298 號竹簡有與「戠」同形之字，被釋為「戠」，疑也是「車」字。

邴尚白（《集釋》）：「車輦皆載」主要應指運載死傷之人。

高佑仁（《集釋》）：「栽」讀「戈」，訓「傷也」。

王連龍（《集釋》）：「戠連」釋讀「輚輦」，指服務於運輸活動的軍事工具。

單育辰（《集釋》）：「戠」字還可以讀作「輦」，駕馬所以載輜重。

連劭名（《集釋》）：「車連皆栽」，「連」讀「輦」，「栽」讀「載」，言卿帥將士負傷者多，車輦皆用以運送傷員。

李家浩（20210804）：「車輦」包括馬駕的輜重車、牛駕的輜重車和人輓的輜重車。

波按：簡文可從安大簡整理者讀，為「車輦皆載」。「載」在此可訓為「載滿」，句意謂車輦全都載滿了。

（11）曰牁（將）曇（早）行

整理者：「曰牁曇行」之「曰」，句首語詞。「曇」，即「早」，與包山簡六三「早」形近，指「將行」的具體時間。古「早」「晨」互訓。《爾雅·釋詁下》：「晨，早也。」《說文·日部》：「早，晨也。」「將早行」即「將晨行」。

youren（34、55 樓）：「曰將早行」，原整理者認為「曰」是「句首詞語」。「曰」當句首發語詞多半出現在比較古老的文獻，例如《尚書·召誥》：「曰其稽我古人之德。」《詩·豳風·七月》：「嗟我婦子，曰為改歲，入此室處。」安大簡 35 有三個「早」字（見字表 160），整理者均隸定為「曇」，不妥。這三個字可以分成兩種寫法：一種是從「來」形從「日」、「棗」聲，寫於簡 35 正，這是「早」的正確寫法。另一種則是從「日」從「壴」，寫於簡 35 正、35 反，「壴」古文字十分普遍（《譜系》3041～3045），常當成聲符使用，「壴」與「早」讀音相差很遠，這兩個「壴」的字應該是訛字。古文字有很多偏旁都會類化成「來」形，「早」就是其中一個。

袁金平（1119）：「曰將▨行」之「▨」，上博簡對應之字作「曩（早）」。安大簡整理者亦釋此字為「曩（早）」。通過仔細的形體比較，「▨」實從「日」從「▨（夷）」，與戰國竹簡習見之「曩（早）」形尚有較大差距，而與侯馬盟書人名用字從「旦」從「▨（夷）」之「▨」形近。結合形、音、義考察，可知「▨」「▨」應是一字之異，當為「平旦」之「旦」的表意專字。安大簡「將旦行」，即上博簡「將早行」，二者同義。

李零（《集釋》）：「▨」不識，似指擔負而行。

陳劍（《集釋》）：「▨」釋「早」。

蘇建洲（《集釋》）：「▨」釋「早」，為郭店簡《語叢三》簡19「早」字之訛。

俞紹宏（《集釋》）：「▨」據字形隸作「枭」。

李家浩（20210804）：「諜人」顯然是為了強調「將早行」這一軍事情報的重要性，故在其前加語詞「曰」提示。……簡文此句「早」應該是指「將行」的具體時間。古代「早」「晨」互訓……「將早行」即「將晨行」……時稱「晨」、「晨明」等，相當於今天上午三點至五點。

波按：安大簡「▨」字，上博簡作「▨」。此字上博簡各家隸作「早」字當無疑問，安大簡此字是否為「早」，還存在爭議。從上博簡的辭例和此篇簡文的文意來看，此字讀為「早」義還是比較合適的。關於安大簡此字的字形，我們暫時存疑，先按上博簡「早」字來理解。根據簡文「明日將戰」，結合安大簡整理者的注釋，則此處的「早」大概是說「明天一早」，句意謂他們說是明天將一早出發。此外，李家浩先生認為「早」在此指特定的時間段，很有道理。從情理上來說，軍隊約定出兵時間，大概不太可能籠統地說是明天一早，當有個具體的行動時間。這個問題，還需要進一步研究。

（12）乃命白徒曩（早）飤（食）戕（供）兵

整理者：「白徒」，臨時徵調來的徒役，主要從事後勤工作，古書中多指沒有經過軍事訓練的士兵。《管子·七法》：「以教卒練士擊敺眾白徒。」尹知章注：「白徒，謂不練之卒，無武藝。」張家山漢簡《奏讞書》亦有「白徒」。「早食」，時間詞，即卯時。《黃帝內經·素問·標本病傳論》：「冬日入，夏早食。」「戕兵」，《上博四·曹沫》簡三二與此同。整理者疑讀為「輂兵」，謂「用馬車運載兵器」。「戕」，應讀為「供」。「戕」「供」二字諧聲可通。《韓非子·解老》：「凡馬之所以大用者，外供甲兵。」「供兵」猶此「供甲兵」。

「早食供兵」意謂：明天「復盤戰」出發前，後勤人員在「早食」的時候向戰士發放兵器。

　　李零（《集釋》）：「白徒」，指沒有經過軍事訓練的人。「𦝢飤」似指擔負而行，類似古書所說的「贏糧」。「戔兵」，疑讀為「輦兵」，用馬車運載兵器。

　　陳劍（《集釋》）：「𦝢」釋為「早」。

　　李銳（《集釋》）：「白徒」疑意指告訴眾人。「毋復前白徒」，當指處於非常時期，不再讓貴人在前，引導沒有受過訓練的士兵。

　　何有祖（《集釋》）：此簡「白徒」之身份相當於「隸臣妾」，平時服雜役，戰時充作士卒。

　　李銳（《集釋》）：「白徒」，似從整理者說。

　　董珊（《集釋》）：「白徒」指步兵。之所以讓白徒「早食拱兵」，可能是因為多日作戰，僅憑正規的戰車戰士已經不能應付，所以要使用「白徒」與「萬民黔首」來作戰。

　　高佑仁（《集釋》）：「早行」，早晨出發。

　　王連龍（《集釋》）：「白徒」為獲罪沒身服勞役的罪隸。

　　李家浩（20210804）：「白徒」在這裡是從事後勤工作的人。「早食供兵」，意謂：明天「復盤戰」出發前，後勤人員在「早食」的時候向戰士發放兵器。

　　波按：此句簡文安大簡整理者的意見可以很好地理解簡文文意，可從。上博簡各家解讀不少，但由於上博簡「白徒」二字前有闕文，導致簡文編聯出現問題，有些學者的說法就建立在錯誤簡文基礎上立論，自然不可信。句意從安大簡整理者，謂明天「復盤戰」出發前，後勤人員在「早食」的時候向戰士發放兵器。

（13）各載尒（爾）贜（藏）

　　整理者：「各載尒贜」之「贜」，從「貝」，「戕」聲，儲藏之「藏」的本字，與贜物之「贜」似非一字。「各載爾藏」，各自裝載自己負責管理的軍用物資。

　　tuonan（22 樓）：「各載爾藏」，或許讀「各載爾裝」，「裝」：行裝。《戰國策·齊策四》：「（馮諼）於是約車治裝，載券契而行。」

　　汗天山（23 樓）：原整理者將「贜」字釋讀為儲藏之「藏」的本字，同時指出此字與贜物之「贜」似非一字，訓釋為軍用物資。其實，此字就是「贓（贜）」

字，指賄賂。先秦典籍中，賄賂是指貴重的財貨，大都屬於中性詞，並非後世那般偏重於貶義色彩。「賄」「賂」二字在古書中，多訓釋為財貨。……原整理者在注釋中大概受到現代漢語語感的影響，故讀為「藏」，並據此為訓，其實沒有必要。當然，「臟」「藏」具有同源關係，此字在簡文中訓釋為軍用物資還是正確的。

李零（《集釋》）：「各載爾藏」，泛指輜重糧秣。

董珊（《集釋》）：「臟」疑指戰利品。

李家浩（20210804）：此句意謂：從事後勤工作的「白徒」，各自裝載自己負責管理的軍用物資。

波按：「臟」字從「貝」，與「臟」字當屬一字。「汗天山」先生已經指出安大簡整理者區分二字的問題所在，並指出「臟」「藏」具有同源關係。實際上，正如「汗天山」先生所言，此字在簡文中訓釋為軍用物資還是正確的。此處此字無論是讀為「臟」，還是「藏」，亦或是「tuonan」先生讀為「裝」，其所指的內涵都是一致的，即車中所承載的軍用物資。句意從安大簡整理者，即各自裝載自己負責管理的軍用物資。

（14）既戰（戰）牂（將）塼（搏）

整理者：「既戰牂塼」，《上博四·曹沫》簡三二作「既戰牂敤」。「既」，表示未來時，是不久之後的意思。「塼」，從「土」，「專」聲，疑讀為「搏」，擊也。《史記·衛將軍驃騎列傳》：「都尉韓說從大將軍出窳渾，至匈奴右賢王庭，為麾下搏戰獲王，以千三百戶封說為龍額侯。」司馬貞索隱：「搏，擊也。」「敤」，從「支」，「量」聲，當與「搏」義近，疑讀為「撠」。上古音「敤」所從聲旁「量」屬來母陽部，「撠」所從聲旁「竟」屬見母陽部，音近可通。《廣雅·釋詁三》：「撠、搏，擊也。」此句意謂：不久之後就要戰鬥，一定會進行搏鬥。或疑「敤」所從的「量」乃「專」之形近而誤。

質量復位（12樓）：「既戰將塼」之「塼」當讀為「估」（「專」「湖」古通，參《簡帛古書通假字大系》P273），訓為「估量」。「既戰將估」意為戰鬥後將計算功過。上博簡《曹沫》簡32「既戰將敤」之「敤」當從季旭昇先生讀為「量」，也訓為「估量」。「估」與「量」是一對同義的異文。

tuonan（13樓）：「塼」或可讀「賦」（通假之例如《鄭武夫人規孺子》「賄」讀「賦」），《爾雅》：「賦，量也。」

高佑仁（《集釋》）：「為之」屬下讀。

季旭昇（《集釋》）：「將」，行。句意謂既戰，則量其功過。

董珊（《集釋》）：「斁」疑讀「掠」。句意謂允許白徒自留戰利品，且在明日再進行大規模掠奪，以利益誘惑非正規軍事力量去打仗。

高佑仁（《集釋》）：「既戰」下加逗號。「量」，度也。「將量為之」，即度量自己所能負荷的能力，各自單缸所負責的攻擊範圍。

李家浩（20210804）：此句「既」表示未來時，是不久之後的意思。此句意謂：不久之後就要戰鬥，一定會進行搏鬥。

波按：安大簡「博」字整理者讀為「搏」，可從。「既戰」應該是已經戰鬥，而不是不久之後將要戰鬥。「既」是已然詞，不是未然詞。「既戰將搏」，意思是已經開戰後將要搏鬥的時候。安大簡整理者將「既戰」解讀為不久之後將要戰鬥，大概是混淆了此句簡文本身的假設屬性和「既」字的詞性。通過聯繫上下簡文，我們知道，此處的「既戰」是尚未發生的事情，「既戰將搏」是曹沫假設的戰鬥打響後將要發生的事情，是曹沫的預想，所以是未然之事。但是這種未然之中的「既戰」則是假想中的已然。此外，「博」字上博簡作「斁」，安大簡認為是「撽」字假借，同樣訓為「擊」。網友「質量復位」先生和「tuonan」先生均不同意安大簡整理者的釋讀。上博簡各家也是說法眾多。安大簡和上博簡此字的差異問題，至今仍尚無定論，存疑可也。不過，我們猜想，或許上博簡此字可逕讀為「量」，訓「較量」，「既戰將量」，意思是已經交戰之後將士開始較量，意思大概等同於「既戰將搏」，「搏鬥」也是一種「較量」。當然，這種解讀也未必正確。總之，安大簡此句從整理者讀為「既戰將搏」，對於理解簡文原意，還是比較合適的。

（15）為之毋怠（怠），毋囟（使）民矣（疑）

整理者：「為之毋怠，毋囟民矣」，《上博四・曹沫》簡五二作「為之母怠，母思民矣」，均讀為「為之毋怠，毋使民疑」。「為之毋怠」之「之」，指上文所說「既戰將搏」之事；「毋使民疑」之「民」，指士兵。《尉繚子・戰威》：「審法制，明賞罰，便器用，使民有必戰之心，此威勝也。」又：「夫將卒所以戰者，民也；民之所以戰者，器也。」簡文此二句所表達的意思實際上是「使民為之，毋怠毋疑」，「怠」是懈怠，「疑」是遲疑。《司馬法・定爵》：「凡戰……怠疑……是謂戰患。」

李零（《集釋》）：「怠」讀「殆」，狐疑猶豫。「矣」讀「疑」，此句似指毋啟民疑。

陳劍（《集釋》）：「⿳」讀「怠」。

蘇建洲（《集釋》）：簡文大意是大家要齊心協力，不要怠慢輕忽。不能再發生「廝徒傷亡」的事情了。

淺野裕一（《集釋》）：「戰毋殆，毋使民疑」一句代表大部分的士兵本是民眾的狀況。由於已經戰敗過一次，所以需要消除他們的疑慮而讓他們確信勝利。

單育辰（《集釋》）：「毋殆」後加句號。「民疑」後加逗號。

高佑仁（《集釋》）：「為之」屬下讀。

季旭昇（《集釋》）：句意謂不要懈怠而使民疑。

連劭名（《集釋》）：「毋思」，如言「毋慮」，不用擔憂。「民疑」讀「氓駭」。

俞紹宏（《集釋》）：「疑」或意為遲疑，不果決，與前文「怠」相應。

李家浩（20210804）：「怠」是懈怠，「疑」是遲疑。

波按：此句可從安大簡整理者讀為「為之毋怠，毋使民疑」。安大簡整理者認為「民」指士兵，似乎不確。如果按照安大簡整理者理解，則「為之毋怠」和「毋使民疑」文意上就重複了。「為之毋怠」是指不要讓士兵搏鬥時產生懈怠心理，「毋使民疑」安大簡整理者理解為不要讓士兵遲疑，則兩句簡文文意重複。我們認為，此處「民」字可理解為「民眾」，即「國民」。將士們為國而戰，其戰爭的勝負寄予了國民的厚望，只有交戰的時候勇猛直前，取得戰爭的勝利，才能不辜負國民的期望。如此，則「為之毋怠」是指對將士作戰搏鬥時的要求，「毋使民疑」是指對將士作戰結果的期待。

此句聯同上句「既戰將搏」，意思大概是說已經交戰之後將要搏鬥，搏鬥的時候不要有所懈怠，不要讓國民對戰爭的勝利產生懷疑。

（16）及尔（爾）龜箸（筮）

整理者：「及尔龜箸」，《上博四・曹沫》簡五二作「迮尔龜箸」。或說戰國時期楚國文字以「黽」為「龜」，而黽蛙之「黽」加標記「曰」作「𪓷」（李家浩《談古文字中的「標記字」》，待刊）。偽古文《書・大禹謨》「鬼神其依，龜筮協從」，蔡沈集傳：「龜，卜；筮，蓍。」「及」「襲」古通（參李家浩《釋上博戰國楚簡〈緇衣〉中的「茲臣」合文——兼釋兆域圖「逑」和屬羌鐘「富」等字》第二四頁）。疑上博簡「迮」亦應該讀為「襲」，重複。《左傳・哀公十年》：「夏，趙鞅帥師伐齊，大夫請卜之。趙孟曰：『吾卜於此起兵，事不再令，卜不襲吉。行也。』」杜預注：「襲，重也。」字或作「習」。《書・金縢》：「乃卜三龜，一習吉。」「襲爾龜筮」意謂：重複你的卜筮。因為上次「盤戰」前

卜筮過，所以把這次「復盤戰」前的卜筮稱為「襲」，猶下文把這次「復盤戰」前的禱祀稱為「改」一樣。

李零（《集釋》）：「[圖]」隸作「簭」，讀「策」。「及尔龜策」疑指用龜策占卜。

禤健聰（《集釋》）：「[圖]」讀為「筮」。

淺野裕一（《集釋》）：「及尔龜策，皆曰勝」指讓士兵相信天佑神助的宣傳工作。

高佑仁（《集釋》）：「[圖]」字中間的「帝」當為「筮」字「巫」旁之聲化。「龜筮」為占卜工具。

季旭昇（《集釋》）：「及」或當釋「乘」，因取之也。

連劭名（《集釋》）：古代占卜要聽從庶民的意見。

俞紹宏（《集釋》）：「[圖]」可隸作「簭」。

李家浩（20210804）：「襲爾龜筮」意謂：重複你的卜筮。

波按：「及」可從安大簡整理者讀為「襲」。「龜」指龜甲，「筮」指蓍草，「襲尔龜筮，皆曰勝之」，大概是說無論是用龜甲還是用蓍草占卜，占卜結果是全都顯示能夠打勝仗。

（17）攺（該）顗（禱）尔（爾）敔（鼓）

整理者：「攺顗尔敔」，《上博四·曹沫》簡五二作「攺縤尔鼓」。「顗」，從「頁」，「咠」聲，疑讀為「禱」，向神祝告祈求福壽。《論語·述而》：「子疾病，子路請禱。」《韓非子·外儲說右下》：「秦昭王有病，百姓裡買牛而家為王禱。」「顗」，上博簡作「[圖]」。或疑此乃「縤」字，從「示」，「修」聲。上古音「禱」「修」均屬幽部，唯聲母「禱」是端母，「修」為心母，但是「修」所從聲旁「攸」的聲母是餘母，端、餘二母都是舌頭音。可見「禱」「修」二字古音相近，當可通用。馬王堆漢墓帛書《老子》乙本卷前佚書《三禁》一二六行上有「天地壽壽」之語，帛書整理小組注懷疑「壽壽」讀為「悠悠」（國家文物局古文獻研究室《馬王堆漢墓帛書〔壹〕》第七四頁釋文、注釋〔一二二〕，文物出版社一九八〇年），可從。「禱」從「壽」聲，「悠」從「攸」聲。此外，「修」「禱」還有間接通用的例子，如《古文通假會典》「悠」「調」、「禂」「幬」，「條」「滔」、「翿」「韜」，「儵」「跾」、「搗」「怒」等（《古字通假會典》第七三九、七四一、七八〇、七八二頁）。據此，頗疑上博簡「縤」是「禱」

字的異體。「改禱」相當前面所引《左傳‧成公十六年》苗賁皇說的「申禱」。「申禱」之「申」當重、再講，與「改」的意思相通。或隸作「䄡」，從「示」，「彡」聲，疑「禱」之或體。

　　滕勝霖（0817）：「改禱爾鼓」，我們讀作「祀禱爾鼓」。「改」「巳」古通，上博簡《周易‧革卦》「巳日」寫作「改日」。「禱祀」見於《周禮‧春官‧小宗伯》「大災，及執事禱祀於上下神示」，《史記‧韓世家》「此秦所禱祀而求也」，簡文指祭祀。

　　質量復位（14樓）：「改禱爾鼓」，上博簡《曹沫》簡52與「禱」對應之字上部所從是「於」之訛寫，該字可分析為從示、於聲，讀為「匄」或「謁」，傳世和出土文獻中有於聲系與匄聲系直接通假的例證（《漢字通用聲素研究》P411、《簡帛古書通假字大系》P398）。「禱」有「向神祝告求福」「請求」的意思。「匄」有「乞求、祈求」的意思。「謁」也有「告」「請求」的意思。

　　潘燈（42樓）：簡36讀為「禱」之字，上頁下壽。上博簡作上彡下示之形，之前有學者釋「旆」等，現在看來，不確，當與「禱」音有關。整理者認為上部為「修」，乃作音符。對比，我們有不同看法，其字上部酷似旗幟形，我們懷疑此字或讀「纛」，古代軍隊裡的大旗，加示，蓋指祭祀時所用的大旗。纛，亦作翿，從羽，壽聲。

　　李零（《集釋》）：「改**䄡**」待考。

　　陳劍（《集釋》）：「**䄡**」隸作「䄡」，疑讀「作」。

　　陳斯鵬（《集釋》）：「**䄡**」釋「祚」讀「作」。「作鼓」指擊鼓進軍。「改作爾鼓」便是將「乘之付諸行動。」

　　禤健聰（《集釋》）：「**䄡**」釋「禦」讀「冒」。「冒鼓」即蒙鼓以革。「改冒尔鼓」，意即改換戰鼓的皮革。「禦」字從「示」，則「冒鼓」大概是一種與祭祀有關的儀式。

　　李銳（《集釋》）：「尔」義同「其」。

　　淺野裕一（《集釋》）：「**䄡**」隸作「祕」，閉、悶。

　　朱賜麟（《集釋》）：「改作爾鼓」意為重新調整鼓聲與變換戰法。

　　高佑仁（《集釋》）：「**䄡**」可讀「冒」，「冒鼓」，即改換鼓面所蒙的皮，所以欺敵。「改冒爾鼓」即改易不同的鼓皮，讓敵軍防備不及。

　　季旭昇（《讀本》）：改換鼓面所蒙的皮。

董珊（《集釋》）：簡文可能讀為「改冒爾鼓」，可能是「礜鼓」（祭祀戰鼓）或「冒鼓」（修理戰鼓）。

金俊秀（《集釋》）：「䋣」可讀「冒」。

連劭名（《集釋》）：「䋣」讀「推」，伐也。

李家浩（20210804）：「䋣」隸定為「䋣」……「禱」「修」二字古音相近，當可通用。……因為「盤戰」前曾「禱」過，所以把「復盤戰」前的「禱」稱為「改禱」。

波按：安大簡「䪿」字，上博簡作「䋣」。此字上博簡的隸定及解讀存在較大分歧，至今尚未有定論。就安大簡此字來說，整理者讀為「禱」可從。不過，安大簡整理者認為「改」有重、再之義，似乎不確。「改」字在先秦秦漢古籍中常訓「更也」，即「改換」、「更改」之義，不曾發現有作「重」、「再」義講的例子。這與上句之「襲」字不同，「襲」字古文字有作衣中套衣之形會意，本義為雙層之衣，本就含有「重」之義；也與古籍中「申禱」之「申」不同，「申」在古籍中訓「重」、「再」為常訓。我們認為，此處「改」字或當讀為「該」。「改」、「該」上古均屬見母之部字，讀音相同，可以通假。「己」聲字和「亥」聲字在文獻中也存在通假的例證，如帛書《老子》甲本「蜀（獨）立不亥，可以為天下母」，其中「亥」字今傳世通行本作「改」。「該」訓「周備」，「該」訓「備也」在先秦秦漢古籍中是常訓，無須舉例。「該禱爾鼓」，意思是周備地禱祀你們的戰鼓。「該禱爾鼓」當和下句簡文「乃軼其服」一起理解，意思大概是說周備地祭禱戰鼓，於是就超過以前出戰前祭祀戰鼓之事。此外，《韓非子》一書中，「礜鼓」一詞常見，其含義當與此處「禱鼓」差不多。至於當時所言之「禱鼓」究竟該是一種什麼樣的祭祀儀式，恐怕還需要進一步研究和考證。

（18）乃遊〈達（軼）〉亓（其）臚（服）

整理者：「乃遊亓臚」，《上博四・曹沫》簡五二作「乃逢亓備」。「遊」，乃「達」之訛，與簡三四「達」訛為「遨」同。「臚」，從「力」，「膚」聲，「虜」之異體，疑讀為「服」。上古音「服」，並紐職部，「膚」，幫紐魚部。二字有間接通用的例子，如《古字通假會典》「服」「夫」、「膚」「扶」通（第四四〇、八七五頁）。「乃遊亓臚」「乃逢亓備」均讀為「乃軼其服」。「軼」，超過。《漢書・揚雄傳》「軼五帝之遐迹兮，躡三皇之高蹤」，顏師古注：「軼，亦過也。」「服」在古代可以泛指各種器物。《周禮・春官・都宗人》：「正都禮與其

服」，鄭玄注：「服，謂衣服及宮室、車旗。」意謂：再禱祀你的戰鼓，於是其聲就會超過客方的戰鼓。

李零（《集釋》）：「備」讀「服」。「鼓」乃中軍之帥用以指揮作戰的重要工具，如失去則三軍不知所措，故曰「乃失其服」。

禤健聰（《集釋》）：「乃失其備」是指使敵對方缺乏防備。

李銳（《集釋》）：簡文讀為「乃秩旗服」。「旗」與「鼓」相當。

淺野裕一（《集釋》）：「改祕爾鼓，乃失其服」可能意味著，如果因為戰敗而隱藏在突擊之際才使用的鼓，從此以後士兵便不會服從。

高佑仁（《集釋》）：「秩」，次序。「備」，武備。

季旭昇（《讀本》）：整理好軍備。

董珊（《集釋》）：「乃失（秩）其備」句意為再重新次序整頓軍用裝備。

陳斯鵬（《集釋》）：「乃失其備」是說敵人對我方的突然攻擊不及防備。

子居（《集釋》）：讀「佚」，輕裝簡備。

連劭名（《集釋》）：「失」讀「迭」，更也。

李家浩（20210804）：「改禱爾鼓，乃軼其服」意謂：再禱祀你的戰鼓，於是其聲就會超過客方的戰鼓。

波按：安大簡此句可從整理者讀為「乃軼其服」。根據我們對前述簡文的理解，「服」當理解為「事」，指的是「禱鼓」這件事情。「乃軼其服」意思大概是說周備地祭禱戰鼓，於是超過了正常出戰時對戰鼓的禱祀。上博簡此句各家說法眾多。由於各家對「改禱爾鼓」一句的理解與我們不同，故而此句解讀也都不一樣。實際上，「改禱爾鼓，乃軼其服」應該和「襲爾龜筮，皆曰勝之」聯合起來理解，意思是說龜甲和蓍草占卜全都顯示能夠戰勝，周備地祭禱戰鼓又超過了平常出戰時的祭禱。從「龜」「筮」「禱鼓」三件事的結果來看，都預示了接下來的戰爭是對我方有利的。

（19）盟（明）日復（復）戟（陳），必怣（過）亓（其）所

整理者：「盟日復戟，必怣亓所」，《上博四·曹沫》簡五二作：「明日復戟，必迆亓所」，均讀為「明日復陳，必過其所」。意謂：明天「復盤（便）戰」列陣，一定要超過今天「盤（便）戰」之陣的堅固。《尉繚子·戰威》：「陣欲堅。」《說苑·指武》引《太公兵法》曰：「堅其行陣。」「怣」「迆」，讀為「過」，超過。馬王堆漢墓帛書《老子》乙本卷前古佚書《經法·道法》七行上下：「畜

臣之恆道，任能毋過其所長。」（國家文物局古文獻研究室《馬王堆漢墓帛書〔壹〕》第四三頁）

質量復位（59樓）：「所」或可理解為「時」。「所」相當於「時」，《墨子·節用上》「其欲蚤處家者，有所二十年處家；其欲晚處家者，有所四十年處家」，王念孫說：「所，猶時也。言有時二十年，有時四十年也。」《荀子·王霸》「以非所取於民而巧」，俞樾說：「『非所』，猶『非時』也。」「其所」即「其時」，也就是「那時」，指之前的行陣。「必過其所」是說一定可以超過之前的行陣。

李零（《集釋》）：讀為「必過其所」。

淺野裕一（《集釋》）：「明日復陳，必過其所」，可能意味著第二天再度從「豫」回到戰鬥隊形之時必須越過前日戰敗地點，即比前次戰敗的地方更推進一步，以期提高士氣。

季旭昇（《集釋》）：「必過其所」，一定會超過前日盤戰膠著的地點。

高佑仁（《集釋》）：「所」，處所。

子居（《集釋》）：盤戰只是盤桓數日之戰，並無敗意，故「必過其所」只是指一定要超過之前戰鬥過的地方。

俞紹宏（《集釋》）：「亓」或可讀為「期」。「所」或可讀「許」。「期許」或為同義詞連用。「必過期許」意或即一定會取得超過預期的戰果。

李家浩（20210804）：意謂：明天「復盤（便）戰」列陣，一定要超過今天「盤（便）戰」之陣的堅固。

波按：此句可從安大簡整理者讀為「明日復陳，必過其所」。「所」字當從網友「質量復位」先生，讀為「時」。「所」讀為「時」除了網友「質量復位」先生所列舉的證據外，還有一條關鍵的證據需要補充，即《公羊傳·文公十三年》「往黨，衛侯會公於沓」，何休注「黨，所也。所，猶時，齊人語也。」其中，「所，猶時，齊人語也」一句至關重要。我們知道，齊國和魯國在春秋戰國時期同屬於今天山東省一帶，其使用的語言文字大概相似，文化上同屬齊魯系。《曹沫之陣》一篇簡文，乃是魯國將軍曹沫和魯莊公之間的對話，保存有其當時的方言詞很正常。此處以「所」字代替「時」字，大概就是齊魯系方言在文獻中的孑遺。

句意謂明日再次擺陣，一定要超過之前的。實際上，曹沫這一整段簡文都在回答「復盤戰」的方法，其從各個方面回答要怎樣、不要怎樣，一直到段末

此句簡文，「必」字還是強調「一定要」，而不是像上博簡很多學者認為的那樣，是指「必定會」。「必」字這裡還是勸誡含義，而不是結果含義。

今　譯

　　莊公又問說：「再次『盤戰』有什麼方法嗎？」

　　曹沬回答好說：「有。已經交戰完之後，重新安營紮寨，向軍中發佈軍令，說：『修補甲冑，磨礪兵器，明日將再度交戰。』統計死傷人數，以方便還能戰鬥的將士回到軍列之中。凡是在上次戰鬥中丟失車甲的將士，命令他們不要回到軍列之中。第二天將要戰鬥的時候，讓這些沒有回到軍列中的將士處於軍列前行。間諜來我軍告密說：『他們的將帥已經吃完飯了，車輦全都載滿了，說將要明天一早出發。』於是命令後勤人員在明天出發前的「早食」的時候向士兵發放兵器，並且各自負責好裝載自己管理的軍用物資。已經交戰之後將要搏鬥，搏鬥的時候不要有所懈怠，不要讓國民對戰爭的勝利產生懷疑。無論是用龜甲還是用蓍草占卜，占卜結果是全都顯示能夠打勝仗。周備地祭禱戰鼓，又超過了平常出戰時的祭禱。明日再次擺陣，一定要超過之前的。這就是『復盤戰』的方法。」

第十三章

摹本及隸定

臧	公	或	餽	曰	遑	甘		戲	又
道	啻	倉	曰	又	必	懃	呂	戒	若
酒	弗	克	毋	目	呂	遣	必	怣	茻
社	賞	朡	詣	坿	呂	懇	亓	志	戩

者 悥 之 【37】 〔荒 者〕 悤 之 萬 民

鬶 首 皆 飮 或 之 此 遝 甘 戲

之 道 臧 公 或 餌 曰 遝 故 戲

又 道 嘼 會 曰 又 收 而 叕 之

【38】 〔龖〕 而 厚 之 至 賞 泊 型

〔羉〕 忘 亓 死 而 見 亓 生 思 良

凶 良 士 進 取 亓 餌 思 亓 志

車 記 者 凶 悥 煡 者 凶 悤

肰 句 改 怨 此 遝 故 戲 之 道 【39】

釋 文

　臧（莊）公或（又）餌（問）曰：「遝（復）甘（酣）【三六】戲（戰）又（有）道嘼（乎）(1)。」

　會（答）曰：「又（有）。必愲（慎）已（以）戒，若牆（將）弗克(2)。毋目（冒）已（以）進（進）(3)，必怣（過）寿（前）江（功）(4)。賞媵（獲）

詣（指）堎（蒐），呂（以）懇（勸）亓（其）志（5）。猷（勇）者憙（喜）之，
【三七】〔荒（惶）者〕惖（悔）之（6），萬民、鼇（黔）首皆飮〈欲〉或（有）
之（7）。此逡（復）甘（酣）戰（戰）之道。」

臧（莊）公或（又）餌（問）曰：「逡（復）故（苦）戰（戰）又（有）
道虐（乎）（8）？」

含（答）曰：「又（有）。收而聚之，【三八】〔糮（束）〕而厚之（9）。至（重）
賞泊（薄）型（刑），凼（使）忘亓（其）死而見亓（其）生（10），思（使）良
車良士迮（往）取亓（其）餌，思（使）亓（其）志起（起）（11）。猷（勇）
者凼（使）憙（喜），堎（蒐）者凼（使）惖（悔），【三九】肰（然）句（後）
改（改）怨（怠）（12）。此逡（復）故（苦）戰（戰）之道。」

集　釋

（1）逡（復）甘（酣）戰（戰）又（有）道虐（乎）

整理者：「甘戰」，與下文「故（苦）戰」相對而言，指條件有利的「快意」
之戰（黃德寬）。《上博四·曹沫》簡五三整理者注：「疑讀『酣戰』。」邴尚白
說：「銀雀山漢簡《孫臏兵法·威王問》：『勁弩趨發者，所以甘戰持久也。』
（簡四十六）……簡文『甘戰』的『甘』則為形容詞，『甘戰』指戰況樂觀。」
高佑仁說：「銀雀山漢簡《孫臏兵法·威王問》……『甘戰』與『持久』相連，
即戰鬥激烈而持久……或作『酣戰』，《韓非子·十過》：『酣戰之時，司馬子反
渴而求飲，豎穀陽操觴酒而進之。』」（《〈上海博物館藏戰國楚竹書（四）〉讀
本》第二一二、二一三頁）

李零（《集釋》）：「甘戰」疑讀「酣戰」。

淺野裕一（《集釋》）：「甘」讀「鉗」，閉。「鉗戰」指怯場的士兵不敢進軍
而停滯不前的狀態。

邴尚白（《集釋》）：「甘戰」見《孫臏兵法·威王問》，指戰況樂觀。

單育辰（《集釋》）：「甘戰」指有利於我方的一種戰爭局面，見於《孫臏兵
法·威王問》。

朱賜麟（《集釋》）：「甘戰」意為戰局樂觀有利。

董珊（《集釋》）：「甘」疑讀「酣」，「酣戰」即多日沉於不分勝負的持久戰
役。

陳斯鵬（《集釋》）：「甘」讀「酣」似可從，「甘戰」為持久戰。

高佑仁（《集釋》）：「甘戰」讀「酣戰」。古籍未見「甘戰」、「苦戰」之例。

季旭昇（《讀本》）：節奏沈滯的戰鬥之後再戰，有方法嗎？

俞紹宏（《集釋》）：下有「必過前攻」，說明「復甘戰」之前進行的「甘戰」已經取得了勝利，則「甘戰」應是指有利於我方的一種戰場局面。

波按：「甘戰」，我們認為讀「酣戰」比較符合簡文文意。原因如下：一是正如高佑仁先生所言，「甘戰」一詞古籍未見。但「酣戰」一詞《韓非子》出現兩次。二是根據曹沫回答「復酣戰」的內容「必慎以戒」、「若將弗克」、「毋冒以進」來看，都是說敵我兩方酣戰之時需要戒慎，不要冒進等等，通過這一系列讓軍隊小心翼翼的描述，說明敵我雙方戰鬥處於膠著狀態，交戰正酣。

（2）必慭（慎）已（以）戒，若酒（將）弗克

整理者：此二句「慭」「若」二字，《上博四·曹沫》簡六〇下作「蕙」「如」。「慭」，從「心」，「斬」聲；「蕙」，從「心」，「斬」聲。「斬」與「斬」是同一個字異體，多用為「慎」。「慭」和「蕙」大概是「慎」字異體。「若」「如」義同。《吳子·論將》：「故將之所慎者五……四曰戒……戒者，雖克如始戰。」

李零（《集釋》）：簡 60 上下連讀作「明慎以戒」。「![字]」隸作「曹」，讀「弗」。

陳劍（《集釋》）：「![字]」釋「如」。

陳斯鵬（《集釋》）：「![字]」釋「唞」，讀「悔」。原釋「慎」之字為「罰」。

范常喜（《集釋》）：「![字]」隸作「客」，加無意偏旁「口」，其即「安」字，此可讀「焉」，疑問代詞，表示反問。

邴尚白（《集釋》）：「必勝以戒，如將不克」，一定要謹慎、戒備，好像將會不能戰勝一樣。

單育辰（《集釋》）：「克」後處加句號。

季旭昇（《集釋》）：「![字]」隸作「客」，讀「焉」。「焉將弗克」，怎麼會「將弗克」呢？

陳斯鵬（《集釋》）：簡 53 上與簡 60 下連讀為「必慎以戒」。

高佑仁（《集釋》）：應以慎戒恐懼之心，其心就像無法克敵一樣謹慎。「弗克」指無法克敵制勝。

子居（《集釋》）：簡文指賞於謹慎者以使眾人有戒備慎重的精神狀態。

連劭名（《集釋》）：「弗將弗克」。臣民請願，表示參戰的決心，是取勝的必要條件。

俞紹宏（《集釋》）：「戒以慎」即小心謹慎。「🔲」上所從或為「女」之訛。「過」，超過。

波按：安大簡「若」字，上博簡作「🔲」。此字上博簡各家討論頗多，從安大簡對應字來看，陳劍先生讀為「如」還是很有先見之明的。「必慎以戒，若將弗克」說的是軍隊將士一定要慎重警戒，就好像我方不能打勝仗一樣。這就是說敵我雙方戰鬥進行到了膠著的狀態，打得正酣，敵我雙方的勝負尚未見分曉，這時我軍更要小心謹慎，避免因大意疏忽而使得我軍在膠著的戰爭狀態下失敗。

（3）毋目（冒）㠯（以）進（進）

整理者：「毋目㠯進」，《上博四・曹沫》簡六〇下作「母冒㠯迨」。「毋」是「母」的分化字，「冒」從「目」聲，故「母」與「毋」、「目」與「冒」可以通用。「冒」有「目不明」之義（參王繼如《「冒亂」考源》，《文史》第三十九輯第二六三至二六五頁，中華書局一九九四年）。「迨」不見於字書，疑是「邎」字異體。「迨」從「臽」聲，上古音屬匣母談部；「邎」從「繇」聲，上古音屬餘母幽部。古代匣、餘二母和談、幽二部字音有關。例如：「炎」屬匣母，從「炎」聲的「剡」「淡」等屬餘母；從「臽」聲的「啗」「諂」與「道」通（參《古字通假會典》第二五二頁），「道」即屬幽部。《玉篇・辵部》：「邎，疾行也。」於此可見「進」「迨（邎）」義近。「毋目㠯進」應該讀為「毋冒以進」，意謂：不要盲目貿然行進。

質量復位（15樓）：簡37「毋冒以進」之「進」，上博簡《曹沫》與「進」對應之字作「迨」。「進」可讀「盡」；「迨」當從原整理者讀為「陷」，訓為「沒」，「沒」也有「盡」的意思。「毋冒以盡」「毋冒以陷」意為不要冒險以致陷沒。「盡」與「陷」是一對近義的異文。

youren（56樓）：所謂的「進」字右半明顯不從「隹」，與同簡「獲」、「勸」等字所從的「隹」寫法不同，筆者認為當釋作「週」，從辵、同聲，古文字多見，如郭店《老子》甲27、《容成氏》5、25、26、清華拾壹《五紀》3等。該篇的「同」字寫法亦可參簡16、18、45。相對位置上博簡作「陷」，如何疏通二者關係，還有待進一步研究。

catcher（60樓）：「迵」與下句「功」正可押韻。「陷」與「迵」的聯繫，可以「庸」為中介。《良臣》「大同」即「舌庸」，而《史記》「庸職」即《左傳》「閻職」、《書・洛誥》「𢘍𢘍」《漢書》作「庸庸」。上博之「陷」在文意上很直接，但押韻上不如「迵」。則「迵」可考慮讀「陷」，但如能讀作其他東部字更好。

李零（《集釋》）：「冒」，冒險。「陷」，陷敗。

單育辰（《集釋》）：「陷」讀「險」。

邡尚白（《集釋》）：「毋冒以陷」，不要冒進、貪功而陷敵。

高佑仁（《集釋》）：不要冒險攻克。「陷」，攻破、攻陷。

季旭昇（《讀本》）：不要過於冒進而陷於危險。

子居（《集釋》）：「毋冒以陷，必過前攻」是說不要為「必過前攻」而冒進陷險。

王輝（《集釋》）：「冒」下所從之「目」誤作「自」。

波按：安大簡「目」字，上博簡作「冒」。安大簡整理者認為「冒」字從「目」聲，似乎有些偏面。「冒」字從「冃」從「目」，會以「冃」遮「目」之義。「冃」、「冒」同屬明母幽部字，「目」屬明母覺部字。「冒」、「目」可能是音近通假關係。當然，把「冒」看作會意兼形聲字，「冃」「目」雙聲，也可以講得通；但單說「冒」字從「目」聲，過於偏面了。「目」聲、「冒」聲通假的例子不少，在此不再舉例，此處簡文讀為「冒」應該是沒問題的。安大簡整理者隸定為「進」之字，原簡文作「𨕥」；此字上博簡整理者隸作「迫」，原簡文作「𨒫」。關於安大簡此字（即「𨕥」），有網友認為所從非「隹」，當隸定為「迵」。我們認為，此字所從確與常見的「隹」形寫法不同，但是更與常見的「同」字寫法不同。細審此字筆畫，能夠看出來右上確實最接近「隹」字形體，此字大概還是從安大簡整理者隸定比較可信。至於網友認為此句「同」「功」押東部韻，恐怕也有問題。此篇非韻文，此句亦非曹沫引用格言警句類古語，只是曹沫普通的陳述，未必用韻。至於安大簡和上博簡「進」、「迫」的異文解讀，恐怕還需要進一步研究，安大簡整理者認為「迫」是「邐」字異體之說，恐怕也非定論。就安大簡「毋冒以進」來說，文意是不要貿然前進。

（4）必伬（過）夆（前）江（功）

整理者：「必伬夆江」，《上博四・曹沫》簡六〇下作「必迆夆攻」。「伬」「迆」都從「化」聲，「江」「攻」都從「工」聲，故「伬」與「迆」、「江」與

「攻」可通用。白於藍疑「攻」讀為「功」（《簡帛古書通假字大系》第九九六頁），可從。「陳功」之「功」，《上博四・曹沫》簡二一、三六作「攻」，本篇簡十三、二一作「杠」，亦可以證明此句「杠」「攻」皆當讀為「功」。「必過前功」意謂：「復甘戰」一定要超過「甘戰」的功績。

李零（《集釋》）：「必過前攻」含義不明。

李銳（《集釋》）：「必過前攻」似與「必過其所」對應。

季旭昇（《讀本》）：一定能超越前次戰役所攻擊的地方。

波按：此句簡文可從安大簡整理者解讀。「必過前功」，意思是說一定要超過之前的功績。

（5）賞腹（獲）詣（指）塝（蒠），已（以）㥃（勸）亓（其）志

整理者：「賞腹詣塝」，《上博四・曹沫》簡六一整理者把「詣」釋作「訊」，注：「『賞腹』，讀『賞獲』，指賞賜有斬獲者；『訊塝』，讀『訊蒠』，疑是相反的意思。」按：「訊」的右半是「旨」的反寫，此字當釋為「詣」。疑「詣」讀為「指」，斥責。《廣雅・釋言》：「指，斥也。」上博整理者把「塝」讀為「蒠」，可從。「蒠」，膽怯。《論語・泰伯》「恭而無禮則勞，慎而無禮則蒠」，何晏《集解》：「蒠，畏懼之貌。」或說「詣」讀「稽」，訓「止」。「賞獲而止蒠」者，獎賞有斬獲者為阻止膽怯者，目的是「以勸其志」。與下文『勇者使喜，蒠者使悔』正相呼應（黃德寬）。

李零（《集釋》）：「賞」下一字隸作「腹」，讀「獲」。「賞獲」指賞賜有斬獲者。「訊塝」讀為「訊蒠」。「蒠」，《玉篇》訓「畏懼也」。「㥃」隸作「懽」，讀「勸」。

單育辰（《集釋》）：「塝」前殘文釋「譜」，讀為「問」，慰問。

朱賜麟（《集釋》）：「訊」釋「話」。「話蒠」指勉勵臨陣畏懼而無功勞的人。

高佑仁（《集釋》）：「蒠」，畏懼也。「口蒠」也是正面的鼓勵。「勸」，勉勵、獎勵。

季旭昇（《集釋》）：「訊」右下從「甘」（可視為「口」之繁），右上從「弋」聲，可讀為「飭」，戒也。

陳斯鵬（《集釋》）：「賞」後一字釋「腹」，讀「獲」。

波按：此句簡文暫從安大簡整理者觀點，即讀為「賞獲指蒠，以勸其志」，意思是獎賞有斬獲者，斥責畏懼恐戰者。

（6）敢（勇）者憙（喜）之，〔荒（惶）者〕惄（悔）之

　　整理者：「〔忘者〕惄之」，「忘者」二字原缺，此從《上博四・曹沫》簡六一補。上博簡整理者注：「或讀『亡者』，疑即上文『绺（蒽）者』。」邴尚白說「忘者」讀為「惶者」，指「恐懼的人」（《〈上海博物館藏戰國楚竹書（四）〉讀本》第二一四頁）。

　　李零（《集釋》）：「忘者」或讀「亡者」，疑即上文「蒽者」。「惄」讀「悔」。

　　陳劍（《集釋》）：「惄」疑讀「誨」。

　　邴尚白（《集釋》）：「忘」讀「惶」，恐也。「惶者」，指恐懼的人。「惄」讀「悔」。

　　朱賜麟（《集釋》）：「忘」即「慌」初文。

　　陳偉武（《集釋》）：「忘」讀「忘」，有隨意、散漫之義。簡文是說對勇敢者加以嘉獎（使之喜），對散漫者加以教導。「惄」讀「誨」。

　　高佑仁（《集釋》）：「惄」下隸定從「口」，讀「謀」。

　　季旭昇（《讀本》）：讓勇敢的人歡喜，畏懼的人後悔。

　　陳霞光（《集釋》）：「忘」似可讀「慌」。

　　波按：安大簡此句殘缺二字，據上博簡補為「忘之」。此句上博簡諸家討論多集中在「忘之」和「惄」的解讀上，眾說紛紜。簡文後文有「敢者凶憙，垟者凶惄」一句，與此句類似。「忘者」，彼處作「垟者」，即我們上文讀為「蒽者」，訓為畏懼者。基於此，我們認為邴尚白先生的解讀可從，即「忘者」讀為「惶者」，訓為「恐懼的人」，意思與「蒽者」差不多。「惄」讀為「悔」，即「後悔」、「悔恨」。「惶者悔之」是說恐懼戰鬥者開始感到悔恨。此句兩個「之」及下句「或之」之「之」，指的應該是簡文上文所說的「賞獲指蒽」，即對斬獲者的賞賜和對畏懼者的斥責。

　　句意謂勇於戰鬥者對此感到高興，恐懼戰鬥者對此感到悔恨。

（7）萬民、黧（黔）首皆猷〈欲〉或（有）之

　　整理者：「萬民、黧首皆猷或之」，《上博四・曹沫》簡六一、五三下作「蠆民鬵首皆欲或之」。「鬵」字亦見清華簡和齊陶文，讀為「黔」。古人行文不避重複，所以簡文「萬民、黔首」連言。「黧」從「色」，「歆（贛）」聲，疑「黔首」之「黔」專字。「猷」，疑是「欲」字的訛體。「或」，疑讀為「有」。「之」，指代「甘戰」。此句意謂：「萬民、黔首」都要有「甘戰」。

范常喜（1119）：安大簡《曹沬之陳》中「黔首」之「黔」寫作從色，歓（贛）聲的「鼇」。據此推測，上博簡本中相應之字當釋作「鼇」，可分析為從黑，歓聲。以往學者認為該字意符為「鹵」，不確。之所以有此誤會，主要是因為楚文字中的「黑」可省形作「囨」，而「囨」又與「鹵」存在雙向混訛的現象。齊系陶文中的此類字形也當改釋作「鼇」，這說明戰國時齊、楚二系用字有相一致之處，而與秦系作「黔」有所不同。不過，秦、楚、齊三系文字中「黔首」之「黔」均多從「黑」，說明由於所記詞義的一致性，戰國時不同區系在造字時會有形旁趨同的現象。

李零（《集釋》）：「首」前一字隸作「贊」。「贊首」，待考。

陳劍（《集釋》）：「首」前一字釋「贛」。「贛首」讀「黔首」。

淺野裕一（《集釋》）：原釋隸作「贊」之字為「賞」字。簡文意思是說任前鋒者給予重賞，而讓士兵爭先。

單育辰（《集釋》）：「或」讀「有」。

朱賜麟（《集釋》）：「贛首」疑即奮勇爭先意。「或」讀「鹹」。

高佑仁（《集釋》）：「贛首」讀「貢首」，疑即獻首、奮勇爭先之意。「或」讀「克」。簡文意味著都想要消滅敵方，即同仇敵愾之義。

季旭昇（《集釋》）：「或」似讀「克」。

俞紹宏（《集釋》）：「首」前一字原簡字形右半不太清晰，該字為「贊（贛）」「歓（贛）」「鼇」的可能性均存在，均可讀為「黔」。「有」，指萬民黔首皆欲有功而受賞。

波按：安大簡「鼇」字，上博簡作「鼇」，此字的解讀可參考范常喜先生的意見。此句簡文解讀可從安大簡整理者和俞紹宏先生意見。句意謂萬民、百姓全都想要有功而受賞。

(8) 遝（復）欨（苦）戰（戰）又（有）道虖（乎）

整理者：「欨」，《上博四·曹沬》簡五四整理者釋為「欨」。戰國文字「欠」旁往往以「次」為之。《清華八·八氣》簡四「欨為固」之「欨」，讀為「苦」。或說「欨」，從「欠」，「古」聲，「甘苦」之「苦」的專造字。「欨戰」，讀為「苦戰」，與「甘戰」相對。

李零（《集釋》）：「欨戰」待考。「復故戰」指收聚殘部，再賈餘勇，恢復到初始狀態的戰法。

陳劍（《集釋》）：「𦫳」右旁隸作「次」。

淺野裕一（《集釋》）：「𦫳」隸作「缺」。「缺戰」，士兵缺乏鬥志，布陣之後一直不敢突擊的狀態。

邴尚白（《集釋》）：「欼戰」讀「苦戰」，即戰況艱苦。

單育辰（《集釋》）：「𦫳」讀「苦」。

李佳興（《集釋》）：「𦫳」隸作「欼」，讀「埳／坎／欿」，陷險。

高佑仁（《集釋》）：本簡「苦戰」可能是快戰。「苦戰」一詞文獻很多。

季旭昇（《讀本》）：節奏快速的戰鬥之後再戰，有方法嗎？

董珊（《集釋》）：「𦫳戰」，陷入不利之戰。可能與《公羊傳》之「詐戰」有關。

陳斯鵬（《集釋》）：「故」為「甘苦」之「苦」專字。

子居（《集釋》）：「復苦戰」是指已經結束戰鬥並脫離戰場後再一次發動與敵軍的交戰。

俞紹宏（《集釋》）：「苦戰」可備一說。唯「苦戰」一語似乎出現得不是很早。

波按：「𦫳」字解讀學者一般認為讀「苦」字，暫從之。但此字是否可以讀為「苦」，或許還值得繼續討論。「復苦戰又道乎」理解為再次苦戰有什麼辦法嗎，似乎文意不太通順。

（9）收而聚之，〔粣（束）〕而厚之

整理者：「粣」，此字原缺，據《上博四·曹沫》簡五四補。「粣」，從「网」，「束」聲，訓「賜予」。簡文「束而厚之，重賞薄刑，使忘其死而見其生」，是在「苦戰」情況下收聚人心、鼓舞士氣之舉措。「束」聲字訓「賜予」，見《清華十·四告》簡二三「鼉（黿）贛（貢）饗餕（餼）」注，「黿」「貢」皆指賞賜（黃德寬）。

youren（55樓）：「束」字安大簡殘，據上博簡54而補，安大簡原整理者將該字隸定粣，實不夠精確。楚簡「束」字聲系的字，常以從二「朱」來表示，「朱」、「束」聲同（參季旭昇師《說文新證》頁124），原整理者亦明其道理（參原書文字編對「速」字之隸定，頁129），則粣字當嚴式隸定為粶。

李零（《集釋》）：「蘇」隸作「罘」，讀「束」。

陳劍（《集釋》）：「罘」讀「束」存疑。

淺野裕一（《集釋》）：「收而聚之，束而厚之」意味著聚集部隊形成密集隊形，進而消除恐懼心。

李佳興（《集釋》）：「束」，約束。簡文意為收聚士兵，凝聚軍心，並且和士兵們約誓之，約誓的內容要敦仁寬厚。

季旭昇（《集釋》）：「束」似可釋為約束。

季旭昇（《讀本》）：把散失的戰士聚集起來，重新組織而厚待他們。

董珊（《集釋》）：這裡及其下簡文是說軍隊陷入絕地的情況。

連劭名（《集釋》）：「束」，修整之義。「厚」，增強。

陳劍（《集釋》）：「罪」讀「束」，疑其為「疏數」之「數」的本字。

波按：此句「束而厚之」之「束」的解讀至今尚無定論。各家說法存疑。今譯暫從安大簡整理者意見。為了方便理解，「收而聚之」之「收」亦可讀「糾」，「糾而聚之」意思是糾集將士並將他們聚合在一起。因為是「復苦戰」，因此需要戰前動員，無論是從心理上還是實際行動上，先把即將參戰的將士動員起來，即「收而聚之」。收聚將士的重要手段就是厚賞他們，即「束而厚之」。當然，「糾」和「收」同從「丩」聲，「收」字本身也有「聚」義，此處不讀為「糾」而直接理解為「聚」，也是可以的。

句意謂糾集將士們並將他們聚合到一起，厚厚地賞賜他們。

（10）至（重）賞泊（薄）型（刑），凶（使）忘亓（其）死而見亓（其）生

整理者：「凶忘亓死而見亓生」，讀為「使忘其死而見其生」。銀雀山漢簡《孫臏兵法·威王問》：「夫賞者，所以喜眾，令士忘死也。」「見」，《上博四·曹沫》簡五四整理者注：「似乎是獻的意思。」按：「見」當讀如字。「使忘其死而見其生」是承「重賞薄刑」而言的，意謂：在「重賞薄刑」之下，使士卒忘掉他們的「死」而只看到他們的「生」。《淮南子·兵略》：「夫人之所樂者生也，而所憎者死也。然而高城深池，矢石若雨，平原廣澤，白刃交接，而卒爭先合者，彼非輕死而樂傷也，為其賞信而罰明也。」可以參看。

李零（《集釋》）：「𢀰」隸作「賍」，楚「重」字。「見」似乎是「獻」的意思。

淺野裕一（《集釋》）：「重賞薄刑，思忘其死而見其生」，以重賞薄刑來鼓舞士氣，讓士兵忘卻對於死的恐懼，而願意活下去獲得重賞。

高佑仁（《集釋》）：「見」讀「獻」。

季旭昇（《讀本》）：有功的要重賞，有過的要輕罰，使戰士都忘記死亡的恐懼，而願意獻出他們的生命。

波按：「見」字在此可以講得通簡文，不必破讀。簡文句意為加重賞賜減少刑罰，讓將士們忘記他們的死亡而只看到活下去的榮耀。

（11）思（使）良車良士迲（往）取亓（其）餌，思（使）亓（其）志记（起）

整理者：「思良車良士迲取亓餌」，《上博四‧曹沫》簡五五「亓」作「之」。「餌」，高佑仁認為即「餌兵」（《《上海博物館藏戰國楚竹書（四）》讀本》第二一七頁）。

李零（《集釋》）：「餌」疑讀「耳」。

陳劍（《集釋》）：「餌」如字讀。

李銳（《集釋》）：「取」為「趣」之借，疑讀「促」。

淺野裕一（《集釋》）：「思良車良士往取之耳」意味著優秀的戰車和士兵只願突擊而獲賞。

邴尚白（《集釋》）：簡文「取」字或用此義：言陷入苦戰時，以良車良士為伏兵，藉以出奇制勝，鼓舞士氣。

高佑仁（《集釋》）：「餌」即「餌兵」，為引誘敵軍深入的餌。「良車」指精良的車輛。「良士」指精選的將士。「往取」即前往拿取。「往取之餌」即派遣精車精兵前往戰勝敵軍之「餌」，使此次攻擊有好的開始，激起士兵的鬥志。

季旭昇（《讀本》）：讓好的車隊、好的士卒去攻取敵人的餌軍，讓他們的鬥志高昂。

連劭名（《集釋》）：「志起」，振奮。

俞紹宏（《集釋》）：「取」或可讀為「趣」，赴。

波按：「餌」，餌食，即我們今天所言之「誘餌」。這裡的「誘餌」指的應該是前文「厚賞薄刑」之「厚賞」，「束而厚之」之「束厚」。其誘餌所誘之物為準備參加「復苦戰」將士們的捨生忘死。曹沫所言之意，即許以參戰將士厚賞，以此為誘餌，讓我方之良車良士為取得所許之厚賞而勇往直前，忘死見生。如此理解，則這裡的「良車」當指負責車戰的將士，「良士」則指沒有戰車的徒步之兵。心之所之為「志」，即心裡想的就是「志」。此處「使其志起」，結合前文，當靈活地理解為讓我方將士們內心的慾望得以激起，即多殺敵以獲重賞。

句意謂讓車戰之兵和步兵前往敵方奪取他們的餌食，讓他們內心的念想激起。

（12）敢（勇）者囟（使）意（喜），埒（葸）者囟（使）悬（悔），肰（然）句（後）攺（改）怠（怠）

整理者：「攺怠」，《上博四·曹沫》簡五五下作「攺司」，整理者注：「讀『改始』，指回到從前。」按：「怠」字在本篇凡四見，除此「怠」字外，其他三個「怠」字都用為「怠」（見簡十九、二九、三五）。本句「怠」不應該例外，也應該用為「怠」。「改怠」是說改變「故戰」時戰士的懈怠狀態。

李零（《集釋》）：「绛」讀「葸」。「勇者」和「葸者」意思相反。「昝」讀「悔」。「喜」「悔」意思也相反。「改始」，指回到從前。

陳斯鵬（《集釋》）：「绛」讀「慈」。「改始」讀「改司」。

李銳（《集釋》）：「绛」讀「才」。

淺野裕一（《集釋》）：「思其志起，勇者思喜，葸者思悔」，只要提高鬥志，勇者會為他能夠得賞而高興，怯者也為不勇戰便不能得賞而後悔。「然後改始」意味著重新整頓態勢之後再度下達戰鬥命令。

張光裕（《集釋》）：楚簡「然後」之「後」多作「句」而不作「後」；「先後」的「後」多作「後」而不作「句」。

周鳳五（《集釋》）：「昝」讀「怒」。

季旭昇（《集釋》）：「改始」，似指改變初始的狀態，指本次戰爭的結果勝過前次。

董珊（《集釋》）：簡文是說讓眾人看到希望，而重新有了心志，勇敢的人高興，畏縮的人後悔。「然後改始」，簡文是說可以重新開始戰鬥。

高佑仁（《集釋》）：「昝」似也可讀「謀」。

連劭名（《集釋》）：「喜」讀「以」，用也。「才」，俊才。「謀」，《左傳·襄公四年》「諮難為謀」，《國語·魯語》「諮事為謀」。

波按：「改怠」可從安大簡整理者觀點，讀為「改怠」，意即改變懈怠。句意為作戰勇敢的將士讓他們感到高興，畏懼戰鬥的將士讓他們感到後悔，這樣之後就能改變軍隊懈怠的狀態。

今 譯

莊公又問說：「再次酣戰有什麼辦法嗎？」

曹沫回答說：「有。（軍隊將士）一定要慎重警戒，就好像我方不能打勝仗一樣。不要貿然前進，一定要超過之前的功績。獎賞有斬獲的將士，斥責畏懼恐戰的將士。勇於戰鬥的將士對此感到高興，恐懼戰鬥的將士對此感到悔恨，萬民、百姓全都想要有功而受賞。這就是再次酣戰的辦法。」

　　莊公又問說：「再次苦戰有辦法嗎？」

　　曹沫回答說：「有。糾集將士們並將他們聚合到一起，厚厚地賞賜他們。加重賞賜減少刑罰，讓將士們忘記他們的死亡而只看到活下去的榮耀。讓車戰之兵和步兵前往敵方奪取他們的餌食，讓他們內心的念想激起。作戰勇敢的將士讓他們感到高興，畏懼戰鬥的將士讓他們感到後悔，這樣之後就能改變軍隊懈怠的狀態。這就是再次苦戰的辦法。」

第十四章

摹本及隸定

足　呂　〔食〕之　元　兵　足　目　利　之〕

【41】　元　城　臣　足　呂　戈　之　卡=　和

戲　畺　解　紀　於　大　國　斬　之　天

下　記　之　心　者　矦　募　怠　臧　公

曰　虐　又　所　飤　之　一　出　言　【42】

三　軍　皆　龏　一　出　言　三　軍　皆

逨　又　之　昏　會　曰　又　明　託　於

眔　神　□　或　非　所　已　教　民　唯

君　智　之　此　先　王　至　道

釋　文

　　臧（莊）公或（又）餌（問）曰：「攻者紊（奚）女（如）？」

　　畬（答）曰：「民又（有）賓（貨）⑴：曰城，曰臣（固），曰蔽（阻）⑵。

三者聿（盡）甬（用）不皆（諧）⑶，邦【四十】豪（家）已（以）忧⑷。善

攻者必已（以）元（其）所又（有），已（以）攻人嵞=（之所）亡（無）又（有）。」

臧（莊）公或（又）酭（問）曰：「善獸（守）者紊（奚）女（如）？」

會（答）曰：「亓（其）飤（食）必足㠯（以）〔食之，其兵足㠯（以）利之〕，【四一】亓（其）城臣（固）足㠯（以）戈（捍）之（5）。卡=（上下）和叔（且）昌（輯）（6），解紀（忌）於大=國=（大國，大國）斳（親）之（7），天下記（起）志者｛侯｝臮（寡）忞（矣）（8）。」

臧（莊）公曰：「虔（吾）又（有）所酭（聞）之：一出言【四二】三軍皆儠（勸）（9），一出言三軍皆迬〈迬（往）〉（10），又（有）之唇（乎）？」

會（答）曰：「又（有）。明詫於鬤（鬼）神（11），〔神（振）〕或〈武〉（12），非所㠯（以）教民，唯君智（知）之。此先王至道。」

集　釋

（1）民又（有）寶（貨）

整理者：「民又寶」，《上博四·曹沫》簡五六「寶」作「寶」整理者注：「讀『保』，可訓『守』，這裡指防禦設施。」季旭昇說：「『寶』可逕讀『寶』，猶《老子》第六十七章『我有三寶』。」（《〈上海博物館藏戰國楚竹書（四）〉讀本》第二一九頁）其實「寶」是「寶」的異體。簡文「寶」指其下所說「曰城，曰固，曰阻」三種地理優勢。《通典》卷一五九所引《衛公李靖兵法》引《軍志》云：「地利為寶。」「寶」，從「宀」「貨」，「貨」亦聲，讀為「貨」，財物，金錢珠玉布帛的總稱。《書·洪範》「一曰食，二曰貨」，孔穎達疏：「貨者，金玉布帛之總名。」「寶（貨）」與「寶（寶）」同義。古書中常見「寶」「貨」連用。

youren（55樓）：「民有貨」，上博簡作「民有寶」，原整理者認為「貨」、「寶」古籍常連用，因此二字義同。案：「貨」字原文作寶，此字不能排除就是上博簡「寶」的誤字，戰國文字「貨」一般從貝、化聲，很少從「宀」，而且安大簡《曹沫》簡11就有「貨」字。上博對應的「寶」字寫成從宀從人從缶從貝，與安大本只差在中右結構的不同。《管子·樞言》「國有寶有器有用，城郭險阻蓄藏，寶也。」「貨」雖可作為金錢珠玉布帛的總稱，但概念與「寶」不能畫上等號。從字形比對與文意來看，安大簡的「貨」可能是「寶」的誤字。城、固、阻都是國家的重要防護設施，頗疑此處的「寶」也可通「保」，民有三「寶」（寶物），亦可理解有三「保」（保護），一語雙關。

李零（《集釋》）：「寶」隸作「寶」，讀「保」，守，這裡指防禦設施。

季旭昇（《集釋》）：「寶」讀「寶」，猶《老子》第67章「我有三寶」。

連劭名（《集釋》）：「民有寶」。

俞紹宏（《集釋》）：「寶」讀「寶」或也可備一說。

波按：安大簡「賓」字，原簡文作「𡫏」。我們認為網友「youren」先生對此字的分析很有道理，尤其是「寶」讀「保」，於簡文文意很貼合。

（2）曰城，曰臣（固），曰蔵（阻）

整理者：「曰城，曰臣，曰蔵」，《上博四・曹沫》簡五六「臣」作「固」。「蔵」，上博簡整理者讀為「阻」，可從。《周禮・夏官・序官》「掌固」，鄭玄注：「固，國所依阻者也。國曰固，野曰險。」由於「固」「險」所在地理位置不同，所以在《周禮・夏官》分別設有「掌固」「司險」二職，掌管其事務。古書中往往把「阻」訓為「險」。《說文・阜部》：「阻，險也。」即其例。疑簡文「阻」相當於鄭注「野曰險」之「險」。可見簡文「城」「固」「阻」是由近到遠的三種防禦設施。

李零（《集釋》）：「固」指險固。「蔵」讀「阻」，是險阻之義。

高佑仁（《集釋》）：曹沫所謂人民的「三保」其實都是人民藉以保護的三項硬體設施。

波按：「城」、「固」、「阻」三者的關係可從安大簡整理者的解讀。此三者是由近到遠的三種防禦設施。因此，簡文前文之「寶」字讀「保」，可訓「保障」，即此處的三種防禦措施。

（3）三者聿（盡）甬（用）不皆（諧）

整理者：「三者聿甬不皆」，《上博四・曹沫》簡五六整理者讀為「三者盡用不棄」。學者多從之。頗疑「皆」用作「替」。「皆」「替」二字不僅形相近，而且音也相近。上古音「皆」屬見母脂部，「替」屬透母質部，脂質二部陰入對轉，見、透二母字音有關。例如從見母「見」「貴」「至」「今」得聲的「覘」「僓」「䞓」「趻」等即屬透母。「替」字《說文》正篆作「朁」，說解云：「朁，廢，一偏下也。」據古文字「朁」字初文作一高一低的兩個「立」或一高一低的兩個「大」，其本義是偏廢的意思。簡文「替」用的正是這一本義。此句的意思是說：「城」「固」「阻」三者都用，不要偏廢。或說「皆」，讀為「諧」，諧和（黃德寬）。

激流震川 2.0（66 樓）：「皆」疑讀為「濟」。清華簡第七輯《越公其事》簡 23 有一個從水從皆從皿的字，當是以「皆」為基本聲符的字，此字即在簡文中讀為「濟」。

李零（《集釋》）：「🔳」釋「善」。「皆」疑讀「棄」。

陳劍（《集釋》）：「🔳」為「者」字訛體。「皆」讀「棄」存疑。

陳斯鵬（《集釋》）：「🔳」從周鳳五釋「者」。「皆」讀「匱」。

高佑仁（《集釋》）：「皆」或借為「稽」，停留、延遲。

季旭昇（《讀本》）：三者完全用到而沒有疏忽。

連劭名（《集釋》）：「皆」讀「偕」。「不偕」如言不同。

俞紹宏（《集釋》）：「皆」讀「匱」。

波按：「者」字上博簡作「🔳」，確當如陳劍先生所言，是「者」字訛體。「皆」字安大簡整理者給出兩種觀點，一種認為讀「替」，訓為「偏廢」；另一種是黃德寬先生意見，讀為「諧」。此字的解讀關鍵在於下句的「🔳」字，上博簡作「🔳」。從目前的情況來看，「🔳」「🔳」二者當有一誤，但具體是哪一個為誤寫，還不能判定。就安大簡而言，「🔳」字當隸定為「忧」，以其字不誤的話，則「皆」字當從安大簡整理者引黃德寬先生意見，讀為「諧」，訓「諧和」。「三者」是指上述「城」「固」「阻」。句意謂城、固、阻這三者全都用上了卻不諧和。

（4）邦豪（家）㠯（以）忧

整理者：「忧」，原文作「🔳」，《上博四·曹沫》簡五六作「🔳」，二字形近。根據文意，疑本簡「🔳」當是「🔳」之誤，可隸定作「忞」，從上博簡整理者讀為「宏」。或說上博簡「忞」是「忧」之訛，「忧」讀「尤」，訓「咎」，指災禍。

youren（24樓）：黃德寬先生《略說〈仲尼曰〉〈曹沫之陳〉的文獻價值》認為：安大《曹沫》簡41號字（從心尤聲「忧」，表示「災禍」），對應的上博《曹沫》簡56號訛作（從心從厷，讀成「宏大」之「宏」），導致整段簡文的理解出現偏差。現在看來應該反過來，安大二的🔳才是錯字，上博簡版「邦家以宏」，文通字順。

李零（《集釋》）：「忲」讀「宏」。

陳斯鵬（《集釋》）：「忲」讀「雄」，雄強、雄稱。

高佑仁（《集釋》）：包山簡有「忲」，疑「忲」為「忲」異體。

俞紹宏（《集釋》）：「忲」讀「宏」，也均可備一說。

波按：安大簡「忧」字，上博簡作「忞」，二字異文的具體情況暫時不清楚。以「忧」字解的話，安大簡整理者讀「尤」，理解為「災禍」，可從。此句

結合上句，句意為「城」、「固」、「阻」這三者全都用上了卻不諧和，邦家因此而有災禍。此外，「忧」字字形和今天的「憂」字的簡體字字形一樣，但此字《說文》中就有，訓為「不動也」，並非是「憂」字，不能當作「憂」來理解。

（5）亓（其）飤（食）必足㠯（以）〔食之，其兵足㠯（以）利之〕，亓（其）城臣（固）足㠯（以）戈（捍）之

整理者：「亓飤必足㠯」下所缺八字，據《上博四・曹沫》簡十五補。

李零（《集釋》）：「𢦏」隸作「戈」，讀「捍」。

高佑仁（《集釋》）：「𢦏」隸作「戈」，讀「捍」。「戈」「捍」「扞」均有保護、護衛義，「捍」「扞」二字同源。

季旭昇（《讀本》）：他的糧食可以讓人民吃飽，他的軍隊可以應付戰爭，他的城牆堅固可以防衛敵人。

俞紹宏（《集釋》）：簡文「食」「兵」「城」三者並舉，「食」「城」都是人之外因素，「兵」也應該是人之外因素。「兵」指兵器、武器裝備。後文的「卒」才是指人的因素——士兵。「利」，利用。

波按：此句「其飤」之「飤」當理解為名詞，即食物，在此可靈活地理解為糧草，與下句「其兵」之「兵」訓「兵器」相對應。「食」「兵」「城」均為人之外因素，詳可參考俞紹宏先生觀點。

句意謂善於守城者的糧草一定要足夠供應守城將士們食用，他們的兵器一定要足夠鋒利，他們的城牆堅固，足夠憑藉它來捍禦來犯之敵。

（6）卡=（上下）和叔（且）耴（輯）

整理者：「卡=和叔耴」，讀為「上下和且輯」。《淮南子・本經》：「上下和輯，雖賢無所立其功。」參看上注〔七一〕（波按：即本書第七章集釋5）。

李零（《集釋》）：「耴」釋「耴」，「厭」字所從，似應讀「和輯」之「輯」。此字與「耴」字小篆相似，也可能就是古「耴」字。

陳劍（《集釋》）：「耴」讀「輯」。

陳斯鵬（《集釋》）：「耴」疑釋「兄」，讀「恭」，恭順義。

徐在國（《集釋》）：「耴」釋「耴」，讀「輯」。

高佑仁（《集釋》）：「耴」為「耴」。

季旭昇（《讀本》）：上下和諧而親愛。

禤健聰（《集釋》）：「耴」即「揖」之初文，從「耳」為訛變之形。

沈培（《集釋》）：「耴」釋「祝」，讀「篤」。

波按：安大簡作「🐍」之字，上博簡作「🐍」。此字當從安大簡整理者隸作「畐」，讀為「輯」。「和」可訓「和協」，「輯」可訓「輯睦」。「上下和且輯」，即守城將士上下和協且輯睦。

（7）解紀（忌）於大=國=（大國，大國）斬（親）之

整理者：「解紀」，《上博四・曹沫》簡十五作「緯紀」。「緯」即「緤」之省。「緤」從「解」聲，故二字可以通用。疑「解」「緯」二字皆讀為「敬」。上古音「解」屬見母錫部，「敬」屬見母耕部，二字聲母相同，韻部陽入對轉，音近可通。「紀」，訓為「事」。《禮記・文王世子》「喪紀以服之輕重為序，不奪人親也」，鄭玄注：「紀，猶事也。」「敬紀」即「敬事」的意思。《墨子・非攻中》：「東方有莒之國者，其為國甚小，閒於大國之閒，不敬事於大，大國亦弗之從而愛利。是以東者越人夾削其壤地，西者齊人兼而有之。」

質量復位（5樓）：安大簡《曹沫之陳》簡42「解紀於大國」，整理者將「解」讀為「敬」，可信；但將「紀」訓為「事」，則可商。「紀」訓「事」時是名詞，而「事大國」之「事」是動詞，「敬紀」與「敬事」恐難等同。「紀」當讀為「忌」，意為畏懼、恭敬。「忌」有相應的含義。《左傳》昭公六年「民知有辟，則不忌於上」，杜預注：「權移於法，故民不畏上。」《左傳》昭公元年「非羈，何忌」，杜預注：「忌，敬也。」「敬忌」是近義連用，意為敬畏。傳世古書中也有「敬忌」的表述，如《書・顧命》：「眇眇予末小子，其能而亂四方，以敬忌天威。」簡文「敬忌于大國」意為敬畏大國。

youren（54樓）：「國」字從邑、國聲，沒有疑義。惟上博簡相應的「國」字從宀、或聲，而其「或」字省略了表示區域義的「○」，因此有學者認為該字為「定」之訛，省略「○」的「或」（或「國」）極為罕見，因此上博簡此字是不是「國」，當時也只能存疑。現在有了安大本，可以確定就是「大國」無誤。

激流震川2.0（58樓）：「解紀於大國」，整理者讀為「敬紀於大國」，網友「質量復位」先生讀為「敬忌於大國」。如果「紀」能夠讀為「忌」的話，似乎「解忌」也可以講通。「解」是消除、消釋的意思，「忌」在古書中常訓為惡、怨等。「解忌於大國」就是消除大國對自己國家的怨恨疑忌，故而「大國親之」。《新序・雜事一》：「解忿悁之難，交兩國之歡」。

陳斯鵬（1119）：整理者之說頗有可商。其一，以上博本之「緯」為「緤」之省，不符合一般文字法則，因為「解」「牟」音義各別，且「解」所從之「刀」

（楚簡或作「刃」）為核心會意偏旁，不應省去。其二，楚簡「敬」極常見，用字習慣穩定，謂此借「解」「繲」二字為之，相當可疑。其三，從文獻看，「紀」訓為「事」是在名詞義層面上的，似不能用為動詞義的「敬事」之「事」。……「繲」釋「緯」，分析為從「糸」「羣」（「觸」之初文）聲，為「襡」「襦」之初文，而讀為「屬」。「屬紀」近義連用，「屬紀於大國」即聯合、結交大國之義。……目前並沒有確定的支持「繲」字可省作「緯」的積極證據。「繲」宜自為「繲」，「緯」宜自為「緯」。安大本《曹蔑之陣》異文「解」的出現，同樣不能成為「緯」讀同「解」的堅強理由。如上所述，整理者讀「解紀」為「敬紀」，訓為敬事，存在諸多問題，當不可信。實際上，按「解」字去求解，基本上無法得到切合語境的合理讀法。而按「緯」字去求解，如上述拙說，最起碼沒有文字學上的問題，文意理解也能大體通暢。因此，我認為應該以上博本之「緯」為正，而安大本之「解」當視為形近訛字。

李零（《集釋》）：「繲」釋「繲」。「繲紀」讀「絓紀」，指結交援於大國。

陳劍（《集釋》）：「繲」隸作「繂」，讀「因」。「因紀於大國」猶言依靠大國，以大國之好惡意願為準則而行事。

陳斯鵬（《集釋》）：「繲」隸作「緯」，讀「屬」，其右半即「觸」。疑「襡」之異體，讀「連屬」之「屬」。「屬紀於大國」，即結交、聯合大國之義。

李銳（《集釋》）：「繲」從陳劍隸作「繂」。「繂紀」讀「姻配」。

魏宜輝（《集釋》）：「繲」讀「屬」，委託、託付。「紀」，事。「屬紀」即「屬事」。「屬紀於大國」，字面上的意思是說將國事託付於大國，其實是和大國保持一致的一種委婉說法。

李守奎（《集釋》）：「繲」隸作「緯」。

周鳳五（《集釋》）：「繲」從「糸」、「牛」，「因」聲，「紖」字異體，牛鼻繩。此處讀「繫」。「龕」釋「定」，讀「政」。「大政」猶言正卿。「繫紀於大政」即把國家大權託付在國家正卿身上。

高佑仁（《集釋》）：「繲」可能釋「觸」，訓讀待考。

季旭昇（《讀本》）：結交於大國，大國愛護他，就不會被其它的國家打敗了。

雷黎明（《集釋》）：「紀」，結交。

波按：安大簡「解紀」一詞，我們認為網友「激流震川2.0」先生的意見可從。安大簡整理者解讀「解」字過於迂曲，且不符合楚簡用字習慣，解讀

「紀」字詞性不合，這點網友「質量復位」先生和陳斯鵬先生等已經指出來了。網友「激流震川 2.0」先生讀「解紀」為「解忌」可從。不過，這裡的「忌」訓為「忌恨」似乎比訓為「惡」、「怨」更好一些。《左傳・昭公十六年》有「吾子何愛於一環，其以取憎於大國也？」一句，其中「取憎於大國」正可與此處「解忌於大國」相對應。「取憎」是說被憎恨，而「解忌」是說解除忌恨，二者詞義相反，但其所表達的辭例一致，可作為我們解讀此句話的一個定點。當然，「解」字上博簡作「●」，其右邊所從確實與常見之「解」字字形不合，但其字形是否為「觸」之初文，恐怕還得存疑。其右上所從和楚簡常見的「角」形也很不同，倒與「因」字相似，陳劍先生就認為此字當隸作「繟」，讀「因」。因此，上博簡的「●」字隸定及釋讀，目前尚無定論。至於此字是否是安大簡「解」字的訛字，更是需要進一步分析。陳斯鵬先生認為上博簡此字當讀「屬」，如果僅就上博簡此句而言，也是有道理的，可備一說。但其認為安大簡「解」是上博簡此字之訛，恐怕還是武斷了些。我們細讀安大簡和上博簡此篇簡文就會發現，二者有不少對應的異文，到底是何種關係就目前來說還是很難論斷的，沒有確鑿的證據，我們不應輕易認為安大簡或上博簡某字為另一字之訛，二者之間的關係往往比想像的複雜，暫存疑可也。

　　句意謂消除大國對自己國家的忌恨。

（8）天下记（起）志者﹛侯﹜募（寡）怎（矣）

　　整理者：「天下记之心者募怎」，《上博四・曹沫》簡十六、五九作「天下兀志者募矣」。「记」，《說文》古文「起」。「募」，「寡」之古文。疑「记」「兀」二字皆讀為「欺」。上博簡「志」疑是作為「之心」二字來用的，其下漏寫「＝」號。本簡「者」後衍一「侯」字；「怎」當從上博簡讀為「矣」。如此，本簡此句文字似應該釋寫作「天下记（欺）之心者﹛侯﹜募（寡）怎（矣）」。「欺」，欺凌。《韓非子・解老》：「人君無道，則內暴虐其民，而外侵欺其鄰國。內暴虐則民產絕，外侵欺則兵數起。」「侵欺」大概為同義複詞，古代「侵」也有欺凌的意思（見《莊子・漁父》成玄英疏）。簡文此句是說：天下有欺凌小國之心的國家很少，這是因為小國敬事大國，得到大國庇護的結果。或說本簡「之心」，當從上博簡作「志」，「记之心」，即起志（劉剛）。

　　文獻足徵（70 樓）：「大國親之，天下起之心諸侯寡矣」一句十分奇怪，似仍應從上博簡讀，「侯」應為衍文，「起之心者」的「之」在語法上不通，「之心」應還是上博簡「志」的析書。《玉篇》：「起，興也。」「天下起志者寡矣」

就是「天下起（進攻）念頭的國家就少了」。與本段曹沫回答如何防禦相吻合。古書中也有「志意興起」的說法。《孟子・盡心下》：「百世之下，聞者莫不興起也。趙歧注：「志意興起也。」

　　李零（《集釋》）：「其志者寡矣」作一句。

　　李銳（《集釋》）：「志」，意。「寡」，獨。

　　高佑仁（《集釋》）：「寡矣」作一句。

　　波按：安大簡此句簡文頗難解讀。上博簡此句簡文編聯有問題，各家解讀不多且參考價值不大。就安大簡此句簡文來說，我們認為網友「文獻足徵」先生的意見可從。「志」字從「之」「心」會意，簡文「之心」二字，很有可能是抄寫者在抄錄的時候，所根據的底本「志」字寫得比較開，被誤認為是「之心」二字。本篇簡 39 有「使其志记」一句，「志记」我們讀為「志起」，「使其志起」理解為讓他們內心的念想激起。則此處「志起」或當即為彼處「起志」。

　　句意從網友「文獻足徵」先生意見，謂天下起進攻念頭的國家就少了。

（9）一出言三軍皆愈（歡）

　　整理者：「一出言三軍皆愈」，「言」，《國語・周語上》「有不祀則修言」，韋昭注：「號令也。」「愈」，從「心」，「雈」聲，「懽」字異體，同「歡」。「歡」，《說文・欠部》：「喜樂也。」或讀為「勸」。簡文指一言既出，三軍皆奮勉（黃德寬）。

　　youren（56 樓）：「懽」原整理者讀「歡」，黃德寬先生讀「勸」。上博簡相對的字，也寫成「懽」，原整理者李零先生僅隸定，沒有訓讀。陳劍先生讀「勸」，陳斯鵬先生從之。楚簡中「懽」讀為「歡」或「勸」均可，但就文意看，本處以讀「勸」為佳。戰爭乃極嚴肅之事，非死即傷，不能兒戲（孫武以宮女練兵故事，即為明證），大敵當前，將帥沒必要出言而使士卒喜樂。本篇猶有「以勸其志」一句，上博本字亦寫成「懽」（簡 61），可為旁證。

　　潘燈（57 樓）：懽，整理者讀「歡」，似無礙。此「歡」，顯然不能當「歡快」解。蓋與興奮、旺盛等義有關。原文帶「心」，主要突出其心理活動。「一出言三軍皆懽」，或謂一出言，三軍都精神振奮，鬥志昂揚。

　　侯瑞華（0905）：「愈」在楚文字中是一個常用字，不計上博簡、安大簡《曹沫之陣》的 2 例，以往所見共有 18 例。其中 16 例用為「勸」，1 例用為「懽」（《郭店簡・尊德義》簡 16「教以權謀」），1 例疑似用為「歡」（見《上博簡三・仲弓》簡 22，其實此例可能也應讀為「勸」）。因此「愈」的常態用法就是「勸」。

雖然其字形可以分析為從心、蒦聲，但卻未必是《說文》系統的「懂」字，而更可能是楚文字系統的「勸」字。根據以上所述，上博簡、安大簡《曹沫之陳》的「𢙇」很自然地應該讀為「勸」。

李零（《集釋》）：「一出言」猶言「一下令」。「𢙇」隸釋為「懂」。

陳劍（《集釋》）：「懂」讀「勸」。

高佑仁（《集釋》）：「一」釋一旦、一經。「勸」，勉勵。

波按：安大簡「𢙇」字，網友「youren」先生及侯瑞華先生先後指出整理者讀「歡」的問題所在，並認為當讀「勸」，可從。此句當從整理者引黃德寬先生說法，即一言既出，三軍皆奮勉。

（10）一出言三軍皆逜〈逞（往）〉

整理者：「逜」，《上博四・曹沫》簡六〇上作「逞」。「逜」「逞」二字形近，疑「逜」是「逞」之訛誤。「逞」是《說文》「往」之古文。《吳子・勵士》：「夫發號布令而人樂聞，興師動眾而人樂戰。」此與「一出言」二句意近。或說「逜」，從「辵」，「寺」聲，疑「待」字異體。「待」，防備，抵禦。《左傳・宣公十二年》：「內官序當其夜，以待不虞。」《國語・魯語下》：「說悔不懦，執政不貳，帥大讎以憚小國，其誰云待之？」韋昭注：「以楚大讎為魯作難，其誰能待之？待，猶禦也。」

侯瑞華（0905）：安大簡《曹沫之陳》的「逜」字，整理者或以為是「逞」的訛誤，或以為從辵、寺聲，是「待」字異體。「逜」又見於安大簡《詩經》簡73「尚斬（慎）坦（旃）才（哉），夋（允）㚔（來）毋逜（止）」，這裡「逜」用為「止」是可信的對讀用法。據此，安大簡《曹沫之陳》的句子可以釋讀作「一出言三軍皆勸，一出言三軍皆止」。「勸」和「止」是一對兒反義詞，「勸」是努力，「止」是停止。文獻中常見「勸」、「止」相對的搭配⋯⋯「勸」就是使人行動，「止」就是讓人停止。回到簡文所說的「一出言三軍皆勸，一出言三軍皆止」，文義就很顯豁了，實際上就是「令則行，禁則止」（《管子・立政》）的意思，即下令行動三軍就奮勉努力，下令停止三軍就聽命停止。由此看來，安大簡的字句是比較順暢的，「逜（止）」很可能是文本的原貌。由於「逜」、「逞」字形相近，故上博簡的書手在抄寫中錯將「逜」訛書為「逞」。

波按：此句理解可從侯瑞華先生理解，即讀「逜」為「止」。「一言出三軍皆止」，即一言既出，三軍皆停止。詳可參侯瑞華先生文章。

（11）明詑於鬽（鬼）神

整理者：「詑」，《說文・言部》：「沇州謂欺曰詑。」「詑」或作「訑」，見睡虎地秦簡《封診式》（簡二至四）和張家山漢簡《奏讞書》（簡一七五、一七八）等，正用作欺騙義。《上博四・曹沫》簡六〇上「詑」作「飤」，從「食」，「㐬」聲，當讀為「飤」，後世作「謊」，與「詑」義近。《六韜・龍韜・王翼》：「術士二人，主為譎詐，依託鬼神，以惑眾心。」「以惑眾心」是指客方而言的。《李衛公問對》卷下：「靖曰：臣竊謂聖人制作，致齋於廟者，所以假威於神也。」簡文「詑」與《六韜》「譎詐」同義。「詑於鬼神」即《六韜》所說「依託鬼神」、《李衛公問對》所說「假威於神」。《史記・田單列傳》記燕破齊，盡降齊城，唯莒、即墨未下。齊將守即墨，令城中食必祭祖於庭，飛鳥悉翔城中下食；又拜一卒為師，宣稱「神來下教我」，「神人為師者」。眾乃心安，終破燕軍。《史記・秦始皇本紀》：「古之五帝三王，知教不同，法度不明，假威鬼神，以欺遠方，實不稱名，故不長久。」此「明詑於鬼神」之注腳。「明詑於鬼神」的目的，是為了提高士卒戰鬥的勇氣和信心。

李零（《集釋》）：「🈳」隸作「飤」。

淺野裕一（《集釋》）：「飤」隸作「餇」，再將他改為「飴」字。

單育辰（《集釋》）：「飤」後加句號。

朱賜麟（《集釋》）：簡文意指在軍中嚴禁鬼神荒誕之說。

季旭昇（《集釋》）：「明」讀「盟」。「飤」讀「㲃」，在甲骨文中就是一種用牲法。「盟㲃」當是祭祀之義。

子居（《集釋》）：簡首缺字似可補「於」。「明於鬼神」，似指因鬼神而盟誓之。

徐在國（《集釋》）：「飤」王寧或讀為「饗」「享」。待考。

波按：安大簡「詑」字，上博簡作「飤」，二字異文是何種關係，恐怕還需要進一步研究。至於二字的解讀，各家說法似乎也都有問題，暫時沒有定論。我們也找不出更好的解讀意見，暫從安大簡整理者意見。句意見下條按語。

（12）〔神（振）〕或〈武〉

整理者：「或」，《上博四・曹沫》簡六三下作「軫武」。「軫」字原文所從「㣥」旁作「勿」字形，邴尚白釋作「軫」。古文字「㣥」旁往往寫作「勿」字形，邴氏把此字釋作「軫」可從。疑「軫」讀為「振」，振作。《史記・高祖本紀》「秦軍復振，守濮陽，環水」，裴駰集解引如淳曰：「振，起也。收敗卒

自振迅而復起也。」「振武」是振興威武的意思，跟古書中當顯揚武力講的「振武」有別。「或」「武」二字形近。頗疑本簡「或」是「武」字之誤，其前漏抄一「軫」字。如此，此處文字似可釋作「〔軫（振）〕或〈武〉」。「明詫於鬼神，振武」意謂：彰顯假言鬼神，是為了振興士卒威武。或說「神」漏抄重文符，「神或〈武〉」讀為「振武」。「軷」「陳」「振」古通（詳參《古字通假會典》第八五至八六頁）。

李零（《集釋》）：「𣁐」讀「軫」。

陳劍（《集釋》）：「軫武」為連綿詞「忽芒」等。「鬼神忽芒，非所以教民」，言鬼神無形無象，其事難以憑據，非所以教民。

陳斯鵬（《集釋》）：「𣁐」隸作「軫」而存疑。戰國文字中「勿」、「㐱」形體混同。當釋「軫」。

淺野裕一（《集釋》）：「軫武」的意思不明瞭，但由並稱鬼神而推測可能係指軍神之類。

邴尚白（《集釋》）：「𣁐」疑釋「軫」，盛。「軫武」指壯盛的軍力。

陳偉武（《集釋》）：頗疑「軫」讀「勿」。

季旭昇（《集釋》）：「軫」讀「忽」。「忽武」謂輕忽武事。

范常喜（《集釋》）：「軫」也可能讀「沴」。「沴」是用在五行及陰陽相害中的一個術語。

一上示三王（《集釋》）：讀「魅武（魈？）」

斨䤨（《集釋》）：讀「斬武」。

高佑仁（《集釋》）：「𣁐」釋「軫」、「軫」均有可能。

張崇禮（《集釋》）：「軫」似可讀「抮」，曲名。「武」「軫」皆為用來祭享鬼神的樂曲名。

子居（《集釋》）：「軫武」屬下讀。

連劭名（《集釋》）：「神鬼忽武」指天威。

波按：安大簡「或」字，上博簡作「武」，其前一字安大簡沒有，整理者給出兩種解讀，一是認為漏寫一字，二是認為「神」字漏寫重文符號。上博簡「武」前一字作「𣁐」，此字各家討論頗多，意見不統一。由於此句上博簡簡文編聯存在問題，各家對簡文文意的把握基本上不可信。此處安大簡和上博簡的差異巨大，具體該如何理解恐怕還需要進一步討論，我們在此存疑。為方便今譯，我們暫從安大簡整理者意見，此句及上句簡文文意為彰顯假言鬼神，是

為了振興士卒威武。

今　譯

　　莊公又問說：「進攻該如何做？」

　　曹沫回答說：「民眾有保障：叫做『城』，叫做『固』，叫做『阻』。城、固、阻這三者全都用上了卻不能諧和，邦家因此而有災禍。善於進攻者，一定是用己方所擁有的，去攻打敵方所沒有的。」

　　莊公又問說：「善於守戰者如何做？」

　　曹沫回答說：「善於守城者的糧草一定要足夠供應守城將士們食用，他們的兵器一定要足夠鋒利，他們的城牆堅固，足夠憑藉它來捍禦來犯之敵。守城將士上下和協且輯睦。消除大國對自己國家的忌恨，大國就會親護我國，對我國起進攻念頭的國家就少了。」

　　莊公說：「我有聽說：『一句話說出口，三軍全都感到興奮而得到勉勵；一句話說出口，三軍全都能停止下來。』有這話嗎？」

　　曹沫回答說：「有。彰顯假言鬼神，是為了振興士卒威武，不是用來教導民眾的。希望君主您能知道這個事。這就是先王的至道。」

第十五章

摹本及隸定

臧	【43】	公	曰	歔	虗	言	氏	不	女
或		者	少	道	虗	一	欲	䣓	厽	弋
之		所	皷	歔	會	曰	臣	䣓	之	昔
之		迡	於	天	下	者	各	吕	亓	殜

曰	旻	亓	身	【44】	含	與	古	亦	多
不	同	矣	臣	是	古	不	敢	弖	古
倉	肰	而	亦	古	亦	又	大	道	女
必	龏	舍	弖	旻	之	而	喬	大	弖
遆	之	君	亓	【45】	亦	唯	酤	夫	霝
湯	㡾	受	矣	敢	倉	肰	而	亦	古

【46】

釋　文

臧（莊）【四三】公曰：「敽（沫），虘（吾）言氏（寔）不女（如），或者少（小）道（1）！虘（吾）一欲酤（聞）厽（三）弋（代）之所（2）。」

蔜（曹）敽（沫）倉（答）曰：「臣酤（聞）之：『昔之记（起）於天下者（3），各弖（以）亓（其）殜（世），弖（以）旻（沒）亓（其）身（4）。』【四四】含（今）與古亦多不同矣，臣是古（故）不敢弖（以）古倉（答）（5）。肰（然）而亦（昔）古亦又（有）大道女（焉）（6），必龏（恭）舍（儉）弖（以）旻（得）之（7），而喬（驕）大弖（以）遆（失）之（8）。君亓（其）【四五】亦唯酤（聞）夫霝（禹）、湯、㡾（桀）、受（紂）矣（9）。」敢倉（答）。肰（然）而亦古（10）。【四六】

集　釋

（1）虐（吾）言氏（寔）不女（如），或者少（小）道

整理者：「虐言氏不女或者少道」，《上博四‧曹沫》簡六四「不」字後有「而」字，「道」字後有「與」字。周鳳五在有關學者意見的基礎上將其讀為「吾言寔不爾如，或者小道歟」（《〈上海博物館藏戰國楚竹書（四）〉讀本》第二三二頁），可從。據此，本簡此句應釋讀為「虐（吾）言氏（寔）不女（如），或者少（小）道」，意思是說：我的話實不如你，或許是因為小道。

李零（《集釋》）：「氏不」讀「是否」，意思是說我的話是不對的。後加逗號。「而」後一字釋讀為「毋」。「而毋」屬下讀。「或」讀「惑」。「者」讀「諸」。

陳劍（《集釋》）：「氏不」讀「寔不」。

陳斯鵬（《集釋》）：原釋「氏」之字讀「厥」。簡文讀為：「蔑，吾言厥不而如，或者小道與？」「氏」讀「是」，表強調。「而」為第二人稱代詞。原釋「毋」之字應釋「女」，其原篆多出一小點，殆為誤筆，讀「如」。簡文讀為「吾言是不而如」，後加逗號，意思是我說話不如您（有道理）。「氏」讀「寔」亦通。

單育辰（《集釋》）：「言」後一字讀「寔」。

周鳳五（《集釋》）：簡文當讀為：「吾言蓋不爾如，或者小道歟」。

邴尚白（《集釋》）：簡文讀為：「吾言寔不爾如，或者小道歟」。「或者」為當是貴族不願太過武斷、強勢的說法。

朱賜麟（《集釋》）：「女」右部小點非筆畫，應讀「如」，作「似」解。

高佑仁（《集釋》）：先秦無「是否」這樣的辭例。「氏」讀「寔」，真實、實在義，同「實」。「不」，非。「吾言寔不」即我的說法實在是錯誤的。「女」讀「如」「若」。

季旭昇（《讀本》）：我先前所說的實在是不對的。

連劭名（《集釋》）：「是否」，是非。「而」讀「能」。言我評判是非，能不違背一般的道理嗎？

俞紹宏（《集釋》）：「是」、「寔」均可表示強調。

波按：此句簡文上博簡各家討論頗多。安大簡整理者參考了上博簡各家的討論意見，釋此句為「吾言寔不如，或者小道」，可從。句意亦從安大簡整理者，即我的話實不如你，或許是因為小道。

（2）虐（吾）一欲䬃（聞）厽（三）弋（代）之所

　　整理者：「虐一欲䬃厽弋之所」，《上博四·曹沫》簡六四「厽」作「三」，「之所」作合文。此句讀為「吾一欲聞三代之所」。句意未完，疑承上文，在「所」之後省去「言」字。「三代之所〔言〕」的意思是三代所說的「大道」。

　　汗天山（21樓）：上博簡文句同。原整理者以為此句簡文未完，下當補「言」。其實，古書中「所」猶道也，「三代之所」當即「三代之道」。

　　李零（《集釋》）：「一欲」，甚欲。「之所」，之所以然。

　　高佑仁（《集釋》）：「斋」疑讀「所之」，「之」相當於「為」。

　　子居（《集釋》）：「之所」書「=」或為省文符號，或當讀為「之所之」。

　　連劭名（《集釋》）：「一欲」如言誠欲。

　　俞紹宏（《集釋》）：「所」可訓「道」。

　　波按：「所」字當從俞紹宏先生和「汗天山」先生所言，理解為「道」。安大簡整理者認為「所」後省「言」不確，如果按照安大簡整理者的意思理解，簡文當作「吾一欲聞三代之言」，省「所」而不應省「言」。「一欲」，李零先生理解為「甚欲」，連劭名先生理解為「誠欲」，實際上意思一樣，「一」在此起強調作用，「一欲」大概是「很想」之義。簡文句意謂我很想聽一聽三代的大道。

（3）昔之记（起）於天下者

　　整理者：「昔之记於天下者」，《上博四·曹沫》簡六四+六五上在「昔之」與「记於天下者」之間有「明王之」三字。

　　季旭昇（《讀本》）：從前明王的興起。

　　波按：安大簡此句當是省略主語「明王」，上博簡不省。句意謂以前明王在天下間興起。這裡的明王當是指上文的「三代」之王，即後文的「堯」「舜」「禹」。

（4）各已（以）亓（其）殜（世），已（以）旻（沒）亓（其）身

　　整理者：「已旻亓身」，讀為「以沒其身」，即「沒身」，為先秦之常語。本篇簡七有「旻（沒）身邆（就）殜（世）」。《上博四·曹沫》簡六五上「旻」作「及」，「及」字應是訛誤（黃德寬）。或疑本簡「旻」是「及」之訛誤（李家浩）。

　　youren（25樓）：「沒」上博簡本作「及」，安大簡原整理者有兩種解釋，一種認為「及」是「沒」的錯字，一種認為「沒」是「及」的錯字，本人所

指導的研究生彭詩雅同學已清楚指出當讀為「以及其身」，上博簡本是正字（《新出安大簡〈曹沬之陣〉字詞研究》，第一屆中國文字學會青年論壇，中央大學中文系，2021 年 4 月 24 日）。……曹沬的意思是古代明王的興起，是由於他們所處的世代，以及他們自身的作為。時勢造英雄，政治人物的崛起與先天的時勢脫離不了關係，但曹沬要魯莊公也別忘了這些帝王自身的努力，也就是後天的作為。然而每個時代的政治情勢都不一樣，所以曹沬才「不敢以古答」。

小學生（61 樓）：「沒」字應是錯字。本人認為關鍵在於如何理解「各以其世」中的「世」字，方可判斷何字才是正字。由於 █ 字已在《曹沬之陣》「沒身就世」一語中已帶有「壽終正寢」之語境（可詳閱高佑仁先生：《〈曹沬之陣〉簡「沒身就世」釋讀》一文），亦即是說 █ 字應包含「死亡」義。不過「殜」、█ 二字應是一字異體，……亦即是說「殜」字在簡文中並沒有帶有「死亡」之意涵，因簡文「昔之明王之起於天下者」本言明王還在人世，再搭配表「歿」義的「沒」字使用，一生一死，文辭不通。故《上博簡（四）·曹沬》之「及」字方是正字，而《安大簡（二）·曹沬》之「沒」字才是錯字。

李零（《集釋》）：「█」第三筆上有飾筆。

高佑仁（《集釋》）：「世」即指明王賢君所處的時代。「身」指明王賢君自身的修為。

高佑仁（《集釋》）：「世」指這些明王賢君世世代代所承的霸業。「身」則是在當時所面臨的問題。

季旭昇（《讀本》）：由於他們所處的世代，以及他們自身的修為。

俞紹宏（《集釋》）：「世」，身世。這裡及後文是曹沬在回答莊公的「三代之所」之問，簡文是說古代的天下的明王們憑藉自己的身世而走上天子位。「及」，安大簡作「沒」，二者必有一誤。

波按：安大簡「█」字，上博簡作「█」。此字安大簡隸作「旻」，讀「沒」，就字形來看沒有問題；上博簡隸作「及」，則存疑。細審上博簡此字，其字形與楚簡常見的「及」字有所不同，即其右上角比常見的「及」字多一筆畫，這一筆畫最右端和其下筆畫黏連，似乎構成一個迴環狀筆畫，這點就有類似「旻」字的寫法。當然，上博簡此字字形雖然與楚簡常見的「及」寫法有差別且右上方近似「旻」字上方迴旋之形，但整體來看，此字還是近似「及」字，這也是各家基本釋此字為「及」的原因。此字安大簡作「旻」字，如果從安大簡與上

博簡的異文對比來看，或許認為上博簡此字是訛寫，更合理一些。而認為安大簡是上博簡的訛寫，則沒有字形上的依據，只有文意上的猜測。實際上，此字在此無論是作「沒」還是作「及」，文意上都能講得通。網友「youren」先生和「小學生」先生的觀點對簡文的理解與我們不同，其觀點也只是一家之說。我們認為，「各以其世，以沒其身」意思和本篇簡 7「以無道稱而沒身就世」之「沒身就世」所含的意思是一致的。「世」這裡應該是指「三代明王」各自統治的時代，其含義類似於「秦二世」、「千秋萬世」之「世」，即「一代」之義。意思大概是說三代的明王能夠在其統治的世代中做得很好，然後能夠身死善終。這裡說的是三代之明王能夠終其一生。

（5）含（今）與古亦多不同矣，臣是古（故）不敢㠯（以）古畣（答）

　　整理者：「含與古亦多不同矣」，《上博四·曹沫》簡六五上+七下「含」作「今」，「多」位於簡六五折斷處，筆畫有殘缺，李銳釋為「多」，與本簡合。

　　李零（《集釋》）：簡 65 上末字（波按：即安大簡「多」字）釋「肰」讀「然」。簡 7 下首可能缺「此」「是」或「誠」「固」之類字。「畣」前之「古」讀「故」。

　　陳劍（《集釋》）：簡 65 上末字釋「肰」恐不足信。「古」不破讀。下文「古亦有大道焉」云云當即所謂「以古答」。

　　陳斯鵬（《集釋》）：簡 65 上末字隸作「㕙」。

　　李銳（《集釋》）：簡 65 上末字從陳斯鵬，隸作「㕙」，讀「均」。

　　白於藍（《集釋》）：簡 65 上末字釋「間」。

　　李銳（《集釋》）：簡 65 上末殘字疑為「多」。

　　淺野裕一（《集釋》）：「不同矣」前缺字補「非」字。

　　單育辰（《集釋》）：簡 65 上末殘字釋「間」。「不同矣」屬上讀。

　　季旭昇（《集釋》）：「間」，容。「容」，或。「間不同」，容或不同。

　　陳斯鵬（《集釋》）：簡 65 上末殘字釋釋「間」、「多」可能性都很大。

　　高佑仁（《集釋》）：簡 65 上末字隸作「列」，從白於藍釋「間」，隔。

　　連劭名（《集釋》）：簡文是說古代明王的產生，既有時代背景，又依據自身條件，今古相同。後一「古」指天命。

　　張陽（《集釋》）：簡 7 下前缺字補「今」字。「答」後加逗號，其前「古」不破讀，典故。

　　俞紹宏（《集釋》）：前一「古」指前文所說的「三代」。

波按：此句上博簡「多」字漫漶，導致各家理解不同。安大簡此句一出，上博簡此句各種問題就不存在了。此句解讀當從安大簡整理者理解。句意謂現在和古代也有很多的不同之處，我因此不敢用古代的事情來回答現在的情況。

（6）肰（然）而亦（昔）古亦又（有）大道女（焉）

整理者：「肰而亦古亦又大道女」，《上博四‧曹沫》簡七下＋八上無第一個「亦」字。據此，本句第一個「亦」疑是衍文。

李零（《集釋》）：原簡7下「古」「亦」之間有符號，似非句讀。

季旭昇（《讀本》）：但是古代的情況也有很好的道理。

蘇建洲（《集釋》）：「古」「亦」之間有句讀符號係抄手誤加。

沈培（《集釋》）：「古」「亦」這種符號為了提示所標識的詞語是一個專有名詞，不要讀成別的詞語，即提醒這個「古」字是專有名詞「古今」的「古」，而不能讀成「故」或其他什麼詞。可以把這種符號叫做「專有名詞提示性符號」或簡稱「提示性符號」。

連劭名（《集釋》）：「道」指理。

張陽（《集釋》）：「古」不破讀，典故。

俞紹宏（《集釋》）：「古」「亦」下符號沈培說可參。

波按：上博簡「古」字及其後之符號作「」，此符號與簡文常見的句讀符號不同，根據文意，此處也不可能是句讀符號。李零先生認為「似非句讀」是對的。蘇建洲先生認為係抄手誤加，只是一種猜測，並沒有根據。而且即使是誤加，那所誤加之符號是何種符號，蘇建洲先生並沒有說明。沈培先生認為這種符號是「專有名詞提示性符號」，可備一說，似也並無確鑿證據。關於此符號在此的解讀問題，恐怕還需要進一步研究，在此存疑可也。不過，就安大簡和上博簡簡文對比來看，安大簡「古」前多一「亦」字，上博簡「古」後多一奇怪符號，安大簡古字及其前後作「亦古亦」，上博簡作「古亦」，「古」對應「亦古」，二字是否有關係，「古」後符號是否可以理解為其後一字的前置重複符號，恐怕亦未可知。當然，這也僅僅是我們根據異文對比提出的一點猜想，未必正確。如果不考慮上博簡，就安大簡簡文來說，「古」前之「亦」字似乎可讀為「昔」字，「亦」聲、「昔」聲古音接近，二聲有通假的例子。「昔古」義同「古」，即以前。「昔古」在古籍中也有辭例，《呂氏春秋‧仲夏紀》有「昔古朱襄氏之治天下也」一句。總之，安大簡「亦古亦」和上博簡「古亦」之間

的關係，應該再進行深入的研究，就目前的情況來說，這個問題尚未解決，存疑可也。

簡文句意謂然而古代也有大道。

（7）必龏（恭）僉（儉）弖（以）旻（得）之

整理者：「龏僉」，《上博四·曹沫》簡八上作「共僉」，整理者讀為「恭儉」。

季旭昇（《讀本》）：一定是以恭敬節儉得到天下。

波按：「龏」、「共」、「恭」音同通假，讀為「恭」可從。句意謂一定是通過恭儉得道。「之」在此指上文提到的「大道」。

（8）喬（驕）大弖（以）逄（失）之

整理者：「喬大」，《上博四·曹沫》簡八上整理者讀為「驕泰」。

質量復位（12 樓）：「大」不用讀為「泰」。「大」有夸大、自夸的意思，「驕」也有矜夸的意思，「驕大」是同義連用。傳世古書中亦有「驕大」的表述，如《後漢書·皇后紀序》：「秦併天下，多自驕大，宮備七國，爵列八品。」

李零（《集釋》）：「喬」後之「大」讀「泰」。

季旭昇（《讀本》）：以驕傲安逸失去天下

陳斯鵬（《集釋》）：「喬」後之「大」讀「汰」。

陳偉武（《集釋》）：「大」可讀「汰」或「泰」。

波按：「大」字可從網友「質量復位」先生的觀點，不必破讀。當然，各家破讀為「泰」或「汰」也能講通文意。句意謂通過驕傲自大失去道。

（9）君亓（其）亦唯餌（聞）夫墊（禹）、湯、燦（桀）、受（紂）矣

整理者：「矣」，原簡在此字下有句讀符號，應是表示全篇文字的結束。

李零（《集釋》）：「君」後殘字釋「言」。「矣」下原有「✓」，形式上與句讀相似，但下面空而不寫，應是表示全篇結束。

陳劍（《集釋》）：「受」讀「紂」。

白於藍（《集釋》）：「君」後殘字釋「其」。

季旭昇（《讀本》）：您應該要好好地聽聽禹、湯、桀、紂所以興亡的道理。

波按：句意謂君主您也聽說過禹、湯、桀、紂啊。

（10）敢畣（答）。肰（然）而亦古

整理者：在「矣」下句讀符號之後相隔一個字的位置，又有一個大的句讀

符號，其後有「敢曾肰而亦古」六字。此六字顯然是重複上文「臣是古不敢曰古曾」中的「敢曾」二字和「肰而亦古亦又大道女」中的「肰而亦古」四字，當是抄寫者抄寫完全文後練習字而寫的。或說此語在鈎識號之後，確實與正文無關，上博簡無此語。且這六字墨色較淺，筆跡更細，疑並非習書，而是抄手有意之語。抄手針對曹沫所說的「不敢答」，卻又點明禹湯桀紂之正反教訓，因此有感而發，謂「敢答，然而亦古」，表明抄手理解曹沫不答乃因時代之不同。這與《仲尼曰》最後之抄手評語相似（黃德寬）。

波按：此句上博簡無。據安大簡整理者分析，此句當非簡文正文，可從。具體如何理解，暫存疑。

今 譯

莊公說：「曹沫，我的話實不如你，或許是因為小道。我很想聽一聽三代的大道。」

曹沫回答說：「我聽說：『以前明王在天下間興起，能夠在其統治的世代中做得很好，然後能夠身死善終。』現在和古代也有很多的不同之處，我因此不敢用古代的事情來回答現在的情況。然而古代也有大道，一定是通過恭儉得到道，通過驕傲自大失去道。君主您也聽說過禹、湯、桀、紂（的事跡）啊。」

簡 背

倀銜者□軍是胃□□□孑子孔□【二二背】

整理者：簡二二「凶（使）倀（長）百人；能緒（治）三軍，凶（使）銜（帥）。……嫭（卒）又（有）倀（長），三軍又（有）銜（帥），邦又（有）」，簡十七「必又（有）公孫、公子，是胃（謂）軍紀」，或與簡二二背內容有關。

波按：此及以下簡背文字各家沒有討論，其性質暫無定論。就目前來看，由於這些簡背文字對我們正確理解簡文內容影響不大，我們暫時不強作解讀，僅根據整理者意見羅列在此以供參考。

幾【二六背】

整理者：「幾」，即簡二六「出市（師）又（有）幾虖（乎）？……此出市（師）之幾也」之「幾」。

節【二八背】

　　整理者：「節」，即簡二八「亓（其）啟節不疾」之「節」。

盤【三三背】

　　整理者：「盤」，即簡三三「遉（復）盤（盤）戰（戰）又（有）道〔啻（乎）〕」之「盤（盤）」。

曐【三五背】

　　整理者：「曐」，即「早」，即簡三五「乃命白徒曐（早）飤（食）戕（供）兵」之「曐（早）」。

髦【四三背】

　　整理者：「髦」，與簡十四「髦（施）彔（禄）毌貨（倍）」之「髦」形近，似與簡四三「明詑於祟（鬼）神」之「詑」相對。

參考文獻

一、紙質文獻

（一）著作

1. 馬承源主編：《上海博物館藏戰國楚竹書（四）》，上海：上海古籍出版社，2004 年 12 月第 1 版。

2. 季旭昇主編：《〈上海博物館藏戰國楚竹書（四）〉讀本》，臺北：萬卷樓圖書股份有限公司，2007 年 3 月初版。

3. 俞紹宏、張青松編著：《上海博物館藏戰國楚簡集釋（第四冊）》，北京：社會科學文獻出版社，2019 年 12 月第 1 版。

4. 安徽大學漢字發展與應用研究中心編，黃德寬、徐在國主編：《安徽大學藏戰國竹簡（二）》，上海：中西書局，2022 年 4 月第 1 版。

（二）期刊論文

1. 徐在國：《安大簡二〈仲尼〉1-2 簡疏證》，《戰國文字研究》第五輯，合肥：安徽大學出版社，2022 年 8 月，第 16～23 頁。

2. 程燕：《安大簡二〈仲尼〉校讀一則》，《戰國文字研究》第五輯，合肥：安徽大學出版社，2022 年 8 月，第 24～29 頁。

3. 李家浩：《上博楚簡〈曹沫之陣〉「復盤戰」一段文字義疏》，《戰國文字研究》第五輯，合肥：安徽大學出版社，2022 年 8 月，49～68 頁。

4. 顧王樂、徐在國：《迄今最早的〈論語〉文本——安大簡〈仲尼曰〉的價值和意義》，《光明日報》，2022 年 12 月 11 日，05 版。

（三）會議論文

1. 沈培：《據安大簡〈仲尼曰〉引〈詩〉驗證過去各家對於〈小雅・正月〉「彼求我則，如不我得」的理解》（提要），《中國古文字研究會第二十四屆年會現場論文集》，重慶：西南大學，2022 年 11 月 5～6 日，第 120 頁。

2. 陳斯鵬：《談談安大簡〈曹蔑之陣〉中的幾處訛字》，《中國文字學會第十一屆年會論文集》，南通：南通大學，2022 年 11 月 19～20 日，第 82～90 頁。

3. 陳世慶：《〈論語〉早期簡本可能為戰國早期諸侯王所批閱──基於安大簡〈仲尼曰〉簡背等文字的考辨》，《戰國文字研究青年學者論壇論文集》，合肥：安徽大學，2022 年 11 月 19～20 日，第 4～18 頁。

4. 范常喜：《安大簡〈曹沫之陳〉箚記二則》，《戰國文字研究青年學者論壇論文集》，合肥：安徽大學，2022 年 11 月 19～20 日，第 48～58 頁。

5. 賈連翔：《明體與釋讀：安大簡〈仲尼曰〉附記類文字綜論》，《戰國文字研究青年學者論壇論文集》，合肥：安徽大學，2022 年 11 月 19～20 日，第 105～113 頁。

6. 袁金平：《說安大簡〈曹沫之陳〉釋為「早」的字》，《戰國文字研究青年學者論壇論文集》，合肥：安徽大學，2022 年 11 月 19～20 日，第 342～347 頁。

二、網絡文獻

（一）武漢大學簡帛研究中心網站──「簡帛文庫」

1. 《安大簡〈仲尼曰〉初讀》，2022 年 3 月 31 日～11 月 27 日，http://www.bsm.org.cn/forum/forum.php?mod=viewthread&tid=12727&extra=page%3D1，第 1～79 樓。

2. 《安大簡〈曹沫之陣〉初讀》，2022 年 3 月 31 日～2023 年 1 月 8 日，http://www.bsm.org.cn/forum/forum.php?mod=viewthread&tid=12728&extra=page%3D1，第 1～76 樓。

3. 孟躍龍：《安大簡〈仲尼曰〉簡 5、6「堇」字試釋》，2022 年 8 月 25 日，http://www.bsm.org.cn/?chujian/8778.html。

4. 侯瑞華：《〈曹沫之陳〉對讀三則》，2022 年 09 月 05 日，http://www.bsm.org.cn/?chujian/8782.html。

5. 王挺斌：《安大簡〈仲尼曰〉「古之學者自為」小議》，2022 年 9 月 8 日，
   http://www.bsm.org.cn/?chujian/8788.html。

6. 王永昌：《讀安大簡〈仲尼曰〉箚記兩則》，2022 年 9 月 11 日，http://www.
   bsm.org.cn/?chujian/8790.html。

7. 劉信芳：《安大簡〈仲尼之耑訴〉釋讀（四則)》，2022 年 9 月 12 日，http://
   www.bsm.org.cn/?chujian/8791.html。

8. 梁靜：《安大簡〈仲尼曰〉獻疑一則》，2022 年 10 月 1 日，http://www.
   bsm.org.cn/?chujian/8801.html。

9. 劉嘉文：《〈安大簡（二）·仲尼曰〉簡 5「堇」字試讀》，2022 年 10 月 12
   日，http://www.bsm.org.cn/?chujian/8808.html。

10. 侯瑞華：《試說安大簡〈曹沫之陳〉簡 30 從衣從土之字》，2022 年 11 月
    12 日，http://www.bsm.org.cn/?chujian/8845.html。

11. 張帆：《〈曹沫之陳〉引〈周志〉句校讀小記》，2022 年 12 月 04 日，http://
    www.bsm.org.cn/?chujian/8871.html。

（二）復旦大學出土文獻與古文字研究中心網站——「學者文庫」

1. 侯乃峰：《讀安大簡（二）〈仲尼曰〉箚記》，2022 年 08 月 18 日，http://
   www.fdgwz.org.cn/Web/Show/10939。

2. 侯乃峰：《安大簡（二）〈仲尼曰〉補箚一則》，2022 年 8 月 19 日，http://
   www.fdgwz.org.cn/Web/Show/10940。

3. 抱小：《據安大簡〈仲尼曰〉校〈論語〉一則》，2022 年 08 月 31 日，http://
   www.fdgwz.org.cn/Web/Show/10943。

4. 尚賢：《據安大簡〈仲尼曰〉用「堇」為「隱」說〈周易〉的「利艱貞」
   和〈老子〉的「勤能行之」》，2022 年 9 月 05 日，http://www.fdgwz.org.
   cn/Web/Show/10945。

5. 抱小：《安大簡〈仲尼曰〉小箚一則》，2022 年 09 月 06 日，http://www.
   fdgwz.org.cn/Web/Show/10946。

6. 劉信芳：《安大簡〈仲尼之耑訴〉釋讀（五～八)》，2022 年 9 月 27 日，
   http://www.fdgwz.org.cn/Web/Show/10953。

（三）安徽大學漢字發展與應用研究中心網站——「科研成果」

1. 滕勝霖：《說安大簡〈曹沫之陣〉的兩處異文》，2022 年 8 月 17 日，http://
   hz.ahu.edu.cn/2022/0817/c6036a291083/page.htm。

2. 徐在國：《談安大簡〈仲尼〉的「造趀」「蹎跋」》，2022 年 8 月 17 日，http://hz.ahu.edu.cn/2022/0817/c6036a291062/page.htm。
3. 單育辰：《安大簡〈仲尼曰〉箚記三則》，2022 年 8 月 19 日，http://hz.ahu.edu.cn/2022/0818/c6036a291100/page.htm。
4. 楊蒙生：《讀安大簡第二冊〈仲尼曰〉叢箚》，2022 年 08 月 19 日，http://hz.ahu.edu.cn/2022/0819/c6036a291109/page.htm。
5. 陳民鎮：《安大簡〈仲尼曰〉補說》，2022 年 9 月 5 日，http://hz.ahu.edu.cn/6036/list.htm。

（四）中國先秦史網站

1. 子居：《安大簡二〈仲尼曰〉解析（上）》，2022 年 9 月 7 日，https://www.preqin.tk/2022/09/07/4443/。
2. 子居：《安大簡二〈仲尼曰〉解析（下）》，2022 年 10 月 1 日，https://www.preqin.tk/2022/10/01/4452/。

三、微信公眾號文章等

（一）「梁惠王的雲夢之澤」微信公眾號

1. 史傑鵬：《安大簡〈仲尼說（波按：當作「曰」)〉中的四個「堇」字試釋》，2022 年 8 月 24 日，https://mp.weixin.qq.com/s/VdCi7g9SSr7Tkw9qRFpOUQ。
2. 史傑鵬：《嶽麓秦簡〈為吏治官及黔首〉釋讀一則——兼談〈仲尼曰〉相關的字》，2022 年 8 月 27 日，https://mp.weixin.qq.com/s/ChpTnCYSSsBkvr8kn1lQjw。
3. 史傑鵬：《安大藏楚簡〈仲尼曰〉12 號簡試說》，2022 年 8 月 31 日，https://mp.weixin.qq.com/s/Vy3ynEbmkiwIqkYojuEzHA。

（二）「律簇書吧」微信公眾號

1. 風流天下聞：《「造次」的詞源義分析》，2022 年 12 月 12 日，https://mp.weixin.qq.com/s/dYPvy9hDWwHGfAx4zXD5ow。
2. 風流天下聞：《「顛沛」的詞源義分析》，2022 年 12 月 19 日，https://mp.weixin.qq.com/s/3TMk9QDsW79EMj5jzYE_ZA。

（三）「吳銘訓詁箚記」微信公眾號

1. 吳銘：《安大簡〈仲尼曰〉「堇」字訓詁之我見》，2022 年 8 月 26 日，
   https://mp.weixin.qq.com/s/q1FMvRetjmh1klHr6WshUA。

（四）「中國訓詁學研究會」微信公眾號

1. 洪波：《〈安徽大學藏戰國竹簡（二）〉獻芻及其他》，2022 年 10 月 15 日，
   https://mp.weixin.qq.com/s/nCpNT4CyjLErHve9qBgaqg。

（五）學術講座

1. 沈培：《談談新出安大簡〈仲尼曰〉對於校讀傳世古書的作用》，澳門大學
   中國語言文學系講座，2022 年 11 月 11 日，https://www.bilibili.com/video/
   BV1Zd4y1F74D/?spm_id_from=333.788。

後　記

　　我於 2022 年考入侯乃峰師門下，攻讀博士學位。我本科期間基本上沒有接觸過出土文獻和古文字學的相關內容，碩士期間又種種原因，導致我所學龐雜而繁蕪，古文字學基礎相對薄弱。此次能夠考入侯師門下，接受專業而系統的學術訓練，這個機會我是倍加珍惜的。

　　九月份入學伊始，我向侯師請教治學之路，侯師根據我底子薄、基礎弱的現實情況，指導我從最基礎的材料整理做起，邊做邊學。其時恰逢安大簡第二輯新書發佈會召開後不久，學者對其內容的討論熱情正熾，侯師建議我先從整理最新的安大簡第二輯各家學者觀點做起，嘗試著做個安大簡第二輯集釋。對於侯師的建議，我是欣然接受的。這就是這本書的由來。

　　言易行難，由於博士期間的課程基本上都安排在一年級，而我又選擇旁聽了幾門相關的入門課程以補基礎不足之缺，加上新生剛開學，瑣事多，因此讀書和做研究的時間就很有限。而做集釋工作，本身就是個體力活，簡文摹本的剪切排列、釋文圖片字的造字以及散見於各處的繁複而蕪雜的各家觀點的搜集和整理，每一件都是需要耗費巨大時間和精力去處理的。時間緊、任務重，這是本書編著所面臨的兩個問題。好在本書在完成的過程中，遇到的問題，尤其是一些技術性和規範性的問題，及時得到了侯師的幫助。除此之外，本書在寫作過程中，正逢疫情肆虐，我積極響應號召，非必要不外出，集中精力做事，為此書的順利完成做了時間上的保證。不幸的是，在書稿即將完成之際，我還是感染了新冠病毒，好在書稿最終順利完成了，沒有拖得太久。

　　當然，作為一位尚且徘徊在專業門口而未進入的後學者，學識、能力有限，本書大概會存在一些不足之處，比如有些重要學者的觀點因一時疏忽而失收、某些按語的觀點下得有些武斷、不夠合理等等。總之，本書如有不妥之處，敬祈各位專家讀者批評指正。

孫永波

2023 年 1 月 8 日